Schnell und lecker

Über 220 köstliche Schnellrezepte

Jenni Fleetwood

Bechtermünz Verlag

Zuerst veröffentlicht 1998 in Großbritannien
von Lorenz Books
Lorenz Books ist ein Imprintverlag
von Anness Publishing Limited
Originaltitel: *The Ultimate 30 Minute Cookbook*

Deutsche Erstausgabe

Koordination und Bearbeitung der deutschen Ausgabe
AKAPIT, Berlin – Saarbrücken
Übersetzung
Ina Friedrich, Saarbrücken
Design
Ian Sandom
Fotografie
Karl Adamson, Steve Baxter, William Lingwood,
Patrick McLeavey, Tom Odulate
Rezepte
Alex Barker, Kit Chan, Christine France, Sarah Gates,
Shirley Gill, Soheila Kimberley, Elisabeth Lambert Ortiz,
Maggie Pannell, Hilaire Walden
Gesamtherstellung
Partenaires Fabrication
Printed in France
ISBN 3-8289-1030-0

Die Zutaten werde fallweise in Tassen und Tee-bzw. Eßlöffeln angegeben, wobei 1 Teelöffel (TL) 5ml entspricht, 1 Eßlöffel (EL) 15ml und eine Tasse 250 ml. Es werden mittelgroße Eier verwendet.

Schnell und lecker

Über 220 köstliche

Schnellrezepte

INHALT

EINFÜHRUNG

Durch die oftmals hektische, moderne Lebensweise fehlt vielen Menschen die Zeit zum Kochen. Nach einem anstrengenden Arbeitstag haben nur die wenigsten Lust darauf, stundenlang am heißen Herd zu stehen. Aber natürlich möchten alle gern abwechslungsreiche, schmackhafte und gesunde Mahlzeiten zu sich nehmen.

Wie ernähren Sie sich, wenn Sie nur wenig Zeit haben? Stapeln Sie viel zu teure Fertiggerichte aus dem Supermarkt in Ihrem Küchen- oder Tiefkühlschrank, oder bevorzugen Sie einfache, schnelle Gerichte, die Sie stets frisch und in kürzester Zeit zubereiten können?

Hierbei hilft Ihnen dieses Buch. Wir haben eine umfassende Sammlung von Blitzrezepten für Sie zusammengestellt. Die ganz Eiligen finden im ersten Teil Gerichte, die sich in weniger als zehn Minuten zubereiten lassen. Aber selbst das längste der über 200 Rezepte benötigt nur eine halbe Stunde Zubereitungszeit. Wäre das nicht ideal für Sie?

Natürlich hängt die Kochzeit eines Gerichts von vielen Dingen ab: von den eigenen Kochfertigkeiten, etwaigen Ablenkungen durch den Partner, Kinder oder Haustiere und von der Qualität und Quantität des Weines, den man beim Kochen allzu gerne trinkt. Einige Gerichte werden besser, wenn man die Zutaten vorher mariniert oder kühlt, aber bei knapper Zeit können Sie darauf keine Rücksicht nehmen.

Die Zubereitungszeit eines Rezepts soll lediglich als Anhaltspunkt dienen. Wenn zusammengehörende Rezepte zubereitet werden – z.B. Nudeln kochen und gleichzeitig das Gemüse für die Sauce vorbereiten – wird nur die Gesamtzeit angegeben.

Wenn Sie einige der Rezepte erfolgreich nachgekocht und sie Ihnen geschmeckt haben, sind Sie bereit für die nächste Herausforderung: ein komplettes Menu in nur einer halben Stunde zu kochen. Auf den folgenden Seiten finden Sie einige Vorschläge, wie Sie Gerichte kombinieren können sowie Grundrezepte, die sich beliebig erweitern lassen.

TRICKS IN DER BLITZKÜCHE

Ein alte Küchenweisheit besagt: Der schlaue Koch trickst. Natürlich ist es bewundernswert, wenn Sie Ihre Kartoffeln selbst anbauen und frische Erbsen pulen. Aber für die schmackhafte Blitzküche brauchen Sie in erster Linie einen gut sortierten Supermarkt, der Ihnen die schwere Arbeit abnimmt. Viele Gemüse- und Obstsorten werden bereits zum Kochen vorbereitet angeboten, z.B. geschälte Bohnen und Zuckererbsen, Karottenstifte und Lauchstreifen.

Die meisten Obstsorten sind schnell vorzubereiten, aber sehen Sie sich trotzdem nach in Scheiben geschnittener, frischer Ananas, Mango oder Melone um – das ist frisches Obst ohne viel Aufwand.

Fertiger, bereits gewaschener Blattsalat und Dressings in Gläsern oder Packungen sind in vielen Variationen erhältlich, zwar nicht ganz billig, aber sehr bequem, wenn man keine Zeit zum Selbermachen hat.

Links: Mehl, getrocknete Hülsenfrüchte, Tomaten, eingelegte Kapern, Gemüsekonserven, frisches Obst und Gemüse, Wein, Essig, Öl, Zwiebeln, Knoblauch, Kräuter und Eier sollten Sie zu Hause haben.

Abgepacktes Pfannengemüse ist ebenfalls ein Segen für die schnelle Küche. Manchmal ist die Sauce sogar schon dabei, so daß Sie nur noch Hühnerbruststreifen, Schweinefilet oder ein Rumpsteak dazu braten müssen.

Natürlich ist es nicht sehr kreativ, nur abgepackte Lebensmittel miteinander zu kombinieren. Der Trick besteht darin, frische Zutaten hinzuzufügen, die dem Gericht eine ganz eigene Note verleihen. Kräuter, Gewürze, Saucen und Zutaten wie z.B. frischer Ingwer machen den Unterschied zwischen einer langweiligen Fertigmahlzeit und einem Gericht aus, nach dessen Rezept Sie jeder fragen wird.

Wenn Fleisch schnell zubereitet werden soll, muß es sehr zart sein. Putenschnitzel sind ideal, besonders wenn sie schon flachgeklopft sind, anschließend paniert oder einfach in einer Sauce mitgekocht werden. Leber ist ebenfalls gut geeignet und enthält zudem viel Eisen.

Fisch ist Fast-Food schlechthin: Die Filets müssen nicht mehr vorbereitet werden und sind sehr schnell gar, dies gilt auch für Krustentiere. Ihr Vorratsschrank sollte in jedem Fall Thunfisch in Dosen, Anchovis und Lachs enthalten, mit denen sich schnelle Gerichte zaubern lassen.

Als nächstes zur Gemüseabteilung. Auch hier gibt es mittlerweile viel Neues. Nicht nur ganze, geschälte Tomaten in der Dose sind erhältlich, sondern auch Tomatenstücke in Dosen, Gläsern und Packungen, bereits gewürzt, mit Zwiebeln und Knoblauch oder Paprika und Champignons. Tomatenpüree und Tomatenmark sowie gepreßter Knoblauch in Tuben sind ebenfalls unentbehrlich.

Nahezu unschätzbar sind Dosen oder Gläser mit verschiedenen Obstsorten, Pepperoni, Artischockenherzen, Bohnen und anderen Hülsenfrüchten, Pesto-Mischungen und Olivenpaste. Sicherlich kosten einige dieser Zutaten etwas mehr, aber Bequemlichkeit hat nach wie vor ihren Preis.

Aus dem Kühlregal benötigen Sie frische Eier, Sahne, Joghurt, Käse, Butter und Margarine und Fertigteige.

Was noch? Die Standardvorräte wie Mehl, Zucker, Soßenbinder und Reis sollten Sie immer zu Hause haben. Tortenböden, Biskuit und Lebkuchen sind eine gute Basis für einfache Desserts, und fertiger Pizzateig sowie abgepackte Tortillas erleichtern das Kochen ungemein.

Bei Nudeln sollten Sie – wenn möglich – die frische Ware kaufen, die nicht nur wunderbar schmeckt, sondern auch wesentlich schneller gar ist. Wenn Sie getrocknete Nudeln kaufen, achten Sie auf eine Kochzeit von unter zehn Minuten.

Dieses Buch nützt der fix und fertig erhältlichen Lebensmitteln, kombiniert diese aber mit frischen Zutaten. So lassen sich in kürzester Zeit schmackhafte, abwechslungsreiche Mahlzeiten zubereiten, die auch etwas für´s Auge und für die Nase sind. Trotz Zeitmangels soll das Fleisch ja schließlich noch in der Pfanne brutzeln, und Kräuterduft soll den Mund wäßrig machen.

Rechts: Als Grundbestandteile für Desserts brauchen Sie Zucker, Kakaopulver, selbstgemachte oder fertige Schokoladensauce, Baisers, frisches und eingelegtes Obst, Biskuit, Nüsse und Eier.

Grundrezepte für die Blitzküche

Jeder Koch sollte einige Grundrezepte parat haben, mit denen sich in kurzer Zeit ein Menü zusammenstellen läßt. Eine leckere, selbstgemachte Tomatensauce ist nahezu unentbehrlich als Pasta-Sauce oder Pizzabelag, mit Würstchen oder als Grillsauce für Steaks und Geflügel. Mit gehackten Chilischoten wird sie extra-würzig und paßt z.B. gut zu Eierspeisen. Blumenkohl oder Bohnen kann man mit Tomatensauce und geriebenem Käse überbacken.

Grundrezept für Pizza

Vorbereitungszeit 10 Minuten
Kochzeit 20 Minuten

4–6 Portionen

115g/1 Tasse Weizenmehl
115g/1 Tasse Vollkornmehl
5g/1 Tl. Backpulver oder 20g Hefe, in warmem Wasser aufgelöst (wobei der Teig dann 1 Stunde gehen muß)
Prise Salz
50g/ ¼ Tasse Butter, gewürfelt
etwa 150ml/⅔ Tassen Milch
1 Portion Tomatensauce (siehe Rezept rechts), Pizza-Belag nach Wunsch

1 Heizen Sie den Ofen auf 220° C (Gas: Stufe 7) vor. Vermischen Sie Mehl, Backpulver, Salz, Butter und Milch in einer Schüssel zu einem Teig.

2 Kneten Sie den Teig glatt, rollen Sie ihn auf einem Backblech oder in einer Tarte-Form aus und ziehen die Ränder etwas hoch. Streichen Sie die Tomatensauce darauf und belegen Sie die Pizza. Die Backzeit beträgt etwa 20 Minuten.

Tomatensauce

Vorbereitungszeit 10 Minuten
Kochzeit 20 Minuten

Ergibt etwa 300ml/1¼ Tassen

15ml/1 El. Olivenöl
1 Zwiebel, feingehackt
1 Knoblauchzehe, gepreßt
400g Tomatenstücke aus der Dose
15ml/1 El. Tomatenmark
15ml/1 El. gemischte frische Kräuter, gehackt
Prise Zucker
Salz und schwarzer Pfeffer

1 Erhitzen Sie das Öl in einem Topf und schwitzen Sie Zwiebel und Knoblauch 5 Minuten unter gelegentlichem Rühren weich an.

2 Geben Sie zuerst die Tomaten dazu, dann das Tomatenmark, die Kräuter und den Zucker. Würzen Sie mit Salz und Pfeffer.

3 Kochen Sie die Mischung auf, dann köcheln Sie die Sauce bei mittlerer Hitze etwa 15 Minuten unter gelegentlichem Rühren. Sie sollte sehr dickflüssig werden. Lassen Sie die Sauce abkühlen, bevor sie zugedeckt im Kühlschrank gelagert wird.

Nudeln richtig kochen

Vorbereitungszeit Keine
Kochzeit 3–12 Minuten

4 Portionen

350g Nudeln nach Wunsch
Salz
30ml/2 El. Olivenöl oder etwas Butter zum Servieren

1 Kochen Sie leicht gesalzenes Wasser in einem großen Topf auf. Geben Sie die Nudeln hinein, die Sie mit einer Gabel durchrühren.

2 Kochen Sie die Nudeln sprudelnd bißfest (al dente). Folgen Sie der angegebenen Kochzeit auf der jeweiligen Nudelpackung.

3 Gießen Sie die Nudeln durch ein Sieb ab. Rütteln Sie das Sieb, damit das meiste Wasser herausläuft. Füllen Sie die Nudeln in eine Schüssel, heben Sie Butter oder Öl unter. Servieren Sie nur mit geriebenem Parmesan und/oder einer Sauce.

Tip

Kochen Sie Nudeln immer in einem großen Topf, damit sie nicht kleben.

Drei Grundrezepte für Süßes: Die Crêpes schmecken pur gut, nur mit etwas Zitrone und Zucker, sind aber noch viel besser mit selbstgemachter Schokoladensauce oder Himbeerpüree. Beide Saucen passen auch gut zu Eis, Baiser oder Obst. Probieren Sie das Himbeerpüree auf Brioche-Scheiben, die erst in Ei und Sahne getunkt und dann gebraten werden.

PERFEKTE CREPES

Vorbereitungszeit 5 Minuten
Kochzeit 20 Minuten

ETWA 12 STÜCK

175g/1½ Tassen Weizenmehl
10ml/2 Tl. Streuzucker
2 Eier
450ml/1¾ Tassen Milch
25g/2 El. Butter, geschmolzen

1 Sieben Sie das Mehl in eine Schüssel und rühren Sie den Zucker hinein. Drücken Sie eine Mulde in die Mitte, in die Sie die Eier und die Hälfte der Milch geben. Rühren Sie die Zutaten zuerst glatt, dann geben Sie die übrige Milch dazu.

2 Rühren Sie den Großteil der Butter in den Teig, mit dem Rest fetten Sie eine heiße Crêpe-Pfanne aus. Geben Sie 60ml/4 El. Teig in die Pfanne, den Sie durch Schwenken gleichmäßig verteilen. Backen Sie, bis der Crêpe fest wird und sich kleine Löcher auf der Oberfläche bilden. Die Unterseite sollte blaßbraun sein. Wenden Sie den Crêpe und backen Sie die andere Seite kurz. Halten Sie die gebackenen Crêpes warm.

SCHOKOLADENSAUCE

Vorbereitungszeit 1 Minute
Kochzeit 5 Minuten

ERGIBT 250ML/1 TASSE

150ml/⅔ Tasse Sahne
15ml/1 El. Streuzucker
150g hochwertige Vollmilchschokolade, in Stücke gebrochen
30ml/2 El. brauner Rum oder Whisky (nach Wunsch)

1 Spülen Sie einen kleinen Topf mit kaltem Wasser aus, dadurch setzt die Sauce nicht am Topfboden an. Rühren Sie erst die Sahne, dann den Zucker hinein und kochen Sie die Mischung bei mittlerer Hitze auf.

2 Ziehen Sie den Topf vom Herd. Geben Sie die Schokolade portionsweise hinein. Rühren Sie nach jeder Portion um, bis die Schokolade geschmolzen und die Sauce glatt ist. Geben Sie Rum oder Whisky dazu.

3 Gießen Sie die heiße Sauce in eine Sauciere. Oder geben Sie die Sauce in ein Einmachglas und lassen sie schnell abkühlen. Bewahren Sie das verschlossene Glas im Kühlschrank bis zu 10 Tagen auf.

HIMBEERPÜREE

Vorbereitungszeit 1–2 Minuten
Kochzeit 1–5 Minuten

1 Putzen und trocknen Sie frische Himbeeren. Pürieren Sie die Beeren in einer Küchenmaschine oder einem Mixer. Kratzen Sie dabei ein- oder zweimal die Ränder der Mixschüssel ab.

2 Gefrorene Himbeeren geben Sie mit etwas Zucker in einen Topf. Erwärmen Sie die Beeren bei niedriger Hitze, bis sie weich sind und der Saft ausgetreten ist.

3 Drücken Sie das Püree durch ein feinmaschiges Sieb. Süßen Sie mit etwas Puderzucker und geben Sie ein wenig Zitronensaft oder einen Fruchtlikör hinzu, wenn Sie einen fruchtigeren Geschmack möchten.

TIP

Dieses Püree kann man u.a. auch mit Erdbeeren oder Heidelbeeren machen, die man roh püriert. Pfirsiche, Aprikosen oder Nektarinen sollte man zuerst kurz pochieren.

KOMBINIERBARE MENÜS

Ein sorgfältig geplantes Menü können Sie in weniger als 30 Minuten zubereiten. Wählen Sie einen Hauptgang, der länger ziehen muß oder der mehr als 10 Minuten Kochzeit hat. Währenddessen bereiten Sie eine Vorspeise, einen Salat oder ein schnelles Dessert zu. Hier finden Sie Rezepte aus dem Buch, aber auch einfache, schnelle Ideen, für die man kein Rezept braucht.

TEENAGER-MENÜ

Guacamole ist in wenigen Augenblicken zubereitet und schmeckt köstlich mit würzigen Tortilla-Chips oder Rohkost-Dippern.

Sie sparen Zeit und Arbeit, wenn sich Ihre Gäste die Pitta-Pizzas selbst belegen.

Schneller Salat: Mischen Sie abgepackten, gewaschenen Blattsalat mit Avocadoscheiben, roter Zwiebel, Orangenfilets und Walnüssen.

Erdbeertorte mit Eis ist ein einfaches, schnelles, Dessert, das man in letzter Minute zubereiten kann.

FAMILIEN-MENÜ

Frische Tomatensuppe muß etwa 10 Minuten köcheln. Währenddessen machen Sie die Hamburger und bereiten die Nachspeise vor.

Hamburger mit Pilzen sind ein deftiger Hauptgang. Nutzen Sie deren Bratzeit für den Beilagensalat.

Ein persischer Salat aus gemischer Rohkost mit zerkrümeltem Feta-Käse und Oliven ist eine bunte Beilage. Geben Sie das Dressing erst kurz vor dem Servieren darüber.

Gebackene Pfirsiche mit Cornflake-Kruste und Sahne oder Vanilleeis sind ein verführerisches Dessert.

ELEGANTES MENÜ

Sautierte Jakobsmuscheln können Sie gut vorbereiten und erst kurz vor dem Servieren in der Pfanne garen.

Kalbskoteletts sind als Hauptgang ideal. Machen Sie die Sauce, während die Jakobsmuscheln garen.

Als Beilage servieren Sie knuspriges Brot oder Brötchen und grünen Salat mit Zitrone. Sie können die Crôutons auch weglassen.

Für ein aufwendiges Dessert fehlt Ihnen die Zeit. Frische Himbeeren oder Erdbeeren mit Schlagsahne sind eine perfekte Nachspeise.

Vegetarisches Menü

Focaccia-Brot frisch aus dem Ofen mit Meersalz und Oliven ist eine leichte, einfache Vorspeise.

Ein Lauchgratin mit Kümmel und Karottenkruste kann man gleichzeitig mit den Tomaten backen.

Gebackene Knoblauch-Tomaten sind ein Farbtupfer im Menü und schmecken außerdem köstlich. Sie können Kirschtomaten anstelle der Fleischtomaten halbieren. Diese benötigen nur die halbe Backzeit.

Als Dessert bereiten Sie Feigen mit Ricotta-Creme vor, während der Hauptgang noch im Ofen ist.

Party-Menü

Ein schnelles Partygericht: Servieren Sie Hummus mit Pitta-Brot anstelle von Toast oder Vollkornbrot.

Bruscetta mit Tomaten und Mozzarella sehen aus wie Mini-Pizzas und sind perfekt für Parties.

Ein Dip mit geräucherter Makrele und Apfel ist eine einfache Vorspeise. Reichen Sie knusprige Brot-Sticks, heiße Toast-Stäbchen oder bunte Rohkost zum Stippen dazu.

Machen Sie Mini-Spargelpäckchen und servieren Sie die Buttersauce aus dem Rezept oder einen Mayonnaise-Dip dazu.

Leichtes Menü

Ein Cocktail mit Grapefruit und Melone erfrischt als kühle, leichte Vorspeise.

Kabeljau mit knuspriger Kruste ist ein leichter Hauptgang, der nicht viel Mühe beim Garen macht.

Während der Fisch gart, stellen Sie einen gemischten Salat mit aromatischen Samen als würzige Beilage zusammen.

Brasilianische Kaffeebananen sind eines der einfachsten Desserts in diesem Buch. Sie werden erst kurz vor dem Servieren zubereitet. Reichen Sie Nußjoghurt dazu.

10-MINUTEN-REZEPTE

Einfache Suppen wie die griechische Avgolemono, ein Salat mit geräucherter Forelle oder Parmaschinken mit Mango sind schnell zubereitete Appetithappen. Versuchen Sie die Knoblauchscampi oder Chorizo in Olivenöl aus dem Tapas-Angebot. Als deftiger Hauptgang ist Schweinefleisch mit Camembert genau richtig. Eisbecher mit Schokoladensauce oder brasilianische Kaffeebananen empfehlen sich zum Dessert.

AVGOLEMONO

Der Name bedeutet „Ei und Zitrone", die beiden Hauptzutaten dieser bekanntesten griechischen Suppe, die leicht und gleichzeitig nahrhaft ist. Orzo sind griechische Nudeln, Sie können aber auch andere kleine Nudeln verwenden.

Vorbereitungszeit 2 Minuten
Kochzeit 5 Minuten

4–6 Portionen

1,75 Liter/7½ Tassen Hühnerbrühe
115g/1 Tasse Orzo-Nudeln
3 Eier
Saft einer großen Zitrone
Salz und frisch gemahlener schwarzer Pfeffer
Garnitur: Zitronenscheiben

1 Bringen Sie die Brühe in einer großen Pfanne zum Kochen. Geben Sie die Nudeln hinzu, die Sie 5 Minuten in der Brühe kochen.

2 Schlagen Sie die Eier schaumig, geben Sie den Zitronensaft und 15ml/1 El. Wasser hinzu. Rühren Sie zuerst einen Schöpflöffel Brühe unter die Eier, dann noch einen oder zwei weitere. Geben Sie diese Mischung in die Pfanne und rühren Sie gut um. Die Suppe darf nicht mehr kochen, sonst stocken die Eier. Salzen und pfeffern Sie, servieren Sie die Suppe sofort mit Zitronenscheiben garniert.

Tip

Eine gute Hühnerbrühe ist das Geheimnis dieses schnellen Rezepts. Es gibt fertige Brühe in Gläsern oder Dosen.

Hühnerbrühe selbst zu machen klingt nach viel Arbeit, ist aber recht einfach, wenn Sie z.B. die Reste eines Brathuhns verwenden können.

Geben Sie das Hühnerfleisch in eine Pfanne, fügen Sie eine Zwiebel, eine Karotte und einen Bund Suppengrün hinzu. Gießen Sie großzügig mit Wasser auf und lassen Sie das Ganze aufkochen. Anschließend sollte die Brühe etwa 2 Stunden bei niedrigster Hitze köcheln.

Geben Sie die Brühe in eine Schüssel, lassen Sie sie schnell (z.B. auf dem Balkon) abkühlen, dann können Sie das Fett von der Oberfläche abschöpfen. Man kann Hühnerbrühe hervorragend einfrieren, sie hält sich etwa 3 Monate im Tiefkühlfach und sollte erst beim Auftauen gewürzt werden.

Thailändische Maissuppe

Dies ist eine sehr schnelle und einfache Suppe. Gefrorene Shrimps sollten vor der Beigabe aufgetaut werden.

Vorbereitungszeit 3 Minuten
Kochzeit 5 Minuten

4 Portionen

2,5ml/ ½ Tl. Sesam- oder Sonnenblumenöl
2 Frühlingszwiebeln, kleingeschnitten
1 Knoblauchzehe, zerdrückt
600ml/2½ Tassen Hühnerbrühe
425g Dosenmais, zerkleinert
225g/1¼ Tassen Shrimps, gekocht und geschält
grüne Chilipaste oder Chilisauce
Salz und schwarzer Pfeffer
Garnitur: frische Korianderblätter

1 Erhitzen Sie das Öl in einem großen, breiten Topf, lassen Sie die Frühlingszwiebeln und den Knoblauch bei mittlerer Hitze glasig werden.

2 Geben Sie die Hühnerbrühe, den Mais, die Shrimps und nach Wunsch die Chilipaste hinzu.

3 Lassen Sie die Suppe unter gelegentlichem Rühren aufkochen. Schmecken Sie mit Salz und Pfeffer ab und garnieren Sie mit frischen Korianderblättern. Servieren Sie die Suppe sofort.

Tip

Versuchen Sie doch einmal, das bei uns noch nicht sehr bekannte Maispüree in Dosen zu finden, um Zeit zu sparen. Asia-Läden und Feinkostgeschäfte sind eine gute Quelle dafür.

Variation

Sie können statt der gekochten, geschälten Shrimps auch Scampi oder andere Krustentiere verwenden.

Salat mit gebratener Hühnerleber

Bei diesem florentinischen Salat wird ein Vinsanto, ein süßer toskanischer Dessertwein, verwendet. Jeder andere Dessertwein oder süße Sherry ist aber auch geeignet.

Vorbereitungszeit 4 Minuten
Kochzeit 6 Minuten

4 Portionen

75g frische Spinatblätter
75g Lollo Rosso
75ml/5 El. Olivenöl
15g/1 El. Butter
225g Hühnerleber, kleingeschnitten
45ml/3 El. Vinsanto
50–75g frischer Parmesankäse, in Späne gehobelt
Salz und frisch gemahlener schwarzer Pfeffer

1 Waschen und trocknen Sie den Spinat und den Lollo Rosso. Richten Sie beide in einer großen Schüssel an. Geben Sie Salz und Pfeffer hinzu und mischen Sie den Salat vorsichtig durch.

2 Erhitzen Sie 30ml/2 El. Öl mit der Butter in einer großen Pfanne. Geben Sie die Leber hinzu, die Sie im heißen Fett etwa 5 Minuten wenden, bzw. bis die Leber außen braun, aber innen immer noch rosa ist. Ziehen Sie die Pfanne vom Herd.

3 Nehmen Sie die Leber aus der Pfanne. Sie sollte etwas auf Küchenpapier abtropfen. Richten Sie die gebratene Leber auf dem Salat an.

4 Geben Sie bei geringer Hitze das restliche Öl und den Vinsanto in die Pfanne und kochen Sie das Dressing unter Rühren auf. Mischen Sie das heiße Dressing unter den Salat und die Leber. Hobeln Sie Parmesanspäne über den Salat und servieren Sie ihn sofort.

Fritierte Sprotten

Die würzige Panade macht die kleinen Sprotten extra-knusprig.

Vorbereitungszeit 2 Minuten
Kochzeit 7–8 Minuten

6 Portionen
115g/1 Tasse Mehl
2,5ml/ ½ Tl. Currypulver
2,5ml/ ½ Tl. gemahlener Ingwer
2,5ml/ ½ Tl. Cayennepfeffer
Salz
1,2kg frische oder gefrorene Sprotten, (aufgetaut)
Pflanzenöl zum Fritieren
Garnitur: Zitronenschnitze

1 Vermischen Sie das Mehl mit Currypulver, Ingwer, Cayennepfeffer und Salz in einer Schüssel.

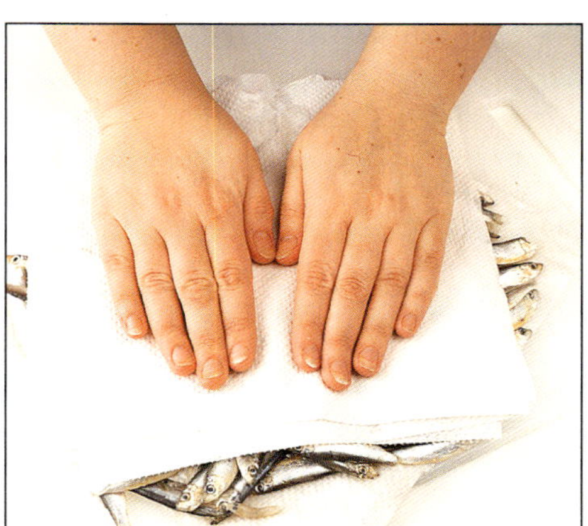

2 Legen Sie die Sprotten auf zwei Lagen Küchenpapier. Decken Sie sie mit mehreren Lagen Küchenpapier zu und drücken Sie mit beiden Händen fest durch, damit die Fische trockener werden.

3 Geben Sie die Sprotten nach und nach in das gewürzte Mehl und wenden Sie die Fische, bis sie gleichmäßig paniert sind. Erhitzen Sie das Öl in einem großen Topf oder in einer Friteuse auf 190° C.

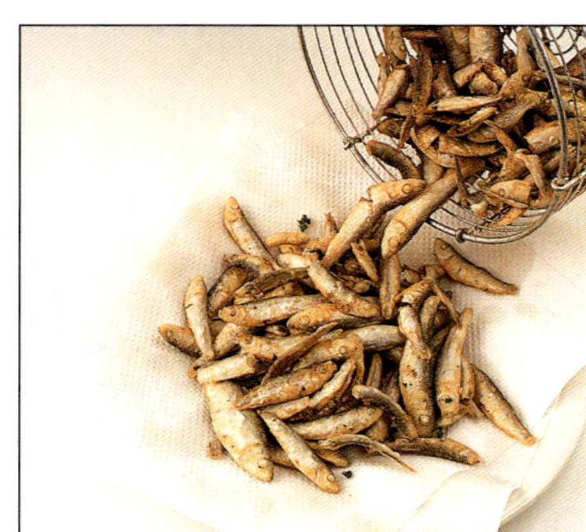

4 Fritieren Sie die Sprotten portionsweise ca. 2–3 Minuten, bis sie goldbraun und knusprig sind. Lassen Sie die Fische auf Küchenpapier abtropfen und servieren Sie die Sprotten mit den Zitronenschnitzen.

COCKTAIL MIT GRAPEFRUIT UND MELONE

Eine köstliche und farbenfrohe Vorspeise, die Sie nicht viel Zeit kostet und dennoch etwas ganz Besonderes ist.

Vorbereitungszeit 8 Minuten
Kochzeit Keine

4 PORTIONEN
1 kleine Galia- oder Netzmelone
1 kleine Zuckermelone
2 rosa Grapefruit
45ml/3 Tl. Orangensaft
60ml/4 Tl. roter Wermut
Kerne eines halben Granatapfels
Garnitur: Minzeblätter

TIP

Eine Melone ist reif, wenn sie süß und fruchtig riecht. Sie sollte bei Druck auf den Stielansatz leicht nachgeben. Scheuen Sie sich nicht davor, diesen Test im Laden durchzuführen, Sie möchten ja schließlich eine reife Frucht kaufen.

1 Halbieren Sie die Melonen und löffeln Sie die Kerne heraus. Zerteilen und schälen Sie die Früchte. Schneiden Sie die Schnitze in kleinere Stücke, stellen Sie diese beiseite.

2 Schälen und häuten Sie die Grapefruits mit einem scharfen Schälmesser. Halten Sie die Früchte über eine Schüssel, um den Saft aufzufangen, und schneiden Sie die Filets heraus.

3 Rühren Sie den Orangensaft und den Wermut unter den Grapefruitsaft.

4 Richten Sie die Melonenstücke und Grapefruitfilets dekorativ auf vier Tellern an. Geben Sie das Saft-Dressing und die Granatapfelkerne darüber und garnieren Sie den Cocktail mit Minzeblättern.

PARMASCHINKEN MIT MANGO

Bei dieser eleganten, leichten Vorspeise kann man auch Feigen, Papayas oder Melonen verwenden. Dieses Gericht ist einfach zuzubereiten und läßt sich gut im voraus herrichten; ein großer Vorteil bei einem aufwendigeren Hauptgang.

Vorbereitungszeit 5 Minuten
Kochzeit Keine

4 PORTIONEN
12 Scheiben Parmaschinken
1 reife Mango
frisch gemahlener schwarzer Pfeffer
Garnitur: glatte Petersilienblätter

1 Trennen Sie die Schinkenscheiben vorsichtig voneinander. Richten Sie den Parmaschinken zu je drei Scheiben dekorativ auf vier Tellern an.

2 Schneiden Sie die Mango in dünne Scheiben.

3 Arrangieren Sie die Mangoscheiben kurz vor dem Servieren mit dem Schinken, geben Sie frisch gemahlenen schwarzen Pfeffer darüber und garnieren Sie mit glatter Petersilie.

CHORIZO IN OLIVENÖL

Chorizo ist eine spanische Wurst, die einen sehr intensiven Geschmack hat. Sie ist kräftig mit Knoblauch, Chilli und Paprika gewürzt und schmeckt am besten mit Zwiebeln in Olivenöl gebraten.

Vorbereitungszeit 2 Minuten
Kochzeit 7–8 Minuten

4 PORTIONEN
75ml/5 El. Olivenöl extra vergine
350g Chorizo, in Scheiben geschnitten
1 große Zwiebel, in dünne Ringe geschnitten
Garnitur: grob gehackte, glatte Petersilie, warmes Brot dazu

1 Erhitzen Sie das Öl in einer großen Pfanne und braten Sie die Chorizo an, bis sie Farbe annimmt. Nehmen Sie die Wurst aus dem Fett und stellen sie beiseite.

2 Geben Sie die Zwiebeln in die Pfanne und braten Sie die Ringe goldbraun an. Fügen Sie die Wurstscheiben wieder hinzu und erhitzen Sie alles unter Rühren noch einmal für 1 Minute.

3 Richten Sie die Wurstscheiben in einer flachen Schüssel an, garnieren Sie mit glatter Petersilie und servieren Sie warmes Brot dazu.

VARIATION
Chorizo ist in gut sortierten Supermärkten oder Feinkostläden erhältlich. Sie können auch andere, würzige Wurst verwenden, z.B. geräucherte Mettwurst.

KNOBLAUCHSCAMPI

Eine Vorspeise wie von der Tapas-Theke beim Spanier. Ganz frische Scampi nehmen den Knoblauch- und Chiligeschmack am besten an. Sie können die ganze Pfanne mit den noch brutzelnden Scampi auf den Tisch stellen.

Vorbereitungszeit 5 Minuten
Kochzeit 5 Minuten

4 PORTIONEN
350–450g große, rohe Scampi
2 rote Chilischoten
75ml/5 El. Olivenöl
3 Knoblauchzehen, zerdrückt
Salz und frisch gemahlener schwarzer Pfeffer

1 Köpfen und schälen Sie die Scampi, lassen Sie die Schale am Schwanzstück intakt.

2 Halbieren Sie die Chilischoten der Länge nach und entfernen Sie die Kerne. Erhitzen Sie das Öl in einer feuerfesten Pfanne, in der Sie auch servieren können, oder halten Sie eine Schüssel im Ofen warm.

3 Geben Sie die Scampischwänze, die Chilischoten und den Knoblauch in die Pfanne und braten Sie alles bei hoher Hitze unter Rühren ungefähr 3 Minuten an, bis die Scampi rosa werden. Würzen Sie leicht mit Pfeffer und Salz und servieren Sie sofort.

Cocktail mit Melone, Ananas und Trauben

Ein leichter, frischer Fruchtsalat ohne Zucker ist eine schnelle, erfrischende Vorspeise.

Vorbereitungszeit 6 Minuten
Kochzeit Keine

4 Portionen

½ Galia- oder Netzmelone
225g frische Ananas
225g kernlose grüne Trauben, halbiert
120ml/ ½ Tasse heller Traubensaft
Garnitur: frische Minzeblätter

1 Entfernen Sie die Kerne aus der Melonenhälfte und stechen Sie kleine Kugeln aus.

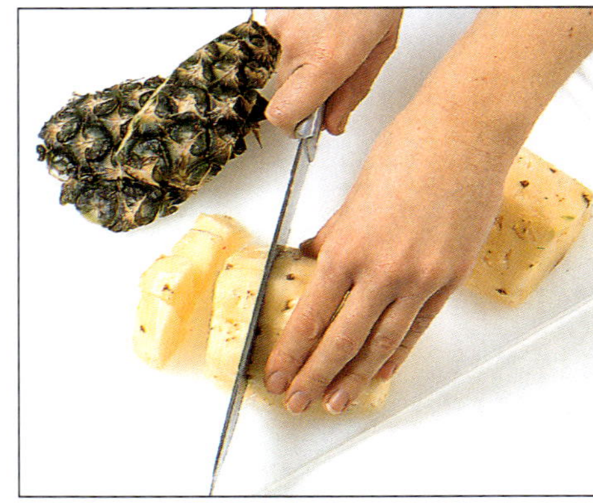

2 Schälen Sie die Ananas und schneiden Sie das Fruchtfleisch in mundgerechte Stücke.

3 Richten Sie die Fruchtstücke und die halbierten Trauben in einer Glasschüssel an und geben Sie den Traubensaft darüber. Servieren Sie sofort oder stellen Sie den Salat abgedeckt in den Kühlschrank. Garnieren Sie mit den Minzeblättchen.

Tip

Um noch mehr Zeit zu sparen, können Sie auch Ananasstücke im eigenen Saft aus der Dose verwenden. Mit dem Ananas-Saft können Sie den Traubensaft aus diesem Rezept ersetzen.

SALAT MIT GERÄUCHERTER FORELLE

Meerrettich paßt ebenso gut zu geräucherter Forelle wie zu einem Roastbeef. Hier wird er mit Joghurt zu einem köstlichen, leichten Salatdressing kombiniert.

Vorbereitungszeit 6 Minuten
Kochzeit Keine

4 Portionen
1 Kopf roter Blattsalat
225g Cocktailtomaten, in dünne Schnitze geschnitten
½ Salatgurke, geschält und dünn geschnitten
4 geräucherte Forellenfilet zu je 200g, gehäutet und zerkleinert
Dressing:
1 Prise Senf oder Senfpuder
15–20ml/3–4 Tl. Weißweinessig
30ml/2 El. Olivenöl
100ml/ ½ Tasse Naturjoghurt
ca. 30ml/2 El. frisch geriebener oder eingelegter Meerrettich
1 Prise Zucker

1 Vermischen Sie für das Dressing Senf und Essig. Rühren Sie dann langsam Öl, Joghurt, Meerrettich und Zucker unter.

Variation

Dieser Salat schmeckt auch mit geräucherten Makrelen sehr gut. Garnieren Sie ihn mit Limonen- oder Orangenscheiben, die Sie in der Mitte einschneiden und zu Tüten eindrehen.

2 Geben Sie den Kopfsalat in eine Schüssel. Rühren Sie das Dressing gut durch, gießen Sie die Hälfte zum Salat und mischen durch.

3 Richten Sie den Salat auf vier Tellern mit den Tomaten, den Gurken und den Forellenfilets an. Geben Sie das restliche Dressing darüber und servieren Sie sofort.

Überbackener Tomatensalat mit Mozzarella

Eine schnelle, leichte Vorspeise aus dem Mittelmeerraum. Sie kann gut vorbereitet und erst kurz vor dem Servieren überbacken werden.

Vorbereitungszeit 5 Minuten
Kochzeit 4–5 Minuten

4 Portionen
450g Roma-Tomaten, in Scheiben
225g Mozzarella, in Scheiben
1 rote Zwiebel, kleingehackt
4–6 getrocknete Tomaten in Öl, abgetropft und kleingehackt
60ml/4 El. Olivenöl
5ml/1 Tl. Rotweinessig od. Balsamico
2,5ml/ ½ El. Dijonsenf
60ml/4 El. gehackte frische Kräuter wie Basilikum, Petersilie, Oregano und Frühlingszwiebeln
Salz und schwarzer Pfeffer
Garnitur: frische Kräuterzweige

1 Richten Sie die Tomaten- und Mozzarellascheiben kreisförmig auf 4 tiefen, feuerfesten Tellern an.

2 Streuen Sie die Zwiebel und die getrockneten Tomaten darüber. Heizen Sie den Backofengrill vor.

3 Verrühren Sie das Olivenöl, den Senf, die gehackten Kräuter und die Gewürze miteinander. Geben Sie das Dressing über den Salat.

4 Überbacken Sie den Salat etwa 4–5 Minuten, bis der Mozzarella geschmolzen ist. Geben Sie reichlich schwarzen, frisch gemahlenen Pfeffer darüber und garnieren Sie mit Kräuterzweigen. Sofort servieren.

Grüner Spargel mit Estragonbutter

Frischer Spargel schmeckt einfach am besten, wenn man ihn mit den Fingern ißt.

Vorbereitungszeit 2 Minuten
Kochzeit 6–8 Minuten

4 Portionen
500g frischer grüner Spargel
115g/ ½ Tasse Butter
30ml/2 El. frischer Estragon, gehackt
15ml/1 El. frische Petersilie, gehackt, und etwas mehr als Garnitur
geriebene Schale einer halben Zitrone
15ml/1 El. Zitronensaft
Salz und schwarzer Pfeffer

Tip

Frischen Spargel erkennen Sie an den frischen, noch nicht eingetrockneten Schnittstellen und den geschlossenen, gleichmäßig gefärbten Spitzen. Älterer Spargel schmeckt leicht schal.

1 Schneiden Sie die holzigen Spargelenden ab und schnüren Sie vier Päckchen mit Bindfaden.

2 Geben Sie die Päckchen in eine Pfanne, die ca. 2,5cm hoch mit Wasser gefüllt ist. Kochen Sie den Spargel bei geschlossenem Deckel in 6–8 Minuten bißfest. Gießen Sie ihn gut ab und entfernen Sie die Fäden.

3 Schmelzen Sie die Butter in einem Topf und geben Sie die Kräuter, Zitronenschale und -saft hinzu.

4 Richten Sie den Spargel auf vier vorgewärmten Tellern an. Salzen und pfeffern Sie die Kräuterbutter, bevor sie über den Spargel gegossen wird. Garnieren Sie mit Petersilie und servieren Sie sofort.

GUACAMOLE

Diesen klassisch mexikanischen Dip genießt man bevorzugt mit Nachos oder Tortilla-Chips.

Vorbereitungszeit 5 Minuten
Kochzeit Keine

4 PORTIONEN
2 reife Avocados
2 rote Chilischoten, entkernt
1 Knoblauchzehe
1 Schalotte
30ml/2 El. Olivenöl, etwas mehr zum Servieren
Saft einer Zitrone
Salz
Garnitur: glatte Petersilie

1 Halbieren und entkernen Sie die Avocados. Löffeln Sie das Fruchtfleisch in eine Schüssel.

2 Zerdrücken Sie die Avocados gründlich mit einer Gabel.

3 Geben Sie die gehackten Chilischoten, den Knoblauch und die Schalotte mit Olivenöl und Zitronensaft dazu. Salzen Sie den Dip.

4 Richten Sie den Dip in einer Servierschüssel an, träufeln Sie noch etwas Olivenöl darüber und garnieren Sie mit Petersilie.

Hummus

Servieren Sie Hummus als Vorspeise mit Gemüsesticks zum Dippen oder als Aufstrich für gebuttertes, getoastetes Brot.

Vorbereitungszeit 5 Minuten
Kochzeit 2–3 Minuten

4 Portionen
400g Kichererbsen aus der Dose
2 Knoblauchzehen
30ml/2 El. Tahini oder ungesüßte Erdnußbutter
60ml/4 El. Olivenöl
Saft einer Zitrone
2,5ml/ ½ Tl. Cayennepfeffer
15ml/1 El. Sesamsamen
Meersalz

1 Geben Sie die Kichererbsen nach gründlichem Abspülen mit dem Knoblauch und einer Prise Salz in einen Küchenmixer.

2 Fügen Sie die Tahini oder Erdnußbutter hinzu und pürieren Sie alles unter langsamer Beigabe von Olivenöl und Zitronensaft.

Tip

Tahini ist eine dicke, ölige Paste aus Sesamsamen. Man bekommt sie in Naturkostläden oder gut sortierten Supermärkten. Tahini gilt als klassische Zutat für Hummus, den Dip aus dem Mittleren Osten. Erdnußbutter ist aber ein durchaus gleichwertiger Ersatz, wenn Sie Tahini nicht bekommen.

3 Rühren Sie den Cayennepfeffer unter und schmecken Sie mit Salz ab. Wenn die Mischung zu fest wird, geben Sie kaltes Wasser dazu. Geben Sie das Püree in eine Schüssel.

4 Rösten Sie den Sesam 2–3 Minuten ohne Fett in einer beschichteten Pfanne goldbraun an. Streuen Sie die Sesamsamen nach dem Auskühlen über den Dip.

SCHMELZKÄSEDIP

Das klassische Schweizer Fondue wird eigentlich mit Brotwürfeln serviert, aber würzige Rauchwurst wie die spanische Chorizo paßt auch gut dazu.

Vorbereitungszeit 3 Minuten
Kochzeit 7 Minuten

2 Portionen
1 Knoblauchzehe, feingehackt
150ml/ ⅓ Tasse trockener Weißwein
150g Gruyèrekäse
5ml/1 Tl. Maismehl
15ml/1 El. Kirschschnaps
Salz und schwarzer Pfeffer
Brot- oder Chorizowürfel

1 Geben Sie Knoblauch und Weißwein in einen kleinen Topf und lassen Sie beides zuerst aufkochen, dann 3–4 Minuten köcheln.

Tip

Gruyère ist ein würziger Käse, der sehr schnell schmilzt. Er sollte hier durch keinen anderen Käse ersetzt werden.

2 Reiben Sie den Käse grob und geben Sie ihn zum Wein. Rühren Sie um, während er schmilzt.

3 Vermischen Sie das Maismehl mit dem Kirschschnaps und rühren Sie es in den heißen Käse ein. Kochen Sie den Käse unter ständigem Rühren auf, bis der Dip zähflüssig ist.

4 Salzen und pfeffern Sie. Servieren Sie sofort in aufgewärmten Schüsseln oder in einem Fonduetopf über einem Brenner. Garnieren Sie mit schwarzem Pfeffer und reichen Sie Brot- oder Chorizowürfel zum Einstippen dazu.

CIABATTA MIT MOZZARELLA UND GRILLZWIEBELN

Ciabatta – das bekannte italienische Weißbrot – ist mittlerweile in den meisten Supermärkten erhältlich. Besonders köstlich ist es auch mit Spinat, Oliven oder getrockneten Tomaten.

Vorbereitungszeit 3 Minuten
Kochzeit 7 Minuten

4 PORTIONEN
1 Ciabatta
60ml/4 El. rote Pestosauce
2 kleine milde Zwiebeln
Öl zum Einpinseln
225g Mozzarella
8 schwarze Oliven

1 Heizen Sie den Backofengrill auf höchster Stufe vor. Schneiden Sie das Brot der Länge nach durch und toasten Sie die Hälften leicht an. Schalten Sie den Grill danach nicht aus. Streichen Sie das rote Pesto auf das Brot.

2 Schneiden Sie die geschälten Zwiebeln in dicke Ringe, die Sie mit Öl bestreichen. Grillen Sie die Zwiebeln etwa 3 Minuten, bis sie leicht gebräunt sind.

3 Belegen Sie das Brot mit Mozzarellascheiben, darauf geben Sie die Zwiebelringe und die Oliven. Scheiden Sie das Brot diagonal durch und grillen Sie es 2–3 Minuten, bis der Käse schmilzt.

VARIATION

Toasten Sie halbe Baguettes, die Sie mit Cocktailtomaten und Ziegenkäse belegen. Grillen Sie die Baguettes und verwenden Sie Basilikumblättchen als Garnitur.

Auch ein Belag aus passierten Tomaten, Mozarrellascheiben, Anchovis und schwarzen Oliven, garniert mit Oreganoblättern, paßt zum Weißbrot.

Blattsalat mit Gorgonzola

Der kroß gebratene Pancetta – italienischer Speck – bildet einen würzigen Kontrast zum neutralen Blattsalat und dem intensiven Gorgonzola. Sie können statt Pancetta auch gekochten Schinken verwenden.

Vorbereitungszeit 5 Minuten
Kochzeit 5 Minuten

4 Portionen

225g Pancettastreifen ohne Rinde, grob gehackt
2 große Knoblauchzehen, grob gehackt
75g Raukeblätter
75g Radicchioblätter
50g/ ½ Tasse Walnüsse, grob gehackt
115g Gorgonzola-Käse
60ml/4 El. Olivenöl
15ml/1 El. Balsamessig
Salz und frisch gemahlener schwarzer Pfeffer

1 Geben Sie den Pancetta und den Knoblauch in eine beschichtete Pfanne. Lassen Sie beides auf niedriger Stufe langsam und unter ständigem Rühren glasig werden. Anschließend braten Sie den Pancetta auf höchster Stufe kroß. Der Knoblauch sollte nicht zu braun werden, sonst schmeckt er leicht bitter. Lassen Sie Pancetta und Knoblauch auf Küchenpapier abtropfen. Ziehen Sie die Pfanne vom Herd, aber schütten Sie das Fett nicht ab.

2 Richten Sie die Rauke- und Radicchioblätter in einer Salatschüssel an. Mischen Sie Walnüsse, Pancetta und Knoblauch unter. Salzen und pfeffern Sie. Zerbröseln Sie den Gorgonzola über dem Salat.

3 Erhitzen Sie die Pfanne auf mittlerer Stufe, geben Sie Öl und Essig zum Fett. Lassen Sie alles unter Rühren kurz aufkochen und geben Sie das Dressing über den Salat. Servieren Sie sofort.

Bruscetta mit Tomate und Mozzarella

Die Bruscetta sehen aus wie Mini-Pizzas und sind z.B. leckere Appetithäppchen zum Aperitif bei Einladungen. Man kann sie gut vorbereiten und erst beim Eintreffen der Partygäste überbacken.

Vorbereitungszeit 3 Minuten
Kochzeit 7 Minuten

6–8 Portionen

3 dünne Ciabatta oder Baguettes
etwa 250ml/1 Tasse passierte Tomaten (möglichst aus getrockneten)
3 x 150g Mozzarella, abgetropft und gewürfelt
etwa 10ml/2 Tl. getrockneter Oregano oder Kräuter der Provence
30–45ml/2–3 El. Olivenöl
frisch gemahlener schwarzer Pfeffer

1 Heizen Sie den Backofen auf 220° C (Gas: höchste Stufe) vor, ebenso den Grill. Schneiden Sie jedes Ciabatta in 12–15 Scheiben ohne die Kanten. Grillen Sie die Brotscheiben, bis sie beidseitig leicht gebräunt sind. Streichen Sie die passierten Tomaten auf eine Seite und geben Sie Mozzarellawürfel darüber.

2 Verteilen Sie die Bruscetta auf Backbleche, streuen Sie die Kräuter darüber. Pfeffern Sie und Träufeln Sie Öl auf die Scheiben. Überbacken Sie die Bruscetta etwa 5 Minuten im Ofen, bis der Mozzarella geschmolzen ist und Blasen wirft. Lassen Sie die Scheiben vor dem Servieren etwas abkühlen.

HUHN MIT CASHEWNÜSSEN

Bei diesem chinesisch inspirierten Gericht wird zartes Hühnerfleisch mit Cashewnüssen, Chilischoten und Knoblauch kurz angebraten.

Vorbereitungszeit 4 Minuten
Kochzeit 6 Minuten

4–6 PORTIONEN

450g Hühnerbrust ohne Knochen
30ml/2 El. Pflanzenöl
2 Knoblauchzehen, in Scheiben
4 getrocknete rote Chilischoten, gehackt
1 rote Paprika, entkernt, gewürfelt
30ml/2 El. Austernsauce
15ml/1 El. Sojasauce
1 Bund Frühlingszwiebeln, in ca. 5cm lange Stücke geschnitten
175g/1½ Tassen geröstete Cashewnüsse
Garnitur: Korianderblätter

1 Häuten Sie die Hühnerbrüste. Schneiden Sie das Fleisch in mundgerechte Stücke und stellen Sie es beiseite.

2 Erhitzen Sie das Öl im Wok. Geben Sie Knoblauch und Chilis dazu und bräunen Sie alles an.

3 Fügen Sie das Hühnerfleisch hinzu und braten es kurz mit, dann geben Sie die Paprika dazu.

4 Rühren Sie Austern- und Sojasauce sowie die Frühlingszwiebeln und die Cashewnüsse unter. Nach 1–2 Minuten Bratzeit können Sie mit Koriander garniert servieren.

Gebratenes Huhn mit Basilikum und Chili

Dieses schnelle, einfache Gericht stammt aus der thailändischen Küche. Das fritierte Basilikum sorgt durch den einmaligen, würzigen Geschmack für den exotischen Touch. Thai-Basilikum hat gezackte Blätter, Sie können auch normales Basilikum verwenden.

Vorbereitungszeit 3 Minuten
Kochzeit 7 Minuten

4–6 Portionen

45ml/3 El. Pflanzenöl
4 Knoblauchzehen, in Scheiben
2–4 rote Chilischoten, entkernt, gehackt sowie 2 Schoten in Scheiben geschnitten, als Garnitur
450g Hühnerfleisch, in mundgerechte Stücke geschnitten
30–45ml/2–3 El. Fischsauce
10ml/2 Tl. dunkle Sojasauce
5ml/1 Tl. Zucker
10–12 Thai-Basilikumblätter
20 Thai-Basilikumblätter, fritiert

1 Erhitzen Sie das Öl in einem Wok oder einer großen Pfanne.

2 Geben Sie Knoblauch und Chilies dazu und bräunen sie an.

3 Fügen Sie das Hühnerfleisch hinzu und braten es kurz mit.

4 Würzen Sie mit Fisch- und Sojasauce sowie Zucker. Braten Sie alles weitere 3–4 Minuten an, bis das Huhn gar ist. Rühren Sie das frische Basilikum unter. Garnieren Sie mit den fritierten Basilikumblättern und den Chilischeiben.

Tip

Beim Fritieren des Basilikums müssen die Blätter völlig trocken sein. In heissem Öl werden sie 30–40 Sekunden fritiert und anschließend auf Küchenpapier abgetropft.

Thailändische Huhn-Gemüse-Pfanne

Vorbereitungszeit 3 Minuten
Kochzeit 7 Minuten

4 Portionen
1 Stengel Zitronengras
1cm frischer Ingwer am Stück
1 große Knoblauchzehe
30ml/2 El. Sonnenblumenöl
275g Hühnerfleisch, klein geschnitten
½ rote und ½ grüne Paprika, entkernt, klein geschnitten
4 Frühlingszwiebeln, gehackt
2 Karotten, gestiftelt
115g feine grüne Bohnen
30ml/2 El. Austernsauce
Prise Zucker
Salz und schwarzer Pfeffer
Garnitur: zerstoßene Erdnüsse und Korianderblätter

1 Schneiden Sie das Zitronengras in Scheiben. Schälen und hacken Sie Ingwer und Knoblauch. Erhitzen Sie das Öl in einer Pfanne auf hoher Stufe, geben Sie Zitronengras, Ingwer und Knoblauch hinzu. Braten Sie alles etwa 30 Sekunden.

2 Geben Sie das Hühnerfleisch hinzu und braten es 2 Minuten. Dann fügen Sie das Gemüse bei und braten alles noch 3 Minuten, bis das Huhn gar und das Gemüse bißfest ist.

3 Zum Schluß rühren Sie Austernsauce, Zucker und Gewürze unter und lassen alles noch etwa 1–2 Minuten braten. Streuen Sie die Erdnüsse darüber und garnieren Sie mit Korianderblättern. Servieren Sie sofort, am besten mit Reisbeilage.

Tips

Dieses schnelle Gericht können Sie mit mehr frischem, geriebenen Ingwer noch schärfer machen. Auch Galangal (Zyperngras) anstelle des Ingwers gibt zusätzliche Schärfe. Der Geschmack ähnelt dem des Ingwer, ist aber etwas pfeffriger.

Huhn mit Tomaten und Oliven

Hühnerbrust oder Putenfleisch sowie Kalbs- oder Schweineschnitzel werden für schnelleres, gleichmäßiges Braten flach geklopft. Das ist recht einfach zu bewerkstelligen.

Vorbereitungszeit 5 Minuten
Kochzeit 5 Minuten

4 Portionen

4 Hühnerbrüste, gehäutet, ohne Knochen (etwa je 150–175g)
1,5ml/ ¼ Tl. Cayennepfeffer
75–105ml/5–7 El. Olivenöl extra vergine
6 reife Romatomaten
1 Knoblauchzehe, feingehackt
16–24 schwarze Oliven, entsteint
1 Handvoll frische Basilikumblätter
Salz

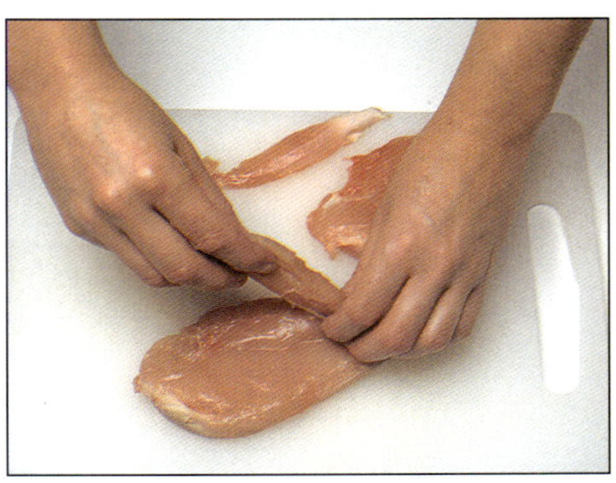

1 Entfernen Sie die Filets (der lange, fingerförmige Muskel auf der Rückseite der Brust) und heben Sie diese für ein anderes Gericht auf.

2 Klopfen Sie die Hühnerbrüste zwischen zwei Lagen Butterbrotpapier oder Klarsichtfolie mit einem Fleischklopfer auf etwa 1cm Dicke. Sie können sie auch mit einem Teigroller flachdrücken. Würzen Sie mit Cayennepfeffer.

3 Erhitzen Sie 45–60ml/3–4 El. Olivenöl in einer großen Pfanne bei mittlerer Hitze. Geben Sie das Hühnerfleisch hinzu und braten Sie es etwa 3–4 Minuten, bis es beidseitig goldbraun und gar ist. Halten Sie die Hühnerbrüste auf vorgewärmten Tellern warm und würzen Sie mit Salz.

4 Schälen (siehe Tip), entkernen und hacken Sie die Tomaten.

5 Säubern Sie die Pfanne und gießen Sie 30–45ml/2–3 El. Olivenöl hinein. Braten Sie den Knoblauch 1 Minute goldfarben an. Geben Sie die Oliven hinzu und braten Sie alles 1 Minute, bevor Sie die Tomaten dazugeben. Heben Sie die zerzupften Basilikumblätter unter. Verteilen Sie die Sauce auf den Hühnerbrüsten und servieren Sie sofort.

Tip

Wenn die Haut der Tomaten zu hart ist, schneiden Sie diese am unteren Ende kreuzweise ein und tauchen sie etwa 45 Sekunden in kochendes Wasser. Danach kann man die Haut problemlos entfernen Wenn Sie einen Gasherd haben, können Sie die eingeschnittenen Tomaten auch auf eine Gabel spießen und sie über der offenen Flamme drehen, bis sich die Haut kräuselt.

Truthahnschnitzel mit Kapern

Die dünnen Truthahnschnitzel, die man auch Paillards nennt, werden sehr schnell gar und können mit vielen interessanten Saucen im Bistro-Stil serviert werden

Vorbereitungszeit 6 Minuten
Kochzeit 4 Minuten

2 Portionen

4 dünne Truthahn- oder Putenschnitzel von der Brust (je etwa 75g)
1 große, unbehandelte Zitrone
2,5ml/ ½ Tl. frischer Salbei, gehackt
60–75ml/4–5 El. Olivenöl extra vergine
50g/ ½ Tasse Paniermehl
15ml/1 El. Kapern, abgeschüttet und abgetrocknet
Salz und schwarzer Pfeffer
Garnitur: Salbeiblätter und Zitronenschnitze

1 Klopfen Sie die Truthahnschnitzel zwischen zwei Lagen Butterbrotpapier oder Klarsichtfolie mit einem Fleischklopfer auf etwa 0,5cm Dicke. Sie können sie auch mit einem Teigroller flachdrücken.

2 Schneiden Sie mit einem Sparschäler 4 Stücke Zitronenschale ab, die Sie zu feinen Julienne-Streifen zerschneiden, mit Folie bedecken und beiseite stellen. Reiben Sie die restliche Zitronenschale und pressen Sie die Zitrone aus. Geben Sie geriebene Zitronenschale, Salbei sowie Pfeffer und Salz in eine große, flache Schüssel. Rühren Sie 15ml/1 El. Zitronensaft und 15ml/1 El. Olivenöl unter. Wenden Sie die Putenschnitzel darin hin und her.

3 Geben Sie das Paniermehl in eine weitere Schüssel und wälzen Sie die Schnitzel darin. Erhitzen Sie 30ml/2 El. Olivenöl in einer Pfanne bei hoher Hitze, geben Sie das Fleisch dazu und braten Sie die Schnitzel 2–3 Minuten beidseitig goldbraun. Halten Sie die Schnitzel auf zwei vorgewärmten Tellern warm.

4 Säubern Sie die Pfanne, geben Sie das restliche Öl, die Julienne-Streifen und die Kapern hinein. Erhitzen Sie alles unter Rühren. Gießen Sie etwas Sauce über die Schnitzel und garnieren Sie mit Salbeiblättern und Zitronenschnitzen.

Kalbsschnitzel mit Zitrone

Dieses bekannte italienische Gericht ist sehr einfach nachzukochen.

Vorbereitungszeit 4 Minuten
Kochzeit 4 Minuten

4 Portionen
4 Kalbsschnitzel
30–45 ml/2–3 El. Mehl
50g/ 1/4 Tasse Butter
60ml/4 El. Olivenöl
60ml/4 El. trockener, weißer Wermuth oder trockener Weißwein
45ml/3 El. Zitronensaft
Salz und schwarzer Pfeffer
Garnitur: Zitronenschale und -schnitze, frische Petersilie
grüne Bohnen und Pepperonata dazu

1 Klopfen Sie die Kalbsschnitzel zwischen zwei Lagen Butterbrotpapier oder Klarsichtfolie sehr dünn. Halbieren oder vierteln Sie die Schnitzel, die Sie in gesalzenem und gepfeffertem Mehl wälzen.

Tip

Pepperonata als Beilage läßt sich einfach herstellen: Erhitzen Sie 75ml/5 El. Olivenöl in einer Pfanne, geben Sie eine geschälte Zwiebel, zwei gewürfelte rote Paprika, eine zerstoßene Knoblauchzehe und zwei gehackte Tomaten dazu. Lassen Sie alles 15 Minuten köcheln. Pepperonata kann heiß oder kalt serviert werden.

2 Erhitzen Sie die Butter mit der Hälfte des Öls in einer großen Pfanne. Geben Sie so viele Schnitzel wie möglich dazu, die Sie 1–2 Minuten auf jeder Seite anbraten, bis sie leicht gebräunt sind. Nehmen Sie die Schnitzel heraus und halten sie warm. Braten Sie das restliche Fleisch genauso an.

3 Nehmen Sie die Pfanne von Herd, rühren Sie den Wermuth und den Zitronensaft gründlich unter, bis sie sich mit dem Bratfett verbinden. Stellen Sie die Pfanne wieder auf den Herd und geben Sie die Schnitzel hinzu, die Sie mit der Sauce übergießen. Schwenken Sie die Pfanne, bis die Sauce gleichmäßig verteilt ist, und erhitzen Sie die Schnitzel erneut.

4 Servieren Sie sofort. Garnieren Sie mit geriebener Zitronenschale und -schnitzen sowie Petersilie. Grüne Bohnen und Pepperonata sind eine köstliche Beilage.

Variation

Sie können auch Hühnerbrüste ohne Knochen und Haut anstelle des Kalbs verwenden, die Sie vor dem Klopfen quer durchschneiden, wenn sie zu dick sein sollten.

KALBSKOTELETTS AUS DER PFANNE

Die etwas teureren Kalbskoteletts von der Lende werden am besten kurzgebraten und einfach zubereitet. Basilikum paßt gut zu Kalb, Sie können aber auch Rosmarin oder Petersilie verwenden.

Vorbereitungszeit 2 Minuten
Kochzeit 7–8 Minuten

2 PORTIONEN
25g/2 El. weiche Butter
15ml/1 El. Dijon-Senf
15ml/1 El. frisches Basilikum, gehackt
Olivenöl zum Einpinseln
2 Kalbskoteletts von der Lende, 2,5cm dick (je etwa 225g)
frisch gemahlener schwarzer Pfeffer
Garnitur: frische Basilikumzweige

1 Für die Basilikumbutter verrühren Sie die Butter, den Senf und das gehackte Basilikum in einer kleinen Schüssel, dann pfeffern Sie.

2 Erhitzen Sie etwas Öl in einer großen Pfanne auf hoher Stufe. Es soll sehr heiß sein, darf aber nicht rauchen. Bepinseln Sie die Koteletts beidseitig mit Öl und etwas Pfeffer.

3 Legen Sie die Koteletts in die Pfanne und reduzieren Sie die Hitze. Nach 4–5 Minuten Bratzeit wenden Sie das Fleisch und braten es weitere 3–4 Minuten. („Englisches“ Fleisch ist bei Druck immer noch weich, „Medium“ ist elastisch, und durchgebratenes ist fest.) Verteilen Sie die Butter auf dem Fleisch und garnieren Sie mit Basilikumzweigen.

KALBSSCHNITZEL MIT ESTRAGON

Diese dünnen Scheiben Kalbfleisch sind sehr schnell gar, und die Sauce ist einfach herzustellen.

Vorbereitungszeit 4 Minuten
Kochzeit 6 Minuten

4 PORTIONEN
4 Kalbsschnitzel (je etwa 115–150g)
15g/1 El. Butter
30ml/2 El. Weinbrand
250ml/1 Tasse Hühner- oder Rinderbrühe
15ml/1 El. frisches Estragon, gehackt
Salz und frisch gemahlener schwarzer Pfeffer
Garnitur: frische Estragonzweige

1 Klopfen Sie die Kalbsschnitzel zwischen zwei Lagen Butterbrotpapier oder Klarsichtfolie mit einem Fleischklopfer auf etwa 0,5cm Dicke. Sie können sie auch mit einem Teigroller flachdrücken. Würzen Sie mit Salz und Pfeffer.

2 Schmelzen Sie die Butter in einer großen Pfanne bei mittlerer Hitze. Geben Sie die Schnitzel hinzu. Sie sollten sich nicht überlappen, braten Sie lieber in zwei Pfannen. Braten Sie die Schnitzel beidseitig etwa 1½ – 2 Minuten. Sie sollten leicht gebräunt, aber nicht zu gar sein. Halten Sie das Fleisch auf vorgewärmten Tellern warm.

3 Kochen Sie den Weinbrand und die Brühe in der Pfanne kurz auf. Geben Sie das Estragon hinzu und lassen Sie alles auf die Hälfte reduzieren.

4 Fügen Sie die Schnitzel mit Saft hinzu und erhitzen Sie alles noch einmal. Servieren Sie sofort mit den Estragonzweigen als Garnitur.

MOUTARDE
PRÉPARÉE
DE DIJON
Poupon
au vin blanc

Kalbsleber mit Honig

Leber eignet sich perfekt für ein schnelles Gericht. Man kann sie auch schmoren, aber am besten schmeckt sie kurzgebraten. Leber ist gar, wenn sie außen braun, innen aber noch rosa ist.

Vorbereitungszeit 2 Minuten
Kochzeit 4–5 Minuten

4 Portionen
4 Scheiben Kalbsleber (je etwa 175g und 1cm dick)
Mehl zum Bestäuben
25g/2 EL. Butter
30ml/2 El. Pflanzenöl
30ml/2 El. Sherry- oder Rotweinessig
30–45ml/2–3 El. Hühnerbrühe
15ml/1 El. klarer Honig
Salz und frisch gemahlener schwarzer Pfeffer
Garnitur: Brunnenkresse

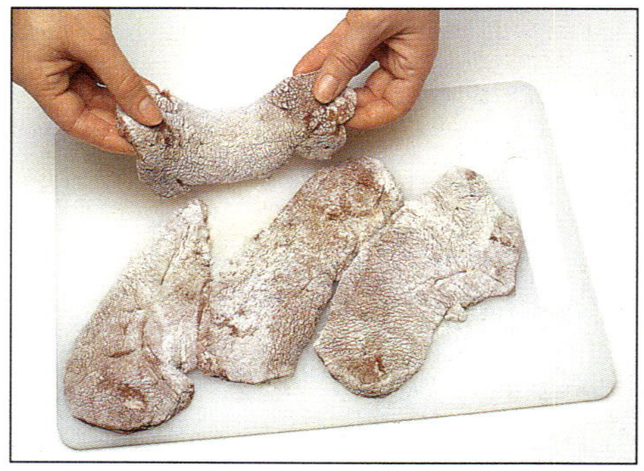

1 Reiben Sie die Leberscheiben mit einem feuchten Tuch ab, salzen und pfeffern Sie beidseitig. Bestäuben Sie die Leberscheiben dünn mit Mehl.

2 Schmelzen Sie in einer großen Pfanne die Hälfte der Butter mit dem Öl bei hoher Hitze. Schwenken Sie die Pfanne dabei öfter.

Tip

Kalbsleber ist besonders zart und schmeckt nicht sehr streng. Lammleber paßt auch noch, aber verwenden Sie möglichst keine anderen Lebersorten.

3 Geben Sie die Leberscheiben dazu, die Sie 1–2 Minuten pro Seite anbraten, bis sie angebräunt sind. Halten Sie die Leber auf vorgewärmten Tellern warm.

4 Rühren Sie Essig, Brühe und Honig in die Pfanne und lassen alles 1 Minute aufkochen. Lassen Sie dann die restliche Butter darin schmelzen. Geben Sie die Sauce löffelweise über die Leberscheiben und garnieren Sie mit Brunnenkresse.

Schweinefleisch auf venezianische Art

Die Kombination von süß und sauer ist in der venezianischen Küche sehr beliebt, vor allem bei Leber- und Fleischgerichten. Dieses Rezept erhält durch die zerstoßenen Pfefferkörner und die Beilage von dicken Bohnen mit Speckstreifen das gewisse Etwas.

Vorbereitungszeit 2–3 Minuten
Kochzeit 6 Minuten

2 Portionen

1 Schweinefilet am Stück, etwa 350g
25ml/1½ El. Mehl
30–45ml/2–3 El. Olivenöl
250ml/1 Tasse trockener Weißwein
30ml/2 El. Weißweinessig
10ml/2 Tl. Kristallzucker
15ml/1 El. gemischte Pfefferkörner, grob gemahlen
Salz und schwarzer Pfeffer
Beilage: gekochte dicke Bohnen mit Speckstreifen

1 Schneiden Sie das Filet diagonal in dünne Scheiben. Rollen Sie diese zwischen zwei Lagen Klarsichtfolie mit einem Teigroller flach.

2 Geben Sie das Mehl in eine flache Schüssel. Salzen und pfeffern Sie es, wälzen Sie die Filetscheiben darin. Sie können Mehl und Filet auch in eine Plastiktüte geben und durchschütteln.

3 Erhitzen Sie 15ml/1 El. Öl in einer großen Pfanne, geben Sie so viele Filetscheiben, wie hineinpassen, dazu. Braten Sie das Fleisch bei mittlerer Hitze etwa 2–3 Minuten, bis es knusprig und zart ist. Stellen Sie das Fleisch beiseite und braten Sie die restlichen Filetscheiben unter Zugabe von Öl genauso an.

4 Vermischen Sie Wein, Essig und Zucker. Gießen Sie die Mischung in die Pfanne und lassen Sie alles bei hoher Hitze aufkochen und reduzieren. Rühren Sie die Pfefferkörner unter und geben Sie das Fleisch wieder dazu. Erhitzen Sie das Filet noch einmal. Als Beilage passen dicke Bohnen mit Speckstreifen.

Schweinefilet mit Camembert

Schweinefilet ist eine exzellente Wahl für opulente Mahlzeiten. Es ist sehr zart und schnell gar. Besonders köstlich schmeckt es mit einer cremigen Käsesauce.

Vorbereitungszeit 2 Minuten
Kochzeit 7–8 Minuten

3–4 Portionen

350–450g Schweinefilet am Stück
15g/1 El. Butter
45ml/3 El. trockener Cidre oder trockener Weißwein
120–175ml/ ½–¾ Tasse Crème fraîche oder Schlagsahne
15ml/1 El. gehackte frische Kräuter, z.B. eine Mischung aus Majoran, Thymian und Salbei
½ Laib Camembert (115g), entrindet (65g ohne Rinde), in Scheiben
7,5ml/1½ Tl. Dijon-Senf
gemahlener schwarzer Pfeffer
Garnitur: frische Petersilie

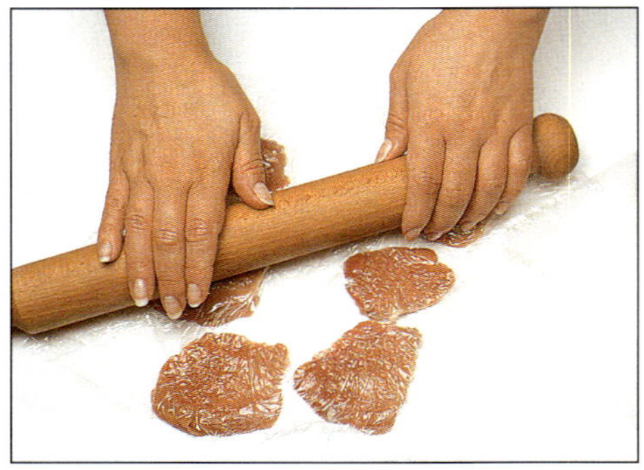

1 Schneiden Sie das Filet diagonal in Scheiben. Klopfen Sie die Filetscheiben zwischen zwei Lagen Butterbrotpapier oder Klarsichtfolie mit einem Fleischklopfer auf etwa 1cm Dicke. Sie können sie auch mit einem Teigroller flachdrücken. Pfeffern Sie das Fleisch.

2 Schmelzen Sie die Butter in einer Pfanne bei mittlerer Hitze, bis sie leicht braun wird. Geben Sie das Filet dazu und braten es 5 Minuten beidseitig an, bis es gar, aber bei einer Druckprobe noch elastisch ist. Halten Sie das Filet auf vorgewärmten Tellern warm.

Variation

Sie können für die Käsesauce auch andere, nicht zu cremige Weichkäsesorten verwenden, z.B. Brie oder Cambozola.

3 Geben Sie Cidre oder Wein hinzu und kochen Sie alles auf. Kratzen Sie den Pfannenboden aus. Rühren Sie Sahne und Kräuter unter.

4 Fügen Sie Käse, Senf und aufgefangenen Saft aus den Filets hinzu. Rühren Sie, bis der Käse schmilzt. Geben Sie evtl. etwas mehr Sahne dazu und würzen Sie nach. Servieren Sie das Filet mit der Sauce und garnieren Sie mit Petersilie.

Lachs mit grüner Pfeffersauce

Grüner Pfeffer ist typisch für die Nouvelle Cuisine und paßt hervorragend zu vielen Saucen, zu Fleisch und zu Fisch. Die eingelegten Pfefferkörner sind ein absolutes Muß für Ihren Vorratsschrank.

Vorbereitungszeit 2 Minuten
Kochezeit 9 Minuten

4 Portionen

15g/1 El. Butter
2 oder 3 Schalotten, feingehackt
15ml/1 El. Weinbrand (bei Bedarf)
60ml/4 El. trockener Weißwein
90ml/6 El. Fisch- oder Hühnerbrühe
120ml/ ½ Tasse Schlagsahne
30–45ml/2–3 El. eingelegte grüne Pfefferkörner, abgegossen und abgespült
15–30ml/1–2 El. Pflanzenöl
4 Lachsfilets (je etwa 175–200g)
Salz und schwarzer Pfeffer
Garnitur: frische Petersilie

1 Schmelzen Sie die Butter in einem Topf bei mittlerer Hitze. Schwitzen Sie darin die Schalotten 1 Minute an, bis sie weich sind.

2 Geben Sie den Weinbrand und den Weißwein hinzu. Rühren Sie gut um, schütten Sie die Brühe hinein und lassen Sie alles aufkochen. Reduzieren Sie die Sauce bei hoher Hitze auf ein Viertel. Rühren Sie dabei gelegentlich um.

3 Reduzieren Sie die Temperatur und geben Sie die Sahne und die Hälfte der Pfefferkörner, die Sie zuvor mit einem Löffelrücken etwas zerdrücken, hinzu. Köcheln Sie die Sauce 4 Minuten, bis sie etwas eindickt, dann geben Sie die restlichen Pfefferkörner dazu. Halten Sie die Sauce bei sehr geringer Hitze warm und rühren Sie öfter um.

4 Geben Sie das Öl in eine großen Pfanne und lassen Sie es bei mittlerer Hitze sehr heiß werden. Würzen Sie den Lachs und braten Sie ihn 3–4 Minuten an, bis der Fisch nicht mehr glasig ist und sich leicht zerteilen läßt. Richten Sie den Lachs auf vorgewärmten Tellern an, geben Sie die Sauce darüber und garnieren Sie mit Petersilie.

HEILBUTT MIT TOMATENVINAIGRETTE

Die Vinaigrette ist eine Mischung aus Tomaten, frischen, aromatischen Kräutern und Olivenöl. Man kann sie kalt oder – wie in diesem Rezept – lauwarm servieren.

Vorbereitungszeit 4 Minuten
Kochzeit 5–6 Minuten

2 PORTIONEN

3 große, reife Fleischtomaten, geschält, entkernt und gehackt
2 Schalotten oder 1 kleine rote Zwiebel, feingehackt
1 Knoblauchzehe, gepreßt
90ml/6 El. gehackte frische Kräuter, z.B. eine Mischung aus Petersilie, Koriander, Basilikum, Estragon, Kerbel oder Frühlingszwiebeln
120ml/ ½ Tasse Olivenöl extra vergine, etwas mehr zum Einfetten
4 Heilbuttfilets oder -steaks (je 175–200g)
Salz und schwarzer Pfeffer
Beilage: grüner Salat

1 Vermischen Sie Tomaten, Schalotten, Knoblauch und Kräuter in einem Topf. Rühren Sie das Öl unter und salzen und pfeffern Sie. Decken Sie den Topf ab und lassen Sie die Sauce bei Zimmertemperatur ziehen.

TIP
Wenn Sie genug Zeit haben, lassen Sie die Sauce bis zu einer Stunde ziehen.

2 Heizen Sie den Grill vor. Legen Sie Alufolie auf ein Backblech und fetten Sie diese mit Öl ein.

3 Salzen und pfeffern Sie den Fisch, legen Sie ihn auf die Alufolie und ölen Sie ihn ein. Grillen Sie den Heilbutt 5–6 Minuten, bis das Fleisch fest und angebräunt ist.

4 In der Zwischenzeit wärmen Sie die Sauce leicht an. Servieren Sie den Fisch mit Sauce und Salat.

Seezunge mit Zitronenbutter

In diesem klassischen, einfachen Rezept kommen der delikate Geschmack und das zarte Fleisch der Seezunge voll zur Geltung.

Vorbereitungszeit 1 Minute
Kochzeit 9 Minuten

2 Portionen
30–45ml/2–3 El. Mehl
4 Seezungenfilets
45ml/3 El. Olivenöl
50g/ ¼ Tasse Butter
60ml/4 El. Zitronensaft
30ml/2 El. eingelegte Kapern, abgespült
Salz
frisch gemahlener schwarzer Pfeffer
Garnitur: frische, glatte Petersilie und Zitronenschnitze

1 Salzen und pfeffern Sie das Mehl. Bestäuben Sie die Fischfilets beidseitig. Erhitzen Sie das Öl mit der Hälfte der Butter in einer großen Pfanne, bis sie schaumig wird. Geben Sie 2 Filets hinein und braten sie 2–3 Minuten pro Seite an.

2 Heben Sie die Seezungenfilets aus der Pfanne und halten sie auf einer vorgewärmten Platte heiß. Braten Sie die beiden anderen Filets auf dieselbe Weise an und geben sie auf die Platte.

3 Ziehen Sie die Pfanne vom Herd, geben Sie den Zitronensaft und die restliche Butter dazu. Rühren Sie die Sauce anschließend bei hoher Hitze, bis sie goldbraun ist. Ziehen Sie die Pfanne wieder vom Herd und geben Sie die Kapern dazu.

4 Gießen Sie die Sauce über die Seezungen, streuen Sie Salz und Pfeffer darüber. Servieren Sie die Fischfilets sofort mit glatter Petersilie und Zitronenschnitzen als Garnitur.

Tip

Die Sauce aus Butter, Zitrone und Pfannensaft sollte genau die richtige Farbe haben. Wenn sie zu hell ist, schmeckt sie leicht fade, wenn sie zu dunkel wird, schmeckt sie eventuell bitter. Goldbraun ist der perfekte Farbton. Lassen Sie sich beim Saucenrühren lieber nicht ablenken!

Sie können die Kapern auch weglassen, die Butter-Zitronensauce ist an sich schon völlig ausreichend.

Shrimps- und Gemüse-Balti

Eine köstliche Beilage oder – mit doppelten Mengen – ein farbenfrohes Hauptgericht.

Vorbereitungszeit 3 Minuten
Kochzeit 7 Minuten

4 Portionen

175g gekochte, geschälte Shrimps, bei TK-Ware aufgetaut
30ml/2 El. Maisöl
1,5ml/ ¼ Tl. Zwiebelsamen
4–6 Curryblätter
115g/1 Tasse gefrorene Erbsen
115g/ ⅔ Tasse gefrorener Mais
1 große Salatgurke, in Scheiben
1 rote Paprika, entkernt und grob gewürfelt
5ml/1 Tl. zerstoßene Koriandersamen
5ml/1 Tl. zerstoßene, getrocknete Chilischoten
15ml/1 El. Zitronensaft
Salz
Garnitur: frische Korianderblätter

1 Gießen Sie die Shrimps ab, die Sie anschließend mit Küchenpapier trockenklopfen. Erhitzen Sie Öl, Zwiebelsamen und Curryblätter in einem beschichteten Wok oder in einer großen Pfanne.

Tip

Die Samenkörner lassen sich am besten mit einer elektrischen Gewürzmühle oder mit Mörser und Stößel zerkleinern.

2 Geben Sie die Shrimps in den Wok, die Sie unter Rühren braten, bis die Flüssigkeit verdampft ist.

3 Fügen Sie Erbsen, Mais, Gurke und Paprika bei und braten Sie alles 3–5 Minuten unter Rühren.

4 Geben Sie Koriandersamen, getrocknete Chilischoten und Zitronensaft hinzu. Rütteln Sie den Wok über der Flamme etwa 1 Minute lang gut durch, schmecken Sie mit Salz ab und servieren Sie mit Korianderblättern garniert.

SCAMPI MIT GRÜNER CURRYPASTE

Dieses duftende, cremige Curry benötigt wenig Vorbereitungszeit. Auch mit dünnen Streifen Hühnerfleisch schmeckt es ausgezeichnet.

Vorbereitungszeit 2 Minuten
Kochzeit 8 Minuten

4–6 PORTIONEN
30ml/2 El. Pflanzenöl
30ml/2 El. grüne Currypaste
450g rohe Scampi, geschält, geputzt
4 Limonenblätter, zerrupft
1 Stengel Zitronengras, geschält und gehackt
250ml/1 Tasse Kokosmilch
30ml/2 El. Fischsauce
½ Salatgurke, entkernt und dünn gestiftelt
10–15 Basilikumblätter
Garnitur: grüne Chilischoten in Scheiben

1 Erhitzen Sie Öl und Currypaste in einer Pfanne, bis sie Blasen werfen und aromatisch duften.

2 Fügen Sie Scampi, Limonenblätter und Zitronengras bei. Nach 2 Minuten werden die Scampi rosa.

3 Rühren Sie die Kokosmilch ein und kochen Sie das Curry auf. Köcheln Sie alles unter Rühren etwa 5 Minuten, bis die Scampi gar sind.

4 Rühren Sie die Fischsauce und die Gurke sowie das zerrupfte Basilikum ein. Garnieren Sie mit Chilischotenscheiben und servieren Sie.

Sautierte Jakobsmuscheln

Jakobsmuscheln passen gut zu vielen Saucen, aber in Butter sautiert kommt das frische Meeresaroma am besten zur Geltung.

Vorbeitungszeit 1 Minute
Kochzeit 5 Minuten

2 Portionen
450g Jakobsmuscheln ohne Schale
25g/2 El. Butter
30ml/2 El. trockener weißer Wermuth
15ml/1 El. frische Petersilie, feingehackt
Salz und schwarzer Pfeffer

1 Spülen Sie die Jakobsmuscheln unter fließendem kalten Wasser gründlich durch. Tupfen Sie sie mit Küchenpapier trocken. Breiten Sie die Muscheln nebeneinander aus und würzen Sie mit Salz und Pfeffer.

2 Bräunen Sie die Hälfte der Butter in einer ausreichend großen Pfanne an. Sautieren Sie die Muscheln 3–5 Minuten unter Wenden, bis sie beidseitig goldbraun, aber noch fest sind. Nehmen Sie die Muscheln heraus, um sie auf einer vorgewärmten Platte warm zu halten.

3 Geben Sie den Wermuth in die heiße Pfanne, rühren Sie die restliche Butter unter. Streuen Sie die Petersilie hinein und gießen Sie die Sauce über die Jakobsmuscheln. Servieren Sie sofort.

Jakobsmuscheln und Scampi mit Knoblauch

Jakobsmuscheln und Scampi sind eine gesunde, schnelle Mahlzeit. Diese Art der Zubereitung stammt aus der provençalischen Küche.

Vorbereitungszeit 1 Minute
Kochzeit 4–5 Minuten

2–4 Portionen
6 große Jakobsmuscheln ohne Schale
6–8 große rohe Scampi, geschält
Mehl zum Bestäuben
30–45ml/2–3 El. Olivenöl
1 Knoblauchzehe, feingehackt
15ml/1 El. frisches Basilikum, gehackt
30–45ml/2–3 El. Zitronensaft
Salz und frisch gemahlener schwarzer Pfeffer

1 Spülen Sie die Jakobsmuscheln unter fließendem kalten Wasser gründlich durch. Tupfen Sie sie mit Küchenpapier trocken, dann halbieren Sie die Muscheln horizontal. Salzen und pfeffern Sie die Muscheln und die Scampi. Stäuben Sie etwas Mehl darüber. Erhitzen Sie Öl in einer Pfanne bei großer Hitze und geben Sie Muscheln und Scampi hinein.

2 Reduzieren Sie die Temperatur etwas und lassen alles 2 Minuten köcheln. Dann wenden Sie Muscheln und Scampi und geben Knoblauch und Basilikum hinzu. Schütteln Sie die Pfanne etwas. Nach etwa 2 Minuten sind die Muscheln goldbraun und noch fest. Gießen Sie den Zitronensaft darüber und rühren Sie vorsichtig um, damit sich der Saft verteilt. Servieren Sie sofort.

NUDELN MIT ANANAS, INGWER UND CHILI

Vorbereitungs- und Kochzeit
8–10 Minuten

4 PORTIONEN
275g Nudeln (asiatische)
4 Ananasringe, frisch oder abgetropft aus der Dose
45ml/3 El. brauner Zucker
60ml/4 El. frischer Limonensaft
60ml/4 El. Kokosmilch
30ml/2 El. Fischsauce
30ml/2 El. frischer Ingwer, gerieben
2 Knoblauchzehen, feingehackt
1 reife Mango oder 2 Pfirsiche, fein gewürfelt
GARNITUR:
2 Frühlingszwiebeln, in Scheiben
2 rote Chilischoten, zerkleinert
frische Minzeblätter

1 Kochen Sie die Nudeln in einem großen Topf nach Packungsanweisung bißfest.

2 In der Zwischenzeit geben Sie die Ananasringe in eine feuerfeste Form, streuen Sie 30ml/2 El. Zukker darüber und bräunen sie im Grill an und schneiden die Ringe klein.

3 Vermischen Sie Limonensaft, Kokosmilch und Fischsauce in einer Schüssel. Rühren Sie den restlichen Zucker, Ingwer und Knoblauch gründlich unter. Schrecken und tropfen Sie die Nudeln gut ab und geben sie mit der Ananas in die Schüssel.

4 Fügen Sie die Mango- oder Pfirsichstücke und die Garnituren hinzu. Servieren Sie sofort.

VOLLKORNNUDELN MIT RÄUCHERLACHS

Junge Erbsensprossen gibt es nur für kurze Zeit in den Geschäften. Man kann sie durch Brunnenkresse, Senfkresse, Lauch oder andere grüne Gemüse ersetzen.

Vorbereitungs- und Kochzeit
8–10 Minuten

4 PORTIONEN
225g Vollkornnudeln nach Wahl
15ml/1 El. Austernsauce
Saft einer halben Zitrone
30–45ml/2–3 El. Olivenöl
115g Räucherlachs, in feine Streifen geschnitten
115g junge Erbsensprossen
2 reife Tomaten, geschält, entkernt und in Streifen geschnitten
15ml/1 El. Schnittlauchröllchen
Salz und schwarzer Pfeffer

1 Kochen Sie die Vollkornnudeln in einem großen Topf nach Packungsanweisung bißfest. Nach dem Abgießen sollten die Nudeln in einem Sieb unter fließendem kaltem Wasser gut abgeschreckt werden.

2 Geben Sie die Nudeln in eine große Schüssel. Rühren Sie Austernsauce, Zitronensaft, Salz und Pfeffer sowie Olivenöl unter.

3 Geben Sie Lachs, Erbsensprossen, Tomaten und Schnittlauch hinzu. Servieren Sie sofort.

TAGLIATELLE MIT PARMASCHINKEN UND SPARGEL

Dieses Gericht für besondere Gelegenheiten ist einfach nachzukochen.

Vorbereitungs- und Kochzeit
7–10 Minuten

4 PORTIONEN
350g Tagliatelle, frisch oder getrocknet
25g/2 El. Butter
15ml/1 El. Olivenöl
225g Spargelspitzen
1 Knoblauchzehe, gehackt
115g Parmaschinken, in Streifen
30ml/2 El. frischer Salbei, gehackt
150ml/ ²/₃ Tasse Sahne
115g geriebener würziger Käse nach Wahl
115g geriebener Gruyèrekäse
Garnitur: frische Salbeiblätter

1 Kochen Sie die Nudeln in einem großen Topf nach Packungsanweisung bißfest.

2 Geben Sie Butter und Öl in eine Pfanne und braten Sie die Spargelspitzen 3–4 Minuten vorsichtig an, bis sie fast gar sind.

3 Braten Sie Knoblauch und Parmaschinken 1 Minute mit.

4 Mischen Sie die Salbeiblätter unter und braten sie 1 Minute mit, dann gießen Sie die Sahne dazu. Kochen Sie alles bei mittlerer Hitze unter häufigem Rühren auf.

5 Geben Sie die beiden geriebenen Käsesorten hinzu. Lassen Sie alles unter Rühren köcheln, bis der Käse geschmolzen ist. Salzen und pfeffern Sie. Schütten und schrecken Sie die Nudeln ab, die Sie anschliessend in eine Schüssel geben. Gießen Sie die Sauce darüber und rühren Sie gut um. Garnieren Sie mit frischem Salbei und servieren Sie sofort.

RAVIOLI QUATTRO FORMAGGI

Die Sauce aus 4 verschiedenen Käsen macht die Pasta sehr cremig.

Vorbereitungs- und Kochzeit
5–6 Minuten

4 PORTIONEN
350g frische Ravioli
50g/ 1/4 Tasse Butter
50g/ 1/2 Tasse Mehl
450ml/ 2 kleine Tassen Milch
50g Parmesankäse
50g Edamer
50g Gruyèrekäse
50g Fontina
Salz und schwarzer Pfeffer
Garnitur: glatte Petersilie, gehackt

1 Kochen Sie die Nudeln nach Packungsanweisung bißfest.

2 Schmelzen Sie die Butter, geben Sie das Mehl hinzu und kochen Sie alles 2 Minuten unter Rühren auf.

3 Rühren Sie langsam und vorsichtig die Milch unter.

4 Bringen Sie die Milch bei niedriger Hitze zum Kochen, rühren Sie ständig, bis die Mischung eindickt.

5 Reiben Sie den Käse und rühren Sie ihn in die Sauce. Wenn der Käse gerade zu schmelzen beginnt, ziehen Sie die Sauce vom Herd und würzen sie mit Salz und Pfeffer.

6 Gießen Sie die Pasta gut ab. Richten Sie die Nudeln mit der Sauce in einer großen Schüssel an. Garnieren Sie mit glatter Petersilie und servieren Sie sofort.

TIP

Wenn die im Rezept genannten Käsesorten nicht erhältlich sind, kann Ihr Lieblingskäse als Ersatz dienen. Insgesamt werden 225g Käse benötigt, darunter sollte in jedem Fall Parmesan sein. Kaufen Sie Parmesan immer am Stück und reiben Sie ihn selbst, das schmeckt viel besser als geriebener Parmesan aus der Packung.

Spaghetti alla Carbonara

Ein klassisches Pastagericht. Frische Spaghetti müssen nur ganz kurz kochen, bis sie al dente sind.

Vorbereitungs- und Kochzeit
7–10 Minuten

4 Portionen
350g Spaghetti
15ml/1 El. Olivenöl
1 Zwiebel, gehackt
115g durchwachsener Speck, entrindet und gewürfelt, oder Pancetta
1 Knoblauchzehe, gehackt
3 Eier
300ml/1¼ Tassen Crème double
50g Parmesankäse
Salz und schwarzer Pfeffer
Garnitur: frisches Basilikum, gehackt

1 Kochen Sie die Nudeln nach Packungsanweisung bißfest.

2 Erhitzen Sie das Öl in einer Pfanne und braten Sie darin Zwiebel und Speck 5 Minuten an, bis sie glasig sind. Geben Sie den Knoblauch hinzu und braten Sie 1 Minute.

3 In der Zwischenzeit verquirlen Sie die Eier in einer Schüssel, dann geben Sie Crème double, Salz und Pfeffer hinzu. Reiben Sie den Parmesan und rühren Sie ihn unter.

4 Rühren Sie die Eiermischung in die Pfanne und kochen Sie alles ein paar Minuten bei niedriger Hitze unter ständigem Rühren. Schmecken Sie noch einmal ab.

5 Schütten Sie die Nudeln ab. Richten Sie die Spaghetti mit der Sauce in einer Schüssel an, rühren Sie gut durch. Garnieren Sie mit Basilikum und servieren Sie sofort.

Tip

Eigentlich verwendet man für diese Sauce Pancetta, italienischen Speck, der unserem durchwachsenen Speck oder dem Dürrfleisch sehr ähnlich ist. Wenn Sie keinen Pancetta bekommen können, kaufen Sie abgepackten, bereits fertig geschnittenen Speck – das spart viel Zeit.

GRÜNE TAGLIARINI MIT SPARGEL

Frische Pasta ist ein Segen für die Blitzküche. Anstelle der grünen Tagliarini können Sie beliebige frische Pasta verwenden.

Vorbereitungszeit 2–4 Minuten
Kochzeit 6–8 Minuten

4–6 PORTIONEN

2 Hühnerbrüste, ohne Haut und Knochen
15ml/1 El. helle Sojasauce
30ml/2 El. Sherry
30ml/2 El. Maismehl
8 Frühlingszwiebeln, in 2,5cm lange, diagonale Streifen geschnitten
1–2 Knoblauchzehen, gepreßt
gestiftelte Schale einer halben Zitrone
150ml/$^2/_3$ Tasse Hühnerbrühe
5ml/1 Tl. Streuzucker
30ml/2 El. Zitronensaft
225g dünner grüner Spargel, in 7,5cm lange Stücke geschnitten
450g frische grüne Tagliarini
Salz und schwarzer Pfeffer

1 Rollen Sie die Hühnerbrüste zwischen zwei Lagen Klarsichtfolie mit einem Teigroller auf 5mm Dicke. Schneiden Sie das Hühnerfleisch mit einem scharfen Messer in 2,5cm dicke Streifen. Marinieren Sie die Streifen in einer Schüssel mit Sojasauce, Sherry, Maismehl und Gewürzen. Mischen Sie alles gut durch.

TIP

Frische Nudeln sind bißfest (al dente), wenn sie an die Oberfläche steigen..

2 Geben sie Hühnerfleisch, Frühlingszwiebeln, Knoblauch und Zitronenschale in eine Pfanne. Giessen Sie die Brühe darüber und lassen Sie alles unter ständigem Rühren aufkochen, bis die Sauce eindickt. Geben Sie Zucker, Spargel und Zitronensaft für 4–5 Minuten hinzu.

3 In der Zwischenzeit kochen Sie die Pasta in einem großen Topf mit Salzwasser 2–3 Minuten bißfest. Schütten Sie die Nudeln gut ab. Richten Sie die Tagliarini auf Tellern an und gießen Sie die Sauce darüber. Servieren Sie sofort.

Französischer Ziegenkäsesalat

Vorbereitungszeit 2–3 Minuten
Kochzeit 6 Minuten

4 Portionen
200g gemischter Blattsalat, abgepackt
4 Scheiben Rückenspeck
115g Ziegenkäse
16 dünne Scheiben Baguette
Für das Dressing
60ml/4 El. Olivenöl
15ml/1 El. Estragonessig
10ml/2 Tl. Walnußöl
5ml/1 Tl. Dijon-Senf
5ml/1 Tl. Senf mit ganzen Körnern
Salz und schwarzer Pfeffer

1 Heizen Sie den Grill auf mittlerer Stufe vor. Waschen und trocknen Sie den Salat und richten Sie ihn auf vier Tellern an. Schütteln Sie die Dressing-Zutaten in einem Glas mit Schraubverschluß gut durch.

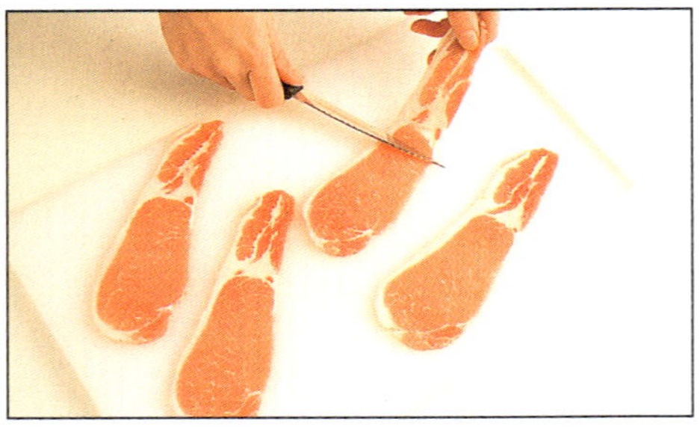

2 Legen Sie den Speck auf ein Brett. Glätten Sie ihn mit einem Messerrücken und schneiden Sie ihn in je 4 Teile. Formen Sie Röllchen daraus, die Sie 2–3 Minuten grillen.

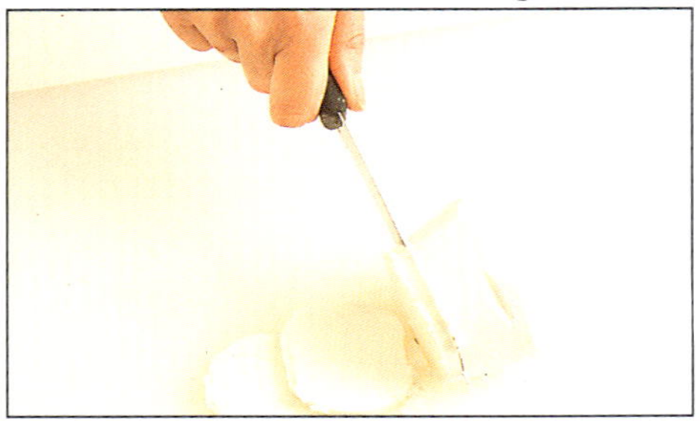

3 In der Zwischenzeit schneiden Sie die Ziegenkäsescheibe in Sechzehntel. Belegen Sie jede Brotscheibe mit einem der Sechzehntel und geben sie zum Speck in den Grill. Wenden Sie den Speck. Grillen Sie beides zusammen, bis der Käse goldbraun wird und Blasen wirft.

4 Richten Sie den Speck und die Brotscheiben auf den Salatblättern an. Schütteln Sie das Dressing noch einmal durch und verteilen Sie es auf dem Salat. Servieren Sie sofort.

Variation

Sie können den Ziegenkäse auch auf bereits getoastetes Brot legen. Dunkles Vollkornbrot sorgt für einen nussigen Geschmack.

Griechische Pitta-Brote mit Salat

In Griechenland heißt dieser Salat „Horiatiki" und wird mit Feta – Schafskäse – gemacht. Die heißen Pittas passen gut dazu.

Vorbereitungszeit 5 Minuten
Kochzeit 2 Minuten

4 Portionen
115g/1 Tasse Feta, gwürfelt
¼ Salatgurke, geschält und gewürfelt
8 Kirschtomaten, geviertelt
½ kleine grüne Paprika, entkernt und dünn geschnitten
¼ kleine Zwiebel, dünn geschniten
8 schwarze Oliven, entsteint, halbiert
30ml/2 El. Olivenöl
5ml/1 Tl. getrocknetes Oregano
4 große Pitta-Brote
60ml/4 El. Naturjoghurt
5ml/1 Tl. getrocknete Minze
Salz und schwarzer Pfeffer
Garnitur: frische Minze

1 Geben Sie Käse, Salatgurke, Tomaten, Paprika, Zwiebel und Oliven in eine Schüssel. Rühren Sie Olivenöl und Oregano unter. Würzen Sie. Stellen Sie die Schüssel beiseite.

2 Rösten Sie die Pitta-Brote im Toaster oder Grill 2 Minuten, bis sie aufgehen. In der Zwischenzeit vermischen Sie Joghurt und Minze zu einem Dressing, würzen mit Salz und Pfeffer und stellen es beiseite.

3 Halten Sie die heißen Pitta-Brote mit einem Handtuch fest und schneiden Sie an der Längsseite von oben nach unten eine Tasche hinein.

4 Verteilen Sie den vorbereiteten Salat in die Brote und geben Sie einen Löffel Joghurt-Dressing darüber. Servieren Sie die Brote heiß, garniert mit Minzeblättern. Stellen Sie das restliche Dressing zur Selbstbedienung auf den Tisch.

Spinatsalat mit Speck und Scampi

Vorbereitungszeit 4 Minuten
Kochzeit 6 Minuten

4 Portionen
105ml/7 El. Olivenöl
30ml/2 El. Sherryessig
2 Knoblauchzehen, feingehackt
5ml/1 Tl. Dijon-Senf
12 gekochte Scampi
115g durchwachsener Speck, entrindet, in Streifen geschnitten
etwa 115g frische junge Spinatblätter
½ Kopf Eichblattsalat, grob gerupft
Salz und schwarzer Pfeffer

1 Für das Dressing verrühren Sie 90ml/6 El. des Öls mit Essig, Knoblauch, Senf und Gewürzen in einem kleinen Topf. Erhitzen Sie das Dressing vorsichtig, bis es etwas eindickt, dann stellen Sie es warm.

2 Schälen Sie die Scampi, lassen Sie die Schwänze in der Schale.

3 Erhitzen Sie das restliche Öl in einer Pfanne und braten Sie den Speck knusprig an. Geben Sie die Scampi hinzu und erhitzen Sie alles unter Rühren.

4 Putzen Sie die Spinatblätter. Richten Sie Spinat und Eichblattsalat auf vier Tellern an.

5 Geben Sie Speck und Scampi auf den Salat, dann das heiße Dressing. Servieren Sie sofort.

Tip

Sherryessig verleiht diesem Salat seinen würzigen Geschmack. Man bekommt ihn in großen, gut sortierten Supermärkten oder Feinkostläden.

Cäsar-Salat

Dieser berühmte Salat wurde in den 20er Jahren von dem mexikanischen Koch Caesar Cardini kreiert. Traditionell nimmt man dazu Römersalat (Eisbergsalat).

Vorbereitungszeit 2 Minuten
Kochzeit 6–8 Minuten

4 Portionen
1 großer Römersalat (Eisbergsalat)
4 dicke Scheiben Weißbrot ohne Kruste, gewürfelt
45ml/3 El. Olivenöl
1 Knoblauchzehe, gepreßt
25g Parmesankäse, gerieben

Für das Dressing
1 Ei
1 Knoblauchzehe, gehackt
30ml/2 El. Zitronensaft
1 Spritzer Worcestershiresauce
3 Anchovifilets, gehackt
120ml/ ½ Tasse Olivenöl
Salz und schwarzer Pfeffer

1 Heizen Sie den Ofen auf 220° C (Gas: Stufe 7) vor. Waschen, trocknen und zerpflücken Sie den Römersalat (Eisberg-). Die äußeren Blätter und das Herz hacken Sie grob.

2 Richten Sie den Salat in einer Schüssel an. Vermischen Sie Brotwürfel, Olivenöl und Knoblauch in einer zweiten Schüssel. Lassen Sie alles 2 Minuten ziehen, damit das Brot das Öl aufsaugt. Geben Sie die Brotwürfel auf ein Backblech und backen sie, bis sie goldbraun, aber nicht angebrannt sind.

3 In der Zwischenzeit machen Sie das Dressing in einem Mixer. Schlagen Sie das Ei auf und fügen Sie Knoblauch, Worcestershiresauce, Zitronensaft und ein Anchovifilet hinzu.

4 Mixen Sie, bis das Dressing glatt wird. Lassen Sie nun langsam in dünnem Strahl das Olivenöl hineinlaufen und mixen Sie weiter, bis das Dressing sehr cremig ist.

5 Würzen Sie das Dressing nach Geschmack mit Salz und Pfeffer. Gießen Sie es über den Salat und mischen Sie ihn durch. Dann geben Sie die Brotwürfel, den Parmesan und die restlichen Anchovis dazu. Servieren Sie sofort.

WARMER SALAT MIT HÜHNERLEBER

Dieser Salat ist ein schmackhaftes, leichtes Mittagessen. Er wird etwas gehaltvoller, wenn Sie einige Streifen durchwachsenen Speck grillen und darübergeben.

Vorbereitungszeit 4–5 Minuten
Kochzeit 4–5 Minuten

4 PORTIONEN
115g pro Portion junge Spinatblätter, Rauke und Lollo Rosso
2 rosa Grapefruit
90ml/6 El. Sonnenblumenöl
10ml/2 Tl. Sesamöl
10ml/2 Tl. Sojasauce
225g Hühnerleber, gehackt
Salz und schwarzer Pfeffer

1 Waschen, trocknen und zerzupfen Sie den Spinat und den Blattsalat. Vermischen Sie beides in einer großen Schüssel. Schälen, häuten und filettieren Sie die Grapefruit, fangen Sie den Saft dabei in einer zweiten Schüssel auf. Mischen Sie die Filets zum Blattsalat.

2 Mischen Sie 60ml/4 El. Sonnenblumen- mit Sesamöl, Sojasauce und Grapefruitsaft nach Geschmack.

3 Erhitzen Sie das übrige Sonnenblumenöl in einer Pfanne und braten Sie die Leber darin 4–5 Minuten unter Rühren hellbraun an.

4 Geben Sie die Leber über den Salat. Salzen und pfeffern Sie das Dressing und träufeln es ebenfalls über den Salat. Servieren Sie sofort.

THAILÄNDISCHER WEISSKOHLSALAT

Weißkohl auf einfache, köstliche Art. Sie können auch Brokkoli und Blumenkohl für den Salat nehmen.

Vorbereitungszeit 6 Minuten
Kochzeit 4 Minuten

4–6 PORTIONEN
30ml/2 El. Fischsauce
geriebene Schale einer Limone
30ml/2 El. Limonensaft
120ml/ ½ Tasse Kokosmilch
30ml/2 El. Pflanzenöl
2 große rote Chilischoten, entkernt und in feine Streifen geschnitten
6 Knoblauchzehen, fein geschnitten
6 Schalotten, fein geschnitten
1 kleiner Weißkohl, gehackt
30ml/2 El. grob gehackte, geröstete Erdnüsse (nach Wunsch)

1 Für das Dressing vermischen Sie Fischsauce, Limonenschale und -saft sowie die Kokosmilch.

2 Erhitzen Sie das Öl in einem Wok oder einer Pfanne. Braten Sie darin Chilischoten, Knoblauch, und Schalotten knusprig an.

3 Bringen Sie leicht gesalzenes Wasser in einem Topf zum Kochen. Blanchieren Sie darin den Kohl etwa 2 Minuten. Gießen Sie ihn gut ab und füllen Sie ihn in eine Schüssel.

4 Rühren Sie das Dressing unter den Kohl und vermischen Sie es gut. Geben Sie den Salat in eine Servierschüssel und streuen Sie die Schalotten und nach Wunsch die gerösteten Erdnüsse darüber.

Endiviensalat mit Speck

Der Salat läßt sich auch mit Löwenzahn anstelle der Endivien anmachen. Man kann hartgekochte Eier würfeln und darüberstreuen.

Vorbereitungszeit 3–4 Minuten
Kochzeit 6 Minuten

4 Portionen
225g Endiviensalat
75–90ml/5–6 El. Olivenöl extra vergine
175g geräucherter Speck am Stück oder 6 dicke Scheiben, in dünne Streifen geschnitten
50g/1 Tasse Weißbrotwürfel
1 kleine Knoblauchzehe, feingehackt
15ml/1 El. Rotweinessig
10ml/2 Tl. Dijon-Senf
Salz und frisch gemahlener schwarzer Pfeffer

1 Zerzupfen Sie den Endiviensalat in mundgerechte Stücke und geben Sie ihn in eine Schüssel.

Tip

Verbrauchen Sie Endiviensalat möglichst schnell. Wenn Sie ihn lagern müssen, bewahren Sie ihn in einer Plastiktüte im Gemüsefach Ihres Kühlschranks auf. Er hält sich dort etwa 3 Tage.

2 Erhitzen Sie 15ml/1 El. des Öls in einer Pfanne und braten Sie darin den Speck knusprig an. Heben Sie ihn heraus und legen Sie ihn auf Küchenpapier zum Trocknen.

3 Geben Sie 30ml/2 El. Öl in die Pfanne und braten Sie die Brotwürfel bei mittlerer Hitze unter Wenden goldbraun an. Heben Sie die Würfel heraus, die Sie ebenfalls auf Küchenpapier trocknen.

4 Geben Sie Knoblauch, Essig, Senf und das restliche Öl in die Pfanne und erhitzen Sie das Dressing unter Rühren. Schmecken Sie ab, träufeln Sie es über den Salat und streuen Sie Speck und Croûtons dazu.

Salat mit grünen Bohnen und Paprika

Vorbereitungszeit 5–6 Minuten
Kochzeit keine

4 Portionbn
350 gekochte grüne Bohnen, in Stücken
2 rote Paprika, entkernt und gehackt
2 Frühlingszwiebeln, gehackt
1 oder mehr eingelegte Pepperoni, abgespült und gehackt
1 Kopf Eisbergsalat, grob gehackt, oder gemischter Blattsalat
Garnitur: grüne Oliven
Für das Dressing:
45ml/3 El. Rotweinessig
135ml/9 El. Olivenöl
Salz und frisch gemahlener schwarzer Pfeffer

1 Vermischen Sie grüne Bohnen, Paprika und Pepperoni in einer Salatschüssel.

2 Für das Dressing geben Sie den Rotweinessig in eine Schüssel oder ein Glas. Salzen und pfeffern Sie, dann rühren Sie das Olivenöl gründlich unter.

3 Geben Sie die Hälfte des Dressings über das Gemüse und vermischen alles gut. Schmecken Sie ab, geben Sie mehr Dressing zu, wenn nötig. Den Rest des Dressings können Sie getrennt servieren.

4 Legen Sie eine Platte mit Eisbergsalat aus und richten Sie das Bohnen-Paprika-Gemüse dekorativ darauf an. Garnieren Sie mit den Oliven und servieren Sie.

Warmer Salat mit dicken Bohnen und Feta

Dieses Rezept erinnert an die frischen, griechischen Salate: Dicke Bohnen, Tomaten und Feta-Käse. Er schmeckt immer ausgezeichnet, ob warm oder kalt, ob als leichte Vorspeise oder Beilage.

Vorbereitungszeit 2 Minuten
Kochzeit 4–5 Minuten

4–6 Portionen

900g dicke Bohnen, enthülst, oder 350g enthülste Bohnen, tiefgekühlt
60ml/4 El. Olivenöl
175g Romatomaten, halbiert oder geviertelt
4 Knoblauchzehen, gepreßt
115g fester Feta-Käse, in Würfeln
45ml/3 El. frischer Dill, gehackt, etwas mehr als Garnitur
12 schwarze Oliven
Salz und frisch gemahlener schwarzer Pfeffer

1 Kochen Sie die Bohnen in Salzwasser bißfest. Gießen Sie das Gemüse ab, stellen Sie es beiseite.

2 Erhitzen Sie das Öl in einer Pfanne und geben Sie Tomaten und Knoblauch hinzu. Braten Sie alles bei großer Hitze an, bis die Tomaten heller werden.

3 Fügen Sie den Feta hinzu. Mischen Sie alles 1 Minute lang durch. Geben Sie die Tomaten-Käse-Mischung in eine Salatschüssel und rühren Sie Bohnen, Dill, Oliven, Salz und Pfeffer unter. Garnieren Sie mit gehacktem Dill und servieren Sie.

Salat mit Halloumi und Trauben

Halloumi, ein griechischer Käse, schmeckt am besten angebraten. Der salzige Geschmack paßt gut zu Trauben und Blattsalat.

Vorbereitungszeit 2 Minuten
Kochzeit 2–3 Minuten

4 Portionen

150g gemischter grüner Blattsalat
75g/¾ Tasse pro Portion grüne und rote Trauben, kernlos
250g Halloumi-Käse
45ml/3 El. Olivenöl
Garnitur: frische Thymianblätter und Basilikumzweige

Für das Dressing

60ml/4 El. Olivenöl
15ml/1 El. Zitronensaft
2,5ml/½ Tl. Streuzucker
Salz und schwarzer Pfeffer
15ml/1 El. frischer Thymian oder Dill, gehackt

1 Für das Dressing verrühren sie Olivenöl, Zitronensaft und Zucker. Salzen und pfeffern Sie. Rühren Sie Thymian oder Dill unter und stellen Sie das Dressing beiseite.

2 Vermischen Sie den Blattsalat mit den Trauben. Richten Sie den Salat auf einer großen Servierplatte an.

3 Schneiden Sie den Käse in dünne Scheiben. Erhitzen Sie das Öl in einer Pfanne. Braten Sie darin den Käse ganz kurz beidseitig an, bis er eine goldene Farbe annimmt. Geben Sie den Käse auf den Salat.

4 Träufeln Sie das Dressing darüber und garnieren Sie mit Thymian und Basilikum.

TÜRKISCHER SALAT

Dieser Klassiker unter den Salaten kombiniert den salzigen Geschmack des Feta-Käses mit den verschiedenen frischen Gemüsezutaten zu einer herzhaften Salatplatte.

Vorbereitungszeit 8–10 Minuten
Kochzeit Keine

4 PORTIONEN
1 Römersalatherz (Eisbergsalat)
1 grüne Paprika
1 rote Paprika
½ Salatgurke
4 Tomaten
1 rote Zwiebel
225g Feta-Käse, zerbröckelt
Garnitur: schwarze Oliven

FÜR DAS DRESSING
45ml/3 El. Olivenöl
45ml/3 El. Zitronensaft
1 Knoblauchzehe, gepreßt
15ml/1 El. frische Petersilie, gehackt
15ml/1 El. frische Minze, gehackt
Salz und frisch gemahlener schwarzer Pfeffer

1 Hacken Sie den Salat in mundgerechte Stücke. Entfernen Sie Kerne und Strünke der Paprika und schneiden sie in Streifen. Würfeln Sie die Gurke und die Tomaten. Halbieren und schneiden Sie die Zwiebeln.

2 Geben Sie Salat, Paprika, Gurke, Tomaten und Zwiebel in eine Schüssel. Bröckeln Sie den Feta darüber und vermischen Sie alles vorsichtig.

3 Für das Dressing verrühren Sie Olivenöl, Zitronensaft und Knoblauch in einer kleinen Schüssel. Fügen Sie Petersilie und Minze hinzu und schmecken Sie mit Salz und Pfeffer ab.

4 Träufeln Sie das Dressing über den Salat, mischen Sie ihn noch einmal durch und garnieren Sie mit einer Handvoll schwarzer Oliven. Servieren Sie sofort.

PERSISCHER SALAT

Manchmal sind die einfachsten Gerichte die besten. Dieser frische, knackige Salat paßt am besten zu kaltem Fleisch und gebackenen Kartoffeln.

Vorbereitungszeit 5 Minuten
Kochzeit Keine

2 PORTIONEN
4 Tomaten
½ Salatgurke
1 Zwiebel
1 Römersalatherz (Eisbergsalat)

FÜR DAS DRESSING
30ml/2 El. Olivenöl
Saft einer Zitrone
1 Knoblauchzehe, gepreßt
Salz und schwarzer Pfeffer

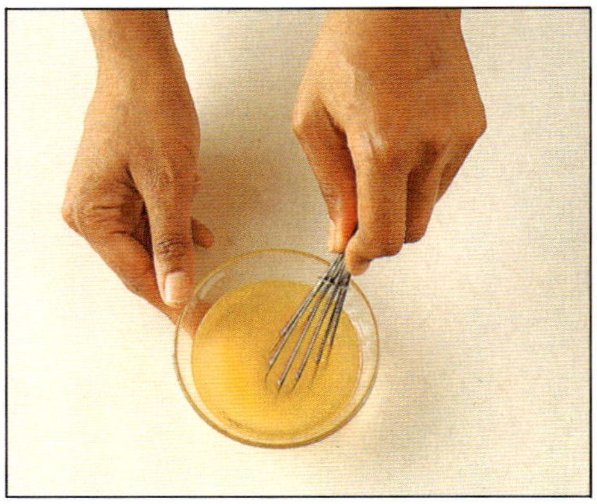

1 Würfeln Sie die Tomaten und Salatgurke. Hacken Sie die Zwiebel fein und teilen Sie den Römersalat in mundgerechte Stücke.

2 Vermischen Sie Salat, Tomaten und Gurke in einer großen Salatschüssel.

3 Für das Dressing verrühren Sie Olivenöl, Zitronensaft und Knoblauch in einer kleinen Schüssel. Schmecken Sie mit Salz ab. Träufeln Sie das Dressing über den Salat und heben Sie es unter. Mahlen Sie schwarzen Pfeffer darüber und servieren Sie.

Glasnudelsalat mit Scampi und Kräutern

Ein leichter, erfrischender Salat, der nach Meer schmeckt. Statt der Scampi können Sie auch Muscheln oder Krabben verwenden.

Vorbereitungszeit 8 Minuten
Kochzeit 1 Minute

4 Portionen

115g Glasnudeln, in Wasser eingeweicht
16 gekochte Scampi, geschält
1 kleine grüne Paprika, entkernt und in Streifen geschnitten
½ Salatgurke, in Streifen geschnitten
1 Tomate, in Streifen geschnitten
2 Schalotten, dünn geschnitten
Salz und schwarzer Pfeffer
Garnitur: frische Korianerblätter

Für das Dressing

15ml/1 El. Reisessig
30ml/2 El. Fischsauce
30ml/2 El. frischer Limonensaft
2,5ml/ ½ Tl. geriebener Ingwer
1 Stengel Zitronengras, feingehackt
1 rote Chilischote, entkernt, in Scheiben geschnitten
30ml/2 El. Minze, grob gehackt
einige Zweige Estragon, grob gehackt
15ml/1 El. Schnittlauchröllchen

1 Für das Dressing verrühren Sie alle Zutaten und etwas Salz in einer Schüssel oder einem Glas.

2 Gießen Sie die Nudeln ab, die Sie dann in einem Topf 1 Minute kochen. Gießen und schrecken Sie die Glasnudeln mit kaltem Wasser ab.

3 Vermischen Sie in einer großen Schüssel Nudeln, Scampi, Paprika, Salatgurke, Tomaten und Schalotten. Salzen und pfeffern Sie und rühren Sie das Dressing unter.

4 Verteilen Sie die Nudelmischung auf 4 Teller mit den Scampi obenauf. Garnieren Sie mit Korianderblättern und servieren Sie.

Tip

Man kann Scampi bereits gekocht und geschält kaufen. Beim Selbst-Kochen gilt: Nach etwa 5 Minuten werden sie rosa und sind gar. Sie sollten im Kochwasser auskühlen, dann kann man die Schale und den Kopf leicht entfernen.

Thailändischer Nudelsalat

Dieser farbenfrohe Nudelsalat erhält seinen nussigen Geschmack durch die Kokosmilch und das Sesamöl.

Vorbereitungszeit 5 Minuten
Kochzeit 5 Minuten

4–6 Portionen
350g Thai-Nudeln (Somen)
1 große Karotte, in dünnen Streifen
1 Bund grüner Spargel, geschält und in 4cm lange Stücke geschnitten
1 rote Paprika, entkernt und in feine Streifen geschnitten
115g Zuckerschoten, ohne die Enden und halbiert
115g Babymais, längs halbiert
115g Sojasprossen
115g Wasserkastanien aus der Dose, abgegossen und kleingeschnitten

Für das Dressing
45ml/3 El. Basilikum, grob zerzupft
75ml/5 El. Minze, grob gehackt
250ml/1 Tasse Kokosmilch
30ml/2 El. dunkles Sesamöl
15ml/1 El. frischer Ingwer, gerieben
2 Knoblauchzehen, feingehackt
Saft einer Limone
2 Frühlingszwiebeln, feingehackt
Salz und Cayennepfeffer

Garnitur
1 Limone, in Schnitzen
50g/ 1/2 Tasse geröstete Erdnüsse, grob gehackt
frische Korianderblätter

Variation

Als Garnitur passen auch Omelettes oder hartgekochte Eier in Scheiben.

1 Für das Dressing verrühren Sie Basilikum, Minze, Kokosmilch, Sesamöl, Ingwer, Knoblauch, Limonensaft und Frühlingszwiebeln in einer Schüssel. Schmecken Sie mit Salz und Cayennepfeffer ab.

2 Kochen Sie die Nudeln in einem großen Topf nach Packungsanweisung bißfest.

3 In einem zweiten Topf mit Salzwasser kochen Sie die Gemüsezutaten ebenfalls bißfest. Gießen Sie Gemüse und Nudeln ab, lassen Sie kaltes Wasser darüberlaufen und gießen Sie erneut ab.

4 Vermischen Sie Nudeln, Gemüse und Dressing. Richten Sie alles auf Tellern, garniert mit Limone, Erdnüssen und Koriander, an.

Kohlsalat mit Datteln und Äpfeln

Drei verschiedene Kohlsorten, die diesem schnellen Salat roh und feingehackt beigegeben werden, sorgen für einen hohen Vitamin-C-Gehalt. Ein leichtes, gesundes Mittagessen.

Vorbereitungszeit 8 Minuten
Kochzeit Keine

6–8 Portionen
¼ kleiner Weißkohl, gehackt
¼ kleiner Rotkohl, gehackt
¼ kleiner Wirsingkohl, gehackt
175g/1 Tasse Datteln, entsteint
3 Äpfel
Saft einer Zitrone
10ml/2 Tl. Kümmelsamen
Für das Dressing
60ml/4 El. Olivenöl
15ml/1 El. Apfelessig
5ml/1 El. klarer Honig
Salz und schwarzer Pfeffer

1 Hacken Sie die Kohlsorten fein und richten Sie die Kohlstücke in einer großen Salatschüssel an.

2 Zerkleinern Sie die Datteln, die Sie auch in die Schüssel geben.

3 Entfernen Sie die Kerngehäuse und schneiden Sie die Äpfel dünn in eine zweite Schüssel. Fügen Sie Zitronensaft hinzu und vermischen Sie beides, bevor Sie die Apfelscheiben zum Kohl geben.

4 Für das Dressing mischen Sie Öl, Essig, Honig, Salz und Pfeffer in einem Glas mit Schraubverschluß. Schütteln Sie das Glas gut durch. Gießen Sie das Dressing über den Salat, mischen Sie es unter und streuen Sie Kümmelsamen darüber.

Tip

Sie sollten möglichst einheimische Äpfel bevorzugen, diese sind geschmacklich oftmals viel besser als Importware. Für diesen Salat können Sie rote und grüne Äpfel verwenden, das ergibt einen hübschen Farbkontrast.

Sprossensalat

Die Sprossen von Bohnen, Linsen und Getreide haben einen hohen Nährwert und machen jeden Salat knackiger.

Vorbereitungszeit 5 Minuten
Kochzeit Keine

4 Portionen
2 Äpfel, entkernt, dünn geschnitten
115g/2 Tassen Alfalfasprossen
115g/2 Tassen Bohnensprossen
115g/2 Tassen Aduki-Bohnensprossen
¼ Salatgurke, in Scheiben
1 Bündel Brunnenkresse, geputzt
Senf und Kresse im Karton, geputzt
Für das Dressing:
150ml/⅔ Tasse Magerjoghurt natur
Saft einer halben Zitroen
1 Bündel Schnittlauch, in Röllchen geschnitten
30ml/2 El. frische Kräuter, gehackt
frisch gemahlener schwarzer Pfeffer

1 Vermischen Sie alle Salatzutaten miteinander.

2 Verrühren Sie die Dressingzutaten. Träufeln Sie das Dressing vor dem Servieren über den Salat.

Tip

In den Kühlregalen großer Supermärkte und in Bioläden finden Sie eine große Auswahl an Sprossen. Sie sollten am besten gleich verbraucht werden, halten sich aber im Gemüsefach des Kühlschranks bis zu 2 Tagen.

GRÜNER SALAT MIT ZITRONE UND CROUTONS

Vollkorn-Croûtons machen den Blattsalat richtig knackig. Die Kumquats oder Orangen sind sowohl Farbtupfer als auch Vitamin-C-Lieferant.

Vorbereitungszeit 4 Minuten
Kochzeit 1 Minute

4–6 PORTIONEN
4 Kumquats oder 2 kernlose Orangen, geschält
200g gemischter grüner Blattsalat
4 Scheiben Vollkornbrot ohne Rinde
30–45ml/2–3 El. Pinienkerne, leicht angeröstet
FÜR DAS DRESSING
geriebene Schale einer Zitrone
15ml/1 El. Zitronensaft
45ml/3 El. Olivenöl
5ml/1 El. Senf mit ganzen Körnern
1 Knoblauchzehe, gepreßt
Salz und frisch gemahlener schwarzer Pfeffer

1 Schneiden Sie die Kumquats oder filettieren Sie die Orangen.

TIP
Kumquats sehen aus wie kleine, ovale Orangen. Man ißt die Schale mit.

2 Zerzupfen Sie den Blattsalat und geben Sie ihn in eine große Salatschüssel.

3 Toasten und würfeln Sie das Brot. Geben Sie Brot und Kumquats oder Orangen zu dem Blattsalat.

4 Vermischen Sie alle Zutaten für das Dressing in einem Glas. Träufeln Sie es erst kurz vor dem Servieren über den Salat und streuen Sie Pinienkerne darüber.

BOHNENSALAT MIT TOMATENDRESSING

Hülsenfrüchte sind reich an pflanzlichem Eiweiß und Mineralien. Der Salat ist eine ganze Mahlzeit.

Vorbereitungszeit 3–4 Minuten
Kochzeit 5–6 Minuten

4 PORTIONEN
115g grüne Prinzeßbohnen
425g gemischte Hülsenfrüchte aus der Dose, abgegossen und abgespült
2 Selleriestangen, feingehackt
1 kleine Zwiebel, feingehackt
3 Tomaten, gehackt
Garnitur: frische Petersilie, gehackt
FÜR DAS DRESSING
45ml/3 El. Olivenöl
10ml/2 Tl. Rotweinessig
1 Knoblauchzehe, gepreßt
15ml/1 El. Tomatenmark
Salz und schwarzer Pfeffer

1 Entfernen Sie die Enden der Bohnen, die Sie anschließend 5–6 Minuten kochen, bis sie weich sind. Gießen und schrecken Sie die Bohnen ab. Schneiden Sie die Stangen in Drittel.

2 Vermischen Sie Bohnen, Hülsenfrüchte, Sellerie, Zwiebel und Tomaten in einer Salatschüssel.

3 Verrühren Sie die Dressingzutaten. Geben Sie das Dressing und die Petersilie über den Salat.

TIP
Gemischte Hülsenfrüchte in Dosen sind praktisch und ersparen dem Koch das Einweichen und die lange Kochzeit von getrockneten Hülsenfrüchten. Sie erhalten Linsen, alle Arten von Bohnen, Kichererbsen, usw. in Dosen.

Spinat mit Rosinen und Pinienkernen

Rosinen und Pinienkerne werden in der spanischen Küche oft zusammen verwendet. Hier ergeben sie mit Spinat und Croûtons einen schnellen, köstlichen Snack.

Vorbereitungszeit 2 Minuten
Kochzeit 5 Minuten

4 Portionen
50g/ 1/3 Tasse Rosinen
1 dicke Scheibe knuspriges Weißbrot
45ml/3 El. Olivenöl
25g/ 1/3 Tasse Pinienkerne
500g junger Spinat, ohne Stiele
2 Knoblauchzehen, gepreßt
Salz und frisch gemahlener schwarzer Pfeffer

1 Geben Sie die Rosinen in eine kleine Schüssel und gießen Sie kochendes Wasser darüber. Lassen Sie die Rosinen einweichen, machen Sie in der Zwischenzeit den Salat an.

2 Würfeln und entrinden Sie das Brot. Erhitzen Sie 30ml/2 El. Öl in einer Pfanne und braten Sie die Brotwürfel darin goldbraun an.

3 Erhitzen Sie das restliche Öl in der Pfanne. Rösten Sie die Pinienkerne an. Geben Sie Spinat und Knoblauch hinzu und braten Sie alles kurz an, bis der Spinat weicher wird.

4 Gießen Sie die Rosinen ab, die sie ebenfalls in die Pfanne geben. Rühren Sie vorsichtig um. Salzen und pfeffern Sie. Servieren Sie das Gemüse auf einer vorgewärmten Platte mit darübergestreuten Croûtons.

Variation

Wenn Sie etwas mehr Zeit haben, können Sie auch Mangold anstelle des Spinats verwenden. Mangold hat eine etwas längere Garzeit, schmeckt aber sehr delikat.

Champignons mit Knoblauchcreme

Dies ist ein einfaches, köstliches Rezept. Sie können geröstetes Brot oder Basmati-Reis dazu reichen.

Vorbereitungszeit 5 Minuten
Kochzeit 5 Minuten

4 Portionen
350g/3 Tassen Champignons
45ml/3 El. Olivenöl
1 Lorbeerblatt
3 Knoblauchzehen, grob gehackt
2 grüne Chilischoten, entkernt, gehackt
225g/1 Tasse Crème fraîche
15ml/1 El. frische Minze, gehackt
15ml/1 El. frischer Koriander, gehackt
5ml/1 Tl. Salz
Garnitur: Minze und Koriander

1 Halbieren Sie die Champigons, die Sie zunächst in einer Schüssel beiseite stellen.

2 Erhitzen Sie das Öl im Wok oder einer Pfanne, geben Sie Lorbeerblatt, Knoblauch und Chilischoten hinein. Braten Sie 1 Minute.

3 Fügen Sie die Champignons bei und braten Sie etwa 2 Minuten.

Tip
Wenn Sie die Pilze lieber weicher und braun mögen, erhöhen Sie die Garzeit.

4 Ziehen Sie den Wok vom Herd, geben Sie Crème fraîche, Minze, Koriander und Salz hinzu. Erhitzen Sie alles weitere 2 Minuten, dann servieren Sie auf einer vorgewärmten Platte garniert mit Minze und Korianderblättern.

BANDNUDELN MIT GEMÜSE

Servieren Sie dieses elegante, farbenfrohe Gericht mit einem Salat als leichtes Mittagessen, vorzugsweise mit frischer Pasta gekocht.

Vorbereitungszeit 3 Minuten
Kochzeit 7 Minuten

4 PORTIONEN
1 große Karotte, geschält
2 Zucchini
50g/ 1/4 Tasse Butter
15ml/1 El. Olivenöl
6 frische Shiitake-Pilze, in feine Streifen geschnitten
50g/ 1/2 Tasse TK-Erbsen, aufgetaut
350g breite Eierbandnudeln
10ml/2 Tl. gehackte frische Kräuter, wie z.B. Majoran, Schnittlauch und Basilikum
Salz und schwarzer Pfeffer
25g Parmesankäse zum Servieren (nach Wunsch)

1 Schneiden Sie mit einem Sparschäler die Karotte und die Zucchini in dünne Streifen.

2 Erhitzen Sie die Butter mit dem Öl in einer Pfanne. Braten Sie darin die Karottenstreifen und die Pilze 2 Minuten an. Geben Sie Zucchini und Erbsen hinzu und braten Sie, bis die Zucchini bißfest sind. Würzen Sie mit Salz und Pfeffer.

3 In der Zwischenzeit kochen Sie die Nudeln in einem großen Topf bißfest. Gießen Sie die Nudeln gut ab und mischen Sie in einer Schüssel Gemüse und Nudeln vorsichtig durch.

4 Streuen Sie die Kräuter ein und schmecken Sie noch einmal ab. Reiben Sie den Parmesan darüber und servieren Sie sofort.

VOLLKORNNUDELN MIT ZIEGENKÄSE

Wenn Sie keine Lust auf stundenlanges Kochen haben, ist dieses leckere, schnelle Gericht genau das richtige. Der erdige Geschmack der Vollkornnudeln paßt gut zu der nussigen Rauke (Ruccola) und dem würzigen Ziegenkäse.

Vorbereitungs- und Kochzeit 8–10 Minuten

4 PORTIONEN
350g Vollkornnudeln
50g/ 1/4 Tasse Butter
2 Knoblauchzehen, feingehackt
4 Schalotten, in Scheiben geschnitten
75g/ 3/4 Tasse Haselnüsse, leicht angeröstet und grob gehackt
eine große Handvoll Raukeblätter
175g Ziegenkäse
Salz und frisch gemahlener schwarzer Pfeffer

1 Kochen Sie die Nudeln in einem großen Topf mit Salzwasser bißfest.

2 Erhitzen Sie die Butter in einer Pfanne. Geben Sie Knoblauch und Schalotten hinzu und braten alles unter Rühren 2–3 Minuten, bis die Schalotten weich sind, der Knoblauch aber noch nicht braun ist.

3 Gießen Sie die Nudeln ab. Geben Sie die Nüsse in die Pfanne und braten sie 1 Minute mit. Fügen Sie die Rauke hinzu. Wenn die Blätter weich werden, mischen Sie die Nudeln unter und erhitzen alles erneut.

4 Salzen und pfeffern Sie. Krümeln Sie den Ziegenkäse hinein und servieren Sie sofort.

Salat mit Melone und Erdbeeren

Ein bunter Obstsalat, der als Dessert zu einem herzhaften Hauptgang besonders gut paßt. Sie sparen Zeit, wenn Sie die Melone würfeln.

Vorbereitungszeit 8–10 Minuten
Kochzeit Keine

4 Portionen
1 Galiamelone
1 Honigmelone
½ Wassermelone
225g/2 Tassen frische Erdbeeren
15ml/1 El. Zitronensaft
15ml/1 El. klarer Honig
15ml/1 El. Wasser
15ml/1 El. frische Minze, gehackt
Garnitur: 1 Minzezweig (auf Wunsch)

1 Halbieren Sie die Melonen und entfernen Sie die Kerne. Stechen Sie mit einem Melonenstecher Kugeln aus oder würfeln Sie das Fruchtfleisch. Richten Sie die Kugeln oder Würfel in einer Schüssel an.

2 Waschen Sie die Erdbeeren, entfernen Sie die Strünke. Geben Sie halbierte Früchte zur Melone.

3 Vermischen Sie Zitronensaft, klaren Honig und Wasser gut miteinander. Gießen Sie das Dressing über die Früchte und rühren Sie gut durch, damit das Dressing einziehen kann.

4 Streuen Sie die gehackte Minze über die Früchte. Servieren Sie mit einem Minzezweig als Garnitur (nach Wunsch).

Tip

Sie können jede Melonensorte verwenden, aber achten Sie darauf, drei verschiedene Farben zu erhalten. Die Melonen sollten sich möglichst auch im Geschmack voneinander unterscheiden.

FEIGEN MIT RICOTTA-CREME

Frische, reife Feigen sind sehr süß und benötigen kaum schmückendes Beiwerk. Dieses Rezept betont den Eigengeschmack der Früchte.

Vorbereitungszeit 3–4 Minuten
Kochzeit Keine

4 PORTIONEN
4 reife, frische Feigen
115g/ ½ Tasse Ricotta oder körniger Frischkäse
45ml/3 El. Crème fraîche
15ml/1 El. klarer Honig
2,5ml/ ½ Tl. Vanillemark
Garnitur: geriebene Muskatnuß

1 Trennen Sie die Stengel der Feigen ab. Schneiden Sie die Früchte kreuzweise fast bis zum Boden ein.

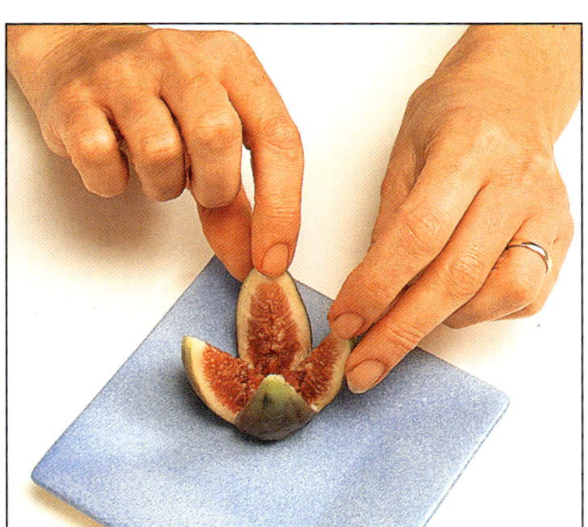

2 Richten Sie die Feigen auf Tellern an und ziehen Sie die vier Teile etwas auseinander.

3 Vermischen Sie den Ricotta oder Frischkäse mit Crème fraîche, Honig und Vanillemark.

VARIATION

Sie können Doppelrahm-Frischkäse anstelle des Ricotta und Naturjoghurt anstelle der Crème fraîche verwenden.

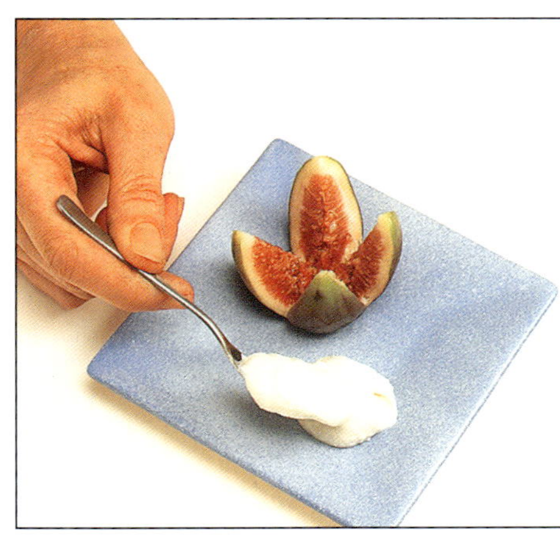

4 Geben Sie ein wenig Ricottacreme auf jeden Teller und reiben Sie frische Muskatnuß als Garnitur über die Creme.

GRÜNER OBSTSALAT

Die kühlen, grünen Früchte sind ein erfrischendes, schnelles Dessert.

Vorbereitungs- und Kochzeit
8 Minuten

4 PORTIONEN
30ml/2 El. Limonensaft
30ml/2 El. klarer Honig
2 grüne Äpfel, entkernt und in Scheiben geschnitten
1 kleine reife Melone, gewürfelt
2 Kiwi, geschält, in Scheiben
1 Karambole, in Scheiben
Garnitur: frische Minzezweige
Joghurt oder Frischkäse

1 Vermischen Sie in einer Schüssel Limonensaft und Honig. Wälzen Sie die Apfelscheiben darin.

2 Geben Sie Melone, Kiwi und Karambole dazu. Richten Sie den Salat in einer Glasschüssel an.

3 Garnieren Sie den Obstsalat mit Minzezweigen und reichen Sie Joghurt oder Frischkäse dazu.

VARIATION

Sie können alle möglichen grünen Früchte verwenden, z.B. Reineclauden, Trauben, Birnen oder Kiwanos, eine Melonenart. Kiwanos haben eine harte, orangefarbene Schale mit Stacheln. Das Fruchtfleisch ist hellgrün und sehr weich. Man kann die Kerne mitessen oder mit einem Löffel entfernen. Kühlen Sie den Salat ein bis zwei Stunden vor dem Servieren. Er schmeckt besonders gut mit steifgeschlagener Sahne, in die Sie ein paar Löffel Eierlikör oder Advocat einrühren.

WARME BAGELS MIT POCHIERTEN APRIKOSEN

Vorbereitungszeit 2 Minuten
Kochzeit 8 Minuten

4 PORTIONEN

einige Streifen Orangenschale
225g/$1^{1}/_{3}$ Tassen getrocknete Aprikosen
250ml/1 Tasse Orangensaft
2,5ml/$^{1}/_{2}$ Tl. Orangenwasser
2 Zimt-Rosinen-Bagels (Brötchen)
20ml/4 Tl. Orangenmarmelade
60ml/4 El. Crème fraîche oder Sauerrahm
Garnitur: 15g/2 El. Pistazien, gehackt

1 Schneiden Sie die Orangenschale in dünne Streifen, die Sie in Wasser weichkochen. Gießen Sie das Wasser ab und legen Sie die Streifchen in kaltes Wasser.

2 Heizen Sie den Ofen auf 160° C vor (Gas: Stufe 3). Lassen Sie die Aprikosen mit dem Orangesaft in einem kleinen Topf 6 Minuten köcheln, bis der Saft reduziert und eindickt. Rühren Sie nach dem Abkühlen das Orangenwasser ein. In der Zwischenzeit backen Sie die Bagels im Ofen 5–10 Minuten auf.

3 Halbieren Sie die Bagels horizontal. Legen Sie eine Hälfte auf jeden Teller. Bestreichen Sie die Bagels mit je 15ml/1 El. Orangenmarmelade.

4 Geben Sie je 15ml/1 El. Crème fraîche in die Mitte jedes Bagels und je ein Viertel des Aprikosenkompotts daneben. Garnieren Sie mit gehackten Pistazien und Orangenschale und servieren Sie sofort.

TIP

Bagels sind mittlerweile in gut sortierten Supermärkten und Feinkostläden erhältlich. Sie können aber auch weiße Rosinenbrötchen mit einer Prise Zimt verwenden.

BRASILIANISCHE KAFFEEBANANEN

Durchaus eine Sünde wert. Dies ist ein sehr schnelles Dessert, unentbehrlich für die Blitzküche.

Vorbereitungszeit 4 Minuten
Kochzeit Keine

4 PORTIONEN
4 kleine, reife Bananen
15ml/1 El. Instantkaffee-Pulver
15ml/1 El. heißes Wasser
30ml/2 El. dunkler Rohzucker
250g/1 große Tasse Joghurt
15ml/1 El. geröstete Mandelscheiben

1 Schälen und schneiden Sie eine Banane in Scheiben. Zerdrükken Sie die 3 anderen mit einer Gabel.

2 Lösen Sie das Kaffeepulver in heißem Wasser auf und rühren es unter die zerdrückten Bananen.

3 Geben Sie einen kleinen Teil der Bananenmischung auf vier Dessertteller und streuen Sie Rohzucker darüber. Dann folgt eine Lage Joghurt. Wiederholen Sie den Vorgang, bis die Zutaten verbraucht sind.

4 Verstreichen Sie die letzte Lage Joghurt zu einem Marmor-Effekt. Garnieren Sie mit Bananenscheiben und Mandeln. Servieren Sie, bevor die Bananen braun werden.

HEIẞE BANANEN MIT RUM UND ROSINEN

Nehmen Sie für dieses Rezept noch nicht ganz reife Bananen mit gleichmäßig gelber Schale.

Vorbereitungszeit 2 Minuten
Kochzeit 3–4 Minuten

4 PORTIONEN
40g/ 1/4 Tasse kernlose Rosinen
75ml/5 El. brauner Rum
50g/ 1/4 Tasse Butter
60ml/4 El. brauner Zucker
4 Bananen, geschält und der Länge nach halbiert
1,5ml/ 1/4 Tl. geriebene Muskatnuß
1,5ml/ 1/4 Tl. Zimtpulver
30ml/2 El. geröstete Mandeln
gekühlte Sahne oder Vanille-Eiscreme zum Servieren (nach Wunsch)

1 Lassen Sie die Rosinen in Rum einweichen, während Sie die Bananen braten.

2 Schmelzen Sie die Butter in einer Pfanne, lösen Sie den Zucker darin auf. Braten Sie die Bananen, bis sie weich werden.

3 Streuen Sie die Gewürze über die Bananen, dann geben Sie Rum und Rosinen dazu. Flambieren Sie die Bananen vorsichtig.

4 Streuen Sie die Mandeln darüber und servieren Sie sofort mit Sahne oder Vanille-Eiscreme.

ETON COLLEGE DESSERT

Dieses Gericht stammt aus dem berühmten Eton College in England und wird dort zum Picknick serviert. Kühlen Sie die Erdbeeren in Kirschschnaps vor.

Vorbereitungszeit 7 Minuten
Kochzeit Keine

4 PORTIONEN
500g/5 Tassen Erdbeeren, zerkleinert
45–60ml/3–4 El. Kirschschnaps
300ml/1¼ Tassen Sahne
6 kleine weiße Baisers
Garnitur: frische Minzezweige

1 Geben Sie die Erdbeeren in eine Schüssel und träufeln Sie den Schnaps darüber.

2 Schlagen Sie die Sahne halbsteif, dann geben Sie vorsichtig die Erdeeren mit dem Saft dazu.

3 Zerbröseln Sie die Baisers grob. Streuen Sie die Brösel in die Mischung ein und rühren Sie um.

4 Geben Sie die Erdbeer-Sahne-Mischung in eine Glasschüssel, dekorieren Sie mit Minzezweigen und servieren Sie sofort.

TIP

Wenn Sie eine kalorienärmere Version dieses Desserts bevorzugen, können Sie cremigen Joghurt anstelle der Sahne verwenden. Schlagen Sie den Joghurt mit einem Schneebesen etwas auf, bevor Sie ihn zu den Erdbeeren geben.

ERDBEERTORTE MIT EIS

Ein klassisches amerikanisches Dessert, das zudem sehr einfach zuzubereiten ist. Frische Erdbeeren, fertige Tortenböden und Eiscreme sind alles, was Sie dazu benötigen.

Vorbereitungszeit 10 Minuten
Kochzeit Keine

4 PORTIONEN

3 Fertig-Tortenböden von etwa 15cm Durchmesser
675g/6 Tassen Erdbeeren
1,2 Liter/5 Tassen Vanille- oder Erdbeereis
Puderzucker zum Bestäuben

1 Schneiden Sie die hochstehenden Ränder der Tortenböden mit einem großen Messer ab.

2 Putzen und halbieren Sie die Erdbeeren. Geben Sie ein Drittel der Eiscreme löffelweise auf einen der Böden, dazwischen kommt ein Drittel der Erdbeeren.

3 Setzen Sie den zweiten Boden darauf und wiederholen Sie den Vorgang, ebenso beim dritten Boden. Türmen Sie zum Schluß die Erdbeeren hoch auf.

TIP

Es ist nicht tragisch, wenn die Tortenböden zerbröseln. Sie können übrigens auch fertige Blätterteig-Körbchen verwenden. Am besten schmeckt das Dessert, wenn es eine Stunde vorher zubereitet und dann tiefgekühlt wird.

Mandarinen in Orangensirup

Ganze Mandarinen oder Clementinen in Dosen sparen bei diesem Rezept Zeit. Verwenden Sie frisch gepreßten Orangensaft für den Sirup. Am besten schmeckt das Dessert gekühlt.

Vorbereitungszeit 10 Minuten
Kochzeit Keine

4 Portionen
10 Mandarinen
15ml/1 El. Puderzucker
10ml/2 Tl. Orangenwasser
15ml/1 El. gehackte Pistazien

1 Schneiden Sie einige dünne Streifen Schale von einer Mandarine als Garnitur ab. Pressen Sie zwei Mandarinen aus und stellen Sie den Saft beiseite.

2 Schälen Sie die übrigen Mandarinen, entfernen Sie dabei das Weiße so gut wie möglich. Arrangieren Sie die Früchte in einer Schale.

3 Vermischen Sie Mandarinensaft mit Puderzucker und Orangenwasser und gießen Sie ihn über die Früchte. Kühlen Sie alles 5 Minuten.

4 In der Zwischenzeit blanchieren Sie die Mandarinenschale in kochendem Wasser für 30 Sekunden. Nach dem Abgießen und Auskühlen streuen Sie die Schalenstückchen mit geriebenen Pistazien über das Dessert und servieren.

Papayaspiesse mit Passionsfruchtsauce

Exotische Früchte erfrischen und haben viel Eigensüße, genau richtig für dieses ausgefallene Dessert.

Vorbereitungszeit 7–8 Minuten
Kochzeit Keine

6 Portionen
3 reife Papayas
10 Passionsfrüchte oder Kiwis
30ml/2 El. Limonensaft
30ml/2 El. Puderzucker
30ml/2 El. weißer Rum
Garnitur: Limonenschnitze

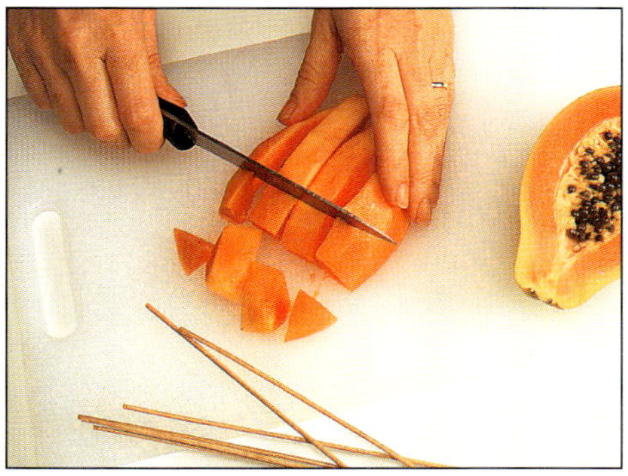

1 Halbieren und entkernen Sie die Papayas. Schälen Sie die Hälften und schneiden Sie das Fruchtfleisch in gleichmäßige Stücke, die Sie auf 6 Holzspieße stecken.

2 Halbieren Sie 8 Passionsfrüchte und löffeln Sie das Innere heraus. Pürieren Sie das Fruchtfleisch in einem Mixer oder einer Küchenmaschine. Wenn Sie Kiwis verwenden, schälen und halbieren Sie acht Früchte, die Sie ebenfalls pürieren.

3 Pressen Sie das Fruchtpüree durch ein Sieb in eine Schüssel. Rühren Sie Limonensaft, Puderzucker und Rum in den Saft, bis sich der Zucker vollständig auflöst.

4 Geben Sie jeweils ein wenig Sauce auf sechs Dessertteller und legen Sie je einen Spieß darüber. Löffeln Sie das Fruchtfleisch der zwei übrigen Früchte über die Spieße und die Sauce und garnieren Sie mit Limonenschnitzen.

Tip

Wenn Sie nicht viel Zeit haben, brauchen Sie das Fruchtfleisch der Passionsfrüchte nicht zu pürieren. Machen Sie die Sauce einfach mit den Kernen an. Kiwis müssen aber in jedem Fall püriert werden.

Schneller Aprikosenjoghurt

Dies ist nicht nur eines der schnellsten, sondern auch eines der dekorativsten Desserts.

Vorbereitungszeit 4 Minuten
Kochzeit 2 Minuten

4 Portionen
400g Aprikosenhälften aus der Dose
15ml/1 El. Grand Marnier oder Weinbrand
175ml/ ³/₄ Tasse cremiger Joghurt
30ml/2 El. Mandelscheiben

Tip
Für eine kalorienärmere Version verwenden Sie Magerjoghurt. Sie können den Grand Marnier auch durch den Aprikosensaft aus der Dose ersetzen.

1 Gießen Sie die Aprikosen ab und geben Sie die Aprikosenhälften und den Grand Marnier oder Weinbrand in einen Mixer.

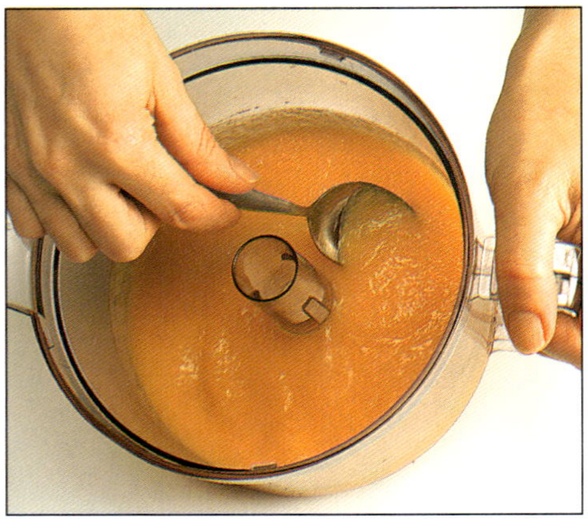

2 Pürieren Sie die Aprikosen gleichmäßig.

3 Löffeln Sie abwechselnd Fruchtpüree und Joghurt in vier hohe Gläser oder gläserne Dessertteller. Den Marmor-Effekt erreichen Sie mit einem Löffelstiel oder Holzstab.

4 Rösten Sie die Mandeln an. Nach dem Auskühlen streuen Sie Mandelscheiben auf die Desserts und servieren.

HIMBEER-PASSIONSFRUCHT-SCHALE

Anstelle der Passionsfrüchte können Sie nur Himbeeren verwenden.

Vorbereitungszeit 4–5 Minuten
Kochzeit Keine

4 PORTIONEN

300g/2 Tassen Himbeeren
2 Passionsfrüchte
400g/1¾ Tassen cremiger Magerquark
30ml/2 El. Streuzucker
Garnitur: Himbeeren und Minzezweige

1 Zerdrücken Sie die Himbeeren in einer kleinen Schüssel mit einer Gabel. Löffeln Sie die Passionsfrüchte in eine zweite Schüssel und geben Sie Quark und Zucker dazu.

2 Löffeln Sie abwechselnd die Himbeeren und die Quarkmischung in hohe Gläser oder eine große Dessertschüssel. Rühren Sie beides vorsichtig ineinander, damit es „verwirbelt" aussieht.

3 Garnieren Sie die Desserts mit je einer ganzen Himbeere und einem Minzezweig. Servieren Sie.

TIP

Auch überreife, schon leicht matschige Himbeeren lassen sich in diesem Rezept verwenden. Gefrorene Himbeeren müssen Sie zuerst auftauen.

VARIATION

Probieren Sie dieses Dessert doch einmal mit Erdbeeren und roten Johannisbeeren zu den Himbeeren. Auch geschälte und entsteinte Mangos, Pfirsiche oder Aprikosen passen gut zu den Himbeeren, diese müssen Sie allerdings vorher pürieren.

ITALIENISCHE RICOTTACREME

Dieses gehaltvolle, cremige Dessert ist einfach zu machen. Idealerweise sollte die Creme 24 Stunden lang gekühlt werden, aber es genügt, wenn sie einige Minuten im Tiefkühlfach stehen kann, während Sie den Hauptgang servieren.

Vorbereitungszeit 5–6 Minuten
Kochzeit Keine

4–6 PORTIONEN
225g/1 Tasse Ricotta
50g/⅓ Tasse kandierte Früchte
60ml/4 El. Marsala
250ml/1 Tasse Sahne
50g/¼ Tasse Puderzucker, etwas mehr als Garnitur
feingeriebene Schale einer Orange
350g/2 Tassen frische Himbeeren
Garnitur: dünne Streifen Orangenschale

1 Drücken Sie den Ricotta durch ein Sieb in eine Schüssel. Geben Sie die feingehackten, kandierten Früchte und die Hälfte des Marsala dazu. Rühren Sie um. Vermischen Sie Sahne, Zucker und Orangenschale in einer zweiten Schüssel und schlagen Sie die Sahne fast steif.

2 Heben Sie die Sahne unter den Ricotta. Verteilen Sie die Creme auf Dessertschüsseln und arrangieren Sie die Himbeeren darauf.

3 Träufeln Sie den übrigen Marsala über die Himbeeren und streuen Sie Puderzucker darüber. Garnieren Sie mit dünnen Streifen Orangenschale.

TIP

Kandierte Früchte kann man – luftdicht verschlossen – sehr lange lagern. Kandierte Fruchtschalen sind holziger und werden oft zum Backen verwendet.

EISBECHER MIT SCHOKOLADENSAUCE

Vorbereitungszeit 3 Minuten
Kochzeit 6 Minuten

4 PORTIONEN
je 4 Kugeln Vanille- und Mokkaeis
2 kleine reife Bananen, in Scheiben
geschlagene Sahne
geröstete Mandeln
FÜR DIE SAUCE
50g/ 1/3 Tasse brauner Zucker
120ml/ 1/2 Tasse Zuckersirup
45ml/3 El. starker schwarzer Kaffee
5ml/1 Tl. gemahlener Zimt
150g Vollmilchschokolade, gehackt
75ml/ 1/3 Tasse Sahne
45ml/3 El. Kaffeelikör (nach Wunsch)

1 Für die Sauce bringen Sie Zucker, Sirup, Kaffee und Zimt in einem Topf zum Kochen. Kochen Sie alles 5 Minuten unter Rühren.

2 Lassen Sie die Sauce etwas auskühlen, dann rühren Sie die gehackte Schokolade hinein. Wenn sie geschmolzen ist, rühren Sie Sahne und Likör dazu. Lassen Sie die Sauce auskühlen.

3 Geben Sie je eine große Kugel Vanille- und Mokkaeis in vier hohe Gläser.

4 Verteilen Sie die Bananenscheiben auf die Eiskugeln. Gießen Sie die warme Sauce über Eis und Bananen und toppen Sie die Eisbecher mit geschlagener Sahne. Streuen Sie geröstete Mandeln darüber und servieren Sie sofort.

VARIATION

Auch andere Eissorten passen gut zu der Schokoladensauce, z.B. Erdbeer-, Karamel- oder Schokoladeneis. Im Sommer lassen sich die Bananen durch Erdbeeren oder Himbeeren ersetzen. Anstelle der Mandeln können Sie auch geröstete Haselnüsse verwenden.

20-MINUTEN-REZEPTE

Lassen Sie sich davon überraschen, wieviele köstliche Gerichte man in nur zwanzig Minuten zaubern kann. Langweilen Sie Ihre Gäste nicht mit aufgewärmten Tiefkühlgerichten, sondern beeindrucken Sie mit pochierten Eiern auf Spinat oder gedünsteten Muscheln auf thailändische Art. Zelebrieren Sie frische Tagliatelle mit Tomaten und Oliven. Als Dessert empfehlen sich ein Apfelsoufflé oder Creme Brûlée mit Orangenjoghurt.

Frische Tomatensuppe mit Käsecroutons

Sonnenreife, saftige Tomaten geben der Suppe ihren erfrischenden Geschmack. Kaufen Sie nur sehr reife Tomaten und passen Sie den Zucker- und Essigbedarf der Eigensüße entsprechend an. An heißen Sommertagen ist diese italienische Suppe auch gekühlt ein köstlicher Genuß.

Vorbereitungszeit 5 Minuten
Kochzeit 13–14 Minuten

6 Portionen

1,5kg reife Tomaten
400ml/$1\,^{2}/_{3}$ Tassen Hühner- oder Gemüsebrühe
45ml/3 El. Tomatenmark
30–45ml/2–3 El. Balsamico-Essig
10–15ml/2–3 Tl. Streuzucker
eine kleine Handvoll frisches Basilikum, etwas mehr als Garnitur
Salz und schwarzer Pfeffer
geröstete Käse-Croûtons und Crème fraîche zum Servieren

1 Schneiden Sie die Tomaten am Boden kreuzweise ein, die Sie für 30 Sekunden in kochendes Wasser halten und siedann mit kaltem Wasser abschrecken. Jetzt können Sie die Schale abziehen und die Tomaten vierteln. Geben Sie die Tomaten und die Hühner- oder Gemüsebrühe in einen Suppentopf. Kochen Sie die Brühe auf und lassen sie zugedeckt etwa 10 Minuten köcheln, bis die Tomaten weich sind.

2 Rühren Sie Tomatenmark, Essig, Zucker und Basilikum hinein und lassen Sie die Brühe noch 2 Minuten unter Rühren köcheln.

3 Pürieren Sie die Brühe in einem Mixer, dann erhitzen Sie die Suppe erneut in dem Topf.

4 Servieren Sie in vorgewärmten Suppentellern mit darübergestreuten Käsecroûtons und einem Löffel Créme fraîche. Garnieren Sie mit Basilikumblättern.

Tip

Die Qualität der Hühner- oder Gemüsebrühe ist entscheidend für diese Suppe. Wenn Sie nicht ausreichend Zeit haben, selbst eine Brühe zu kochen, achten Sie auf hohe Qualität bei Fertigprodukten.

SCHARFE PAPRIKASUPPE MIT LIMONEN

Die tiefrote, scharfe Suppe ist eine attraktive Vorspeise oder ein leichtes Mittagessen.

Vorbereitungs- und Kochzeit
20 Minuten

4–6 PORTIONEN

4 rote Paprika, entkernt und gehackt
1 große Zwiebel, gehackt
5ml/1 Tl. Olivenöl
1 Knoblauchzehe, gepreßt
1 kleine rote Chilischote, entkernt und zerkleinert
45ml/3 El. Tomatenmark
900ml/3 ³/₄ Tassen Hühnerbrühe
Saft und dünn geriebene Schale einer Limone
Salz und schwarzer Pfeffer
Garnitur: Streifen von Limonenschale

1 Braten Sie die Paprika und die Zwiebel in Öl in einem zugedeckten Topf etwa 5 Minuten. Rütteln Sie den Topf dabei öfter durch.

2 Rühren Sie Knoblauch, Chilischote und Tomatenmark unter. Gießen Sie 450ml Brühe zu und kochen Sie die Brühe auf. Köcheln Sie die Mischung 10 Minuten zugedeckt.

3 Pürieren Sie die Mischung in einem Mixer. Geben Sie die Suppe wieder in den Topf und rühren Sie die restliche Brühe unter.

4 Geben Sie Limonenschale und -saft hinzu, schmecken Sie mit Salz und Pfeffer ab. Kochen Sie die Suppe erneut auf. Servieren Sie sofort. Streuen Sie Streifchen von Limonenschale als Garnitur darüber.

TIP

Sie können auch grüne oder gelbe Paprika verwenden. Wenn Sie keine frischen Chilischoten zur Hand haben (oder nicht genug Zeit, sie zu entkernen und zu schneiden), sorgen ein oder zwei Spritzer Tabascosauce für die nötige Schärfe.

Spanische Knoblauchsuppe

Eine einfache und sehr sättigende Suppe mit einer der beliebtesten Zutaten in der Blitzküche: frischem Knoblauch!

Vorbereitungszeit 2 Minuten
Kochzeit 12 Minuten

4 Portionen
30ml/2 El. Olivenöl
4 große Knoblauchzehen, geschält
4 Scheiben Baguette, etwa 5 mm dick
15ml/1 El. Paprikapulver
1 Liter/4 Tassen Fleischbrühe
1,5ml/ ¼ Tl. Kreuzkümmel, gemahlen
Bund Safran-Fäden (1 Tüte)
4 Eier
Salz und schwarzer Pfeffer
Garnitur: frische Petersilie, gehackt

1 Heizen Sie den Ofen auf 230° C (Gas: höchste Stufe) vor. Erhitzen Sie das Öl in einer Pfanne. Braten Sie darin die Knoblauchzehen goldbraun an, anschließend die Brotscheiben. Beides beiseite stellen.

2 Geben sie das Paprikapulver in die Pfanne und rösten Sie es kurz an. Rühren Sie Fleischbrühe, Safran, Kreuzkümmel und die mit einem Löffelrücken zerdrückten Knoblauchzehen unter. Salzen und pfeffern Sie. Lassen Sie alles 5 Minuten kochen.

3 Füllen Sie die Suppe in vier feuerfeste Schüsseln und schlagen Sie je ein Ei hinein. Geben Sie auf jedes Ei eine Baguettescheibe. Überbacken Sie die Suppe 3–4 Minuten im Ofen, bis die Eier stocken. Garnieren Sie jede Portion mit gehackter Petersilie und servieren Sie.

Tip

Schieben Sie ein Backblech mit in den Ofen, wenn Sie ihn vorheizen. Dann können Sie die Suppenschüsseln auf das Blech stellen und sie so leichter herausnehmen, sobald die Eier gestockt sind.

FRISCHE ERBSENSUPPE

Für diese Suppe benötigen Sie eigentlich frische Erbsen, aber das Pulen ist zeitaufwendig. Vielleicht können Sie diese Aufgabe ja delegieren? Oder Sie verwenden aufgetaute und abgespülte TK-Erbsen.

Vorbereitungszeit 2–5 Minuten
Kochzeit 15 Minuten

2–3 PORTIONEN
etwas Butter
2 oder 3 Schalotten, feingehackt
400g/3 Tassen frische, gepulte Erbsen (von etwa 1,4kg Erbsenschoten) oder aufgetaute TK-Erbsen
475ml/2 Tassen Wasser
45–60ml/3–4 El. Sahne (auf Wunsch)
Salz und schwarzer Pfeffer
Garnitur: Croûtons oder knusprige Specklöckchen

1 Schmelzen Sie die Butter in einem Topf oder einer Kasserolle. Lassen Sie darin die Schalotten 5 Minuten unter Rühren dünsten.

2 Geben Sie Erbsen und Wasser hinzu. Salzen und pfeffern Sie. Lassen Sie die Erbsen zugedeckt köcheln: etwa 12 Minuten bei jungen oder TK-Erbsen, bis zu 15 Minuten bei älteren und größeren Exemplaren.

3 Wenn die Erbsen gar sind, pürieren Sie diese mit etwas Kochwasser in einem Mixer oder einer Küchenmaschine.

4 Gießen Sie die Erbsen wieder in den Topf, rühren Sie Sahne hinein und erhitzen Sie die Suppe erneut. Sie darf nicht mehr kochen. Würzen Sie nach und servieren Sie mit Croûtons oder Speck garniert.

TIP

Tiefkühl-Erbsen sollten Sie in würziger Gemüse- oder Hühnerbrühe und nicht in Wasser kochen, da sie nicht so intensiv wie frische Erbsen schmecken. Die Sahne können Sie auch zum Schluß einfach in die Suppe einträufeln, das ergibt einen hübschen Farbeffekt.

EINTOPF MIT RÄUCHERFISCH UND BROKKOLI

Ein herzhafter Eintopf für den großen Hunger.

Vorbereitungszeit 5 Minuten
Kochzeit 15 Minuten

4 PORTIONEN
4 Frühlingszwiebeln, geschnitten
450g neue Kartoffeln, gewürfelt
300ml/1¼ Tassen Wasser
300ml/1¼ Tassen Milch
1 Lorbeerblatt
225g/2 Tassen Brokkoliröschen, geschnitten
450g geräucherte Schellfischfilets, ohne Haut
200g Mais aus der Dose, abgegossen
schwarzer Pfeffer
Garnitur: Frühlingszwiebeln, gehackt

1 Kochen Sie Frühlingszwiebeln, Kartoffeln, Wasser, Milch und das Lorbeerblatt in einem großen Topf auf. Lassen Sie den Eintopf bei geringer Hitze 8 Minuten zugedeckt köcheln.

2 Geben Sie den Brokkoli, den in mundgerechte Stücke geschnittenen Fisch und den Mais dazu.

3 Pfeffern Sie den Eintopf. Dann lassen Sie ihn 5 Minuten zugedeckt köcheln, bis der Fisch weich ist. Nehmen Sie das Lorbeerblatt heraus, streuen Sie Frühlingszwiebeln darüber. Servieren Sie sofort. Als Beilage paßt knuspriges Brot.

TIP

Am besten schmecken kleine Frühkartoffeln. Man kann sie auch schon in Tüten abgepackt als Salatkartoffeln kaufen, dann müssen sie nur noch gewürfelt werden.

VARIATION

Geräucherter Kabeljau paßt ebenfalls gut zu diesem Eintopf. Auch viele andere Räucherfischsorten sind geeignet, solange der Fisch ein festes Fleisch hat.

MAISEINTOPF MIT KRABBEN

Der Eintopf mit Maiskörnern und Krabben stammt von der Ostküste der USA. Die Fischer kochten zum Abendessen die Fischreste, die sie auf dem Markt nicht verkaufen konnten, mit Gemüse zu einer kräftigen Mahlzeit.

Vorbereitungszeit 5 Minuten
Kochzeit 14 Minuten

4 PORTIONEN

25g/2 El. Butter
1 kleine Zwiebel, gehackt
350g Mais aus der Dose, abgegossen
600ml/2 1/2 Tassen Milch
175g Krabbenfleisch aus der Dose, abgegossen und zerkleinert
115g/1 Tasse gekochte, kleine Krabben, geschält
2 Frühlingszwiebeln, feingehackt
150ml/ 2/3 Tasse Sahne oder Vollmilch
Prise Cayennepfeffer
Salz und schwarzer Pfeffer
Garnitur: 4 gekochte, etwas größere Krabben in der Schale

1 Schmelzen Sie die Butter in einem großen Topf und schwitzen Sie die Zwiebel 4–5 Minuten an.

2 Halten Sie 30ml/2 El. Maiskörner als Garnitur zurück und geben Sie den Rest mit 600ml Milch in den Topf. Lassen Sie die Milch aufkochen und anschließend die Maismischung bei geringer Hitze 5 Minuten unter Rühren köcheln.

3 Pürieren Sie die Maismischung in einem Mixer oder einer Küchenmaschine und geben sie wieder in den Topf.

4 Rühren Sie Krabbenfleisch, Frühlingszwiebeln, Milch oder Sahne und Cayennepfeffer unter und erhitzen Sie den Eintopf erneut.

5 In der Zwischenzeit rösten Sie die zurückgelegten Maiskörner in einer Pfanne bei mittlerer Hitze ohne Öl an. Würzen Sie den Eintopf ausreichend und servieren Sie mit je einer ganzen Krabbe und ein paar gerösteten Maiskörnern garniert.

NACHOS MIT HACKFLEISCH UND CHILI

Diese traditionelle, mexikanische Vorspeise wird durch das Hackfleisch und den Käse würzig und ist sehr sättigend.

Vorbereitungszeit 3–4 Minuten
Kochzeit 14–15 Minuten

4 PORTIONEN
225g/1 Tasse Rinderhackfleisch
2 rote Chilischoten, gehackt
3 Frühlingszwiebeln, gehackt
175g Nacho-Chips
300ml/1 ¼ Tassen Sauerrahm
50g/ ½ Tasse frisch geriebener Cheddar-Käse oder Emmentaler
Salz und schwarzer Pfeffer

1 Braten Sie das Hackfleisch und die Chilischoten 10 Minuten ohne Öl unter ständigem Rühren an.

2 Braten Sie mit den Frühlingszwiebeln, Salz und Pfeffer 2 Minuten weiter. Heizen Sie den Grill vor.

3 Richten Sie die Nachos in vier feuerfesten Schüsseln an.

4 Geben Sie das Hackfleisch auf die Nachos, träufeln Sie etwas Sauerrahm darauf und streuen Sie den Käse darüber. Überbacken Sie die Nachos 2–3 Minuten, bis der Käse Blasen wirft. Servieren Sie sofort.

PANIERTE SEEZUNGENSTÄBCHEN

Knusprige, panierte Fischstäbchen, frisch und selbstgemacht.

Vorbereitungszeit 10–12 Minuten
Kochzeit 6–7 Minuten

4 PORTIONEN

275g Seezungenfilets, ohne Haut
2 Eier
115g/2 Tassen Paniermehl oder selbstgemachte Semmelbrösel
75g/ ¾ Tassen Weizenmehl
Salz und schwarzer Pfeffer
Öl zum Ausbraten
Zitronenschnitze und Sauce Tartar als Beilage

1 Schneiden Sie die Fischfilets in diagonale Streifen von etwa 2cm Breite.

2 Schlagen Sie die Eier in einer flachen Schüssel auf und verquirlen Sie Eigelb und Eiweiß. Streuen Sie das Paniermehl in eine zweite flache Schüssel. Geben Sie das Mehl in eine Plastiktüte und würzen Sie es.

3 Wenden Sie die Filetstreifen in den Eiern. Geben Sie den Fisch in die Mehltüte und schütteln Sie einige Male. Tauchen Sie den Fisch wieder in die Eier, anschließend wenden Sie ihn gründlich im Paniermehl. Legen Sie die Fischstreifen nebeneinander auf eine Platte und lassen Sie die Panade 5 Minuten einziehen.

4 Erhitzen Sie etwa 1cm hoch Öl in einer großen Pfanne bei mittlerer Hitze. Braten Sie die Stäbchen portionsweise 2–2½ Minuten unter einmaligem Wenden an. Legen Sie den Fisch zum Abtropfen auf Küchenpapier und stellen Sie ihn warm. Servieren Sie die Stäbchen mit Zitronenschnitzen und Sauce Tartar.

Dip von geräucherter Makrele und Äpfeln

Dieser schnelle Fisch-Dip wird mit Currytoast serviert.

Vorbereitungszeit 5 Minuten
Kochzeit 10 Minuten

6–8 Portionen
350g geräucherte Makrele, gehäutet und entgrätet
1 weicher Apfel, entkernt und in Stücke geschnitten
150ml/ ⅔ Tasse Quark
Prise Paprika- oder Currypulver
Salz und schwarzer Pfeffer
Garnitur: Apfelscheiben

Für den Currytoast
25g/2 El. weiche Butter
5ml/1 Tl. Currypaste
4 Scheiben Weißbrot ohne Rinde

1 Geben Sie die Makrelen, den Apfel, den Quark und die Gewürze in einen Mixer.

2 Pürieren Sie die Mischung, bis sie glatt ist. Würzen Sie nach und richten Sie den Dip mit den Apfelscheiben in einer Schüssel an.

3 Heizen Sie den Ofen auf 200° C (Gas: Stufe 6) vor. Legen Sie die Brotscheiben auf ein Backblech. Vermischen Sie Butter und Currypaste, bestreichen Sie damit die Brote.

4 Toasten Sie das Brot im Ofen etwa 10 Minuten, bis es knusprig und goldfarben ist. Schneiden Sie es in Stückchen und servieren Sie sofort mit dem Dip.

Tip

Anstelle des Weißbrots kann man auch andere Brotsorten verwenden, z.B. italienisches Ciabatta, Vollkorn- oder Roggenbrot oder Pitta-Fladen.

GEBACKENE ESTRAGONEIER

Käseaufläufe oder Fleisch-Kasserollen passen gut zu diesem Rezept.

Vorbereitungszeit 1 Minute
Kochzeit 10–11 Minuten

4 PORTIONEN
40g/3 El. Butter
120ml/ 1/2 Tassen Crème double
15–30ml/1–2 El. frisches Estragon, gehackt
4 Eier
Salz und schwarzer Pfeffer
Garnitur: frische Estragonzweige

1 Heizen Sie den Ofen auf 180° C (Gas: Stufe 4) vor. Buttern Sie vier kleine, feuerfeste Förmchen aus, die Sie kurz in den Ofen stellen.

2 Wärmen Sie die Créme double langsam an. Streuen Sie die Förmchen mit Estragon aus.

3 Gießen Sie die Créme in die Förmchen und schlagen Sie je ein Ei hinein. Salzen und pfeffern Sie die Eier und geben Sie mehr Créme double und eine Butterlocke darüber.

4 Stellen Sie die Förmchen auf ein hohes Backblech. Gießen Sie heißes Wasser in das Blech, bis die Förmchen zur Hälfte in Wasser stehen. Backen Sie die Eier 8–10 Minuten. Das Eigelb sollte noch weich sein. Garnieren Sie mit Estragon.

POCHIERTE EIER AUF SPINAT

Dieses klassische Gericht kann als Vorspeise, als leichter Hauptgang oder zum Brunch serviert werden.

Vorbereitungszeit 2 Minuten
Kochzeit 12 Minuten

4 PORTIONEN
25g/2 El. Butter
450g junger Blattspinat
2,5ml/ ½ Tl. Essig
4 Eier
Salz und schwarzer Pfeffer
FÜR DIE SAUCE HOLLANDAISE
175g/ ¾ Tasse Butter, in kleine Stückchen geschnitten
2 Eigelb
15ml/1 El. Zitronensaft
15ml/1 El. Wasser
Salz und weißer Pfeffer

TIP

Sauce Hollandaise läßt sich am besten im Mixer herstellen. Sie können die Sauce auch eine oder zwei Stunden vorher machen und sie in einem luftdichten Glas warmhalten.

1 Für die Hollandaise erhitzen Sie die Butter in einem Topf bei mittlerer Hitze, bis sie schäumt. Ziehen Sie den Topf vom Herd.

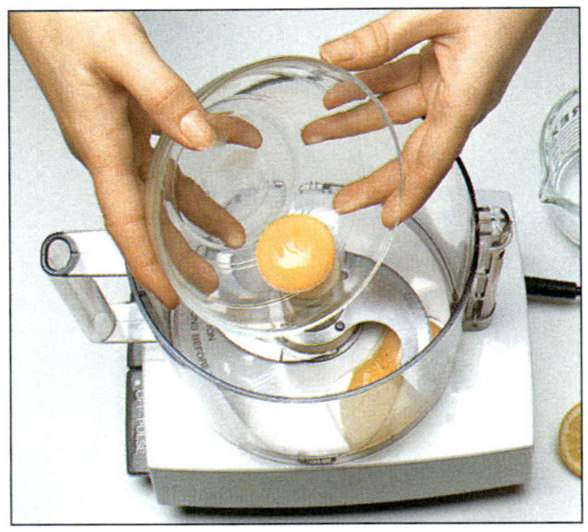

2 Vermischen Sie Eigelbe, Zitronensaft und Wasser in einer Küchenmaschine oder einem Mixer. Lassen Sie die Butter unter Rühren in dünnem Strahl einlaufen, aber nicht die Butterflocken am Topfboden. Wenn die Sauce eindickt, würzen Sie mit Salz und Pfeffer. Würzen Sie auf Wunsch mit Zitronensaft nach. Stellen Sie die Sauce in einer abgedeckten Schüssel warm.

3 Erhitzen Sie die Butter in einer Pfanne bei mittlerer Hitze. Geben Sie den Spinat hinein und kochen ihn unter Rühren gerade bißfest. Stellen Sie den Spinat warm.

4 Für die pochierten Eier kochen Sie Salzwasser in einer hohen Pfanne auf und gießen den Essig hinein. Schlagen Sie ein Ei in einer Untertasse auf und lassen Sie es in das Wasser gleiten. Köcheln Sie das Ei einige Minuten bei geringer Hitze, bis das Eiweiß stockt, das Eigelb aber noch weich ist. Fischen Sie das Ei heraus, schneiden Sie die Ränder glatt und stellen Sie es warm. Verfahren Sie mit den restlichen Eiern ebenso.

5 Richten Sie den Spinat auf vorgewärmten Tellern an, drücken Sie eine Mulde in jedes Häufchen. Geben Sie die Eier mit der Sauce Hollandaise darüber hinein, die restliche Sauce servieren Sie separat.

Spargel mit Orangensauce

Frischer Spargel im Frühjahr ist eine wahre Delikatesse. Grüner Spargel schmeckt etwas intensiver als weißer. Weißer Spargel und große grüne Spargelstangen sollten vor dem Kochen geschält werden.

Vorbereitungszeit 2–3 Minuten
Kochzeit 15 Minuten

6 Portionen

175g/¾ Tasse Butter, in Stücken
3 Eigelbe
15ml/1 El. kaltes Wasser
15ml/1 El. frischer Zitronensaft
geriebene Schale und Saft einer unbehandelten Orange, einige Stückchen Schale als Garnitur
Salz und Cayennepfeffer zum Abschmecken
30–36 Spargelstangen

1 Erhitzen Sie die Butter bei geringer Hitze. Sie sollte nicht kochen. Schöpfen Sie den Schaum ab, stellen Sie die Butter beiseite.

2 Setzen Sie eine feuerfeste Schüssel auf einen Topf mit köchelndem Wasser. Verrühren Sie darin Eigelbe, Wasser, Zitronensaft und 15ml/1 El. des Orangensafts. Salzen Sie. Stellen Sie den Topf bei sehr geringer Hitze auf die Herdplatte und schlagen Sie mit einem Schneebesen, bis die Sauce eindickt und der Schneebesen Spuren am Schüsselboden hinterläßt. Ziehen Sie den Topf vom Herd.

3 Rühren Sie die geschmolzene Butter tropfenweise hinein. Wenn die Sauce eindickt, mischen Sie die restliche Butter, aber nicht die Flocken, schneller unter. Es folgen 30–60ml/2–4 El. Orangensaft und die Schale. Würzen Sie mit Salz und Cayennepfeffer und halten Sie die Sauce unter gelegentlichem Rühren warm.

4 Schneiden Sie die holzigen Enden der Spargelstangen ab. Schneiden Sie die Stangen gleichlang. Schälen Sie den Spargel mit einem Sparschäler von oben nach unten, halten Sie dabei die Köpfe fest. Spülen Sie ihn mit kaltem Wasser.

5 Gießen Sie 5cm hoch Wasser in eine tiefe Pfanne oder einen Wok und bringen Sie es bei mittlerer Hitze zum Kochen. Kochen Sie den Spargel kurz auf, dann lassen Sie ihn bei geringer Hitze 4–7 Minuten bißfest köcheln.

6 Gießen Sie den Spargel durch ein Sieb und klopfen Sie ihn in einem Handtuch trocken. Richten Sie die Stangen auf einer Platte oder auf 4 Tellern an und gießen Sie die Sauce darüber. Garnieren Sie mit Orangenschale und servieren Sie sofort.

Tip

Diese Sauce ist einer Sauce Hollandaise sehr ähnlich und sollte vorsichtig gemacht werden. Wenn das Eigelb zu schnell dick wird, ziehen Sie den Topf vom Herd und stellen ihn kurz in kaltes Wasser, damit die Sauce keine Klümpchen bekommt. Man kann sie 1 Stunde über heißem Wasser warmhalten.

Spargelröllchen mit Kräuterbutter

Zarter Spargel in Blätterteigpäckchen ist eine wahre Geschmackssensation. Die Kräuterbutter als Sauce ist sehr schnell gemacht und paßt perfekt dazu.

Vorbereitungszeit 5 Minuten
Kochzeit 8 Minuten

2 Portionen
4 Lagen Blätterteig
50g/ ¼ Tasse Butter, geschmolzen
16 Spargelstangen, geschält
Garnitur: gemischer Salat

Für die Sauce
2 Schalotten, feingehackt
1 Lorbeerblatt
150ml/ ⅔ Tasse trockener Weißwein
175g/ ¾ Tasse Butter, geschmolzen
15ml/1 El. frische Kräuter, gehackt
Salz und schwarzer Pfeffer
Garnitur: Schnittlauchröllchen

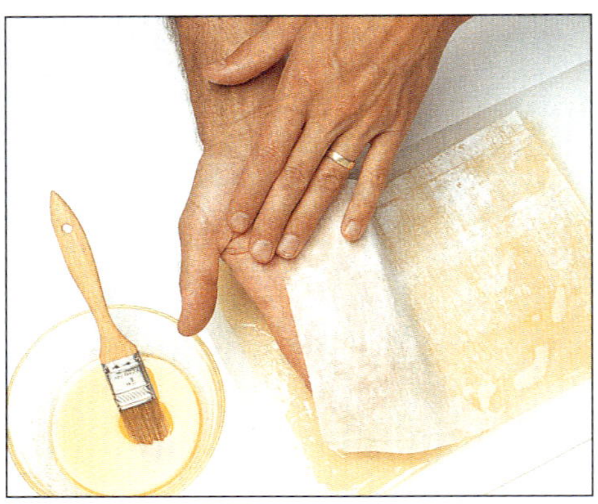

1 Heizen Sie den Ofen auf 200° C (Gas: Stufe 6) vor. Fetten Sie ein Backblech ein. Bebuttern Sie jede Lage Teig. Falten Sie eine Ecke des Blätterteigs diagonal auf die untere Ecke, so daß ein Dreieck entsteht.

Tips

Für Parties kann man Mini-Teigpäckchen machen. Dazu nimmt man einfach kleinere Blätterteigdreiecke und nur je eine Spargelstange. Die Spargelröllchen schmecken heiß mit der Sauce aus diesem Rezept oder kalt mit leichter Mayonnaise. Mit abgegossenem Dosenspargel geht es noch schneller.

2 Legen Sie je 4 Spargelstangen auf die höhere Kante der Dreiecke und rollen Sie das Röllchen zur niedrigen Seite hin ein. Die anderen Rollen machen Sie genauso.

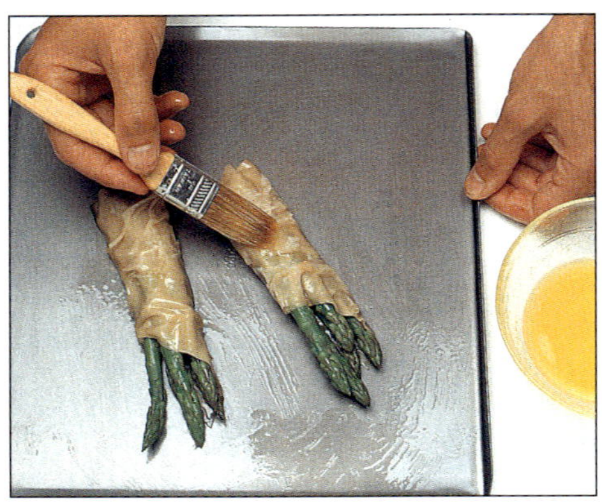

3 Geben Sie die Röllchen auf das Backblech. Pinseln Sie die restliche Butter darauf. Backen Sie die Röllchen 8 Minuten goldbraun.

4 Für die Sauce geben Sie Schalotten, Lorbeerblatt und Wein in einen Topf. Lassen Sie den Wein zugedeckt bei hoher Hitze kochen, bis er auf 45–60ml/3–4 El. reduziert.

5 Gießen Sie den Wein in eine feuerfeste Schüssel. Rühren Sie die Butter portionsweise unter, bis die Sauce glatt und glänzend ist.

6 Rühren Sie die Kräuter unter und schmecken Sie mit Salz und Pfeffer ab. Halten Sie die Sauce über einem Topf mit köchelndem Wasser warm. Servieren Sie die Röllchen auf Tellern mit der Salatgarnitur. Reichen Sie die Sauce, garniert mit Schnittlauchröllchen, getrennt dazu.

Tomaten-Eiersalat mit Krabbenfleisch

Vorbereitungszeit 5 Minuten
Kochzeit Keine

4 Portionen
1 Kopf grüner Salat
400g Krabbenfleisch aus der Dose, abgegossen
4 hartgekochte Eier, in Scheiben
16 Kirschtomaten, halbiert
½ grüne Paprika, entkernt und dünn geschnitten
6 schwarze Oliven, entsteint, geschnitten

Für das Dressing
250ml/1 Tasse Mayonnaise
10ml/2 Tl. frischer Zitronensaft
45ml/3 El. Chilisauce
½ grüne Paprika, entkernt und feingehackt
5ml/1 Tl. Sahnemeerrettich
5ml/1 Tl. Worcestershiresauce

1 Für das Dressing vermischen Sie alle Zutaten in einer Schüssel. Stellen Sie es kalt.

2 Richten Sie den Salat auf vier Tellern an, geben Sie das Krabbenfleisch in die Mitte. Arrangieren Sie die Eier mit den Tomaten darauf im Kreis um das Krabbenfleisch.

3 Gießen Sie etwas Sauce über das Krabbenfleisch. Streuen Sie Paprikastücke und Oliven darüber und servieren Sie das restliche Dressing getrennt dazu.

Sommersalat mit Thunfisch

Dieser bunte Sommersalat ist wie gemacht für ein Mittagessen draußen. Sie können den Thunfisch auch durch Lachs ersetzen.

Vorbereitungszeit 20 Minuten
Kochzeit Keine

4–6 Portionen
175g Radieschen
1 Salatgurke
3 Selleriestangen
1 gelbe Paprika
175g Kirschtomaten, halbiert
4 Frühlingszwiebeln, dünn geschnitten
45ml/3 El. frischer Zitronensaft
45ml/3 El. Olivenöl
400g Thunfisch aus der Dose, abgegossen und zerkleinert
30ml/2 El. frische Petersilie, gehackt
Salz und schwarzer Pfeffer
grüner Salat zum Servieren
Garnitur: dünne, eingedrehte Streifen Zitronenschale

1 Würfeln Sie Radieschen, Salatgurke, Sellerie und Paprika klein. Geben Sie die Gemüsewürfel, mit Kirschtomaten und Frühlingszwiebeln in eine große, flache Schüssel.

2 Verrühren Sie in einer Schüssel Zitronensaft, Öl, Salz und Pfeffer. Gießen Sie das Dressing über das Gemüse, rühren Sie es unter und stellen Sie es 15 Minuten beiseite.

3 Geben Sie die Thunfischstückchen und die Petersilie zur Gemüsemischung und vermischen Sie alles vorsichtig, aber gründlich.

4 Arrangieren Sie den grünen Salat auf einer Platte und geben Sie die Gemüsemischung in die Mitte. Garnieren Sie mit Zitronenschale.

Variation

Bereiten Sie das Gemüse wie in diesem Rezept vor, geben Sie die Petersilie dazu. Arrangieren Sie den grünen Salat auf separaten Tellern und geben Sie die Gemüsemischung darauf. Bröseln Sie den Thunfisch darüber und garnieren Sie mit einem Tupfer Mayonnaise.

Nizzasalat

Vorbereitungs- und Kochzeit
20 Minuten

4 Portionen
90ml/6 El. Olivenöl
30ml/2 El. Estragonessig
5ml/1 Tl. Estragon- oder Dijon-Senf
1 kleine Knoblauchzehe, gepreßt
115g grüne Prinzeßbohnen
12 kleine Früh- oder Salatkartoffeln
3–4 Salatherzen
200g Thunfisch in Dosen, abgegossen
6 Anchovifilets
12 schwarze Oliven, entsteint
4 Tomaten, gehackt
4 Frühlingszwiebeln, feingehackt
10ml/2 Tl. Kapern
30ml/2 El. Pinienkerne
2 hartgekochte Eier, gehackt
Salz und schwarzer Pfeffer

1 Vermischen Sie Öl, Essig, Senf, Knoblauch und Gewürze mit einem Holzlöffel in einer Schüssel.

Tip

Kaufen Sie die kleinsten Kartoffeln, die Sie finden können. Sie werden dann schnell gar.

2 Kochen Sie die Bohnen und die Kartoffeln in 2 Töpfen bißfest. Geben Sie abgegossene Kartoffeln und Bohnen, Salat, Thunfisch, Anchovis, Oliven, Tomaten, Frühlingszwiebeln und Kapern in eine Schüssel.

3 Rösten Sie die Pinienkerne in einer kleinen Pfanne bei mittlerer Hitze leicht an.

4 Streuen Sie die heißen Pinienkerne über den Salat, geben Sie die hartgekochten Eier hinzu und vermengen Sie alles gut miteinander. Servieren Sie sofort, mit knusprigem Brot als Beilage.

SALAT MIT AVOCADOS UND PAPAYA

Vorbereitungszeit 6–8 Minuten
Kochzeit Keine

4 PORTIONEN
2 reife Avocados
1 reife Papaya
1 große Orange
1 kleine rote Zwiebel
25–50g Römersalat oder Feldsalat
FÜR DAS DRESSING
60ml/4 El. Olivenöl
30ml/2 El. frischer Zitronen- oder Limonensaft
Salz und schwarzer Pfeffer

1 Halbieren und entsteinen Sie die Avocados. Entfernen Sie vorsichtig die Schale und schneiden Sie die Avocados in dicke Streifen.

2 Schälen und halbieren Sie die Papaya längs. Löffeln Sie die Kerne heraus. Heben Sie 5ml/1 Tl. Kerne für das Dressing auf. Schneiden Sie jede Hälfte in 8 Scheiben.

3 Schälen Sie die Orange. Schneiden Sie mit einem scharfen Messer die Orangenfilets zwischen den Häuten heraus. Schneiden Sie die Zwiebel in Ringe.

4 Für das Dressing vermischen Sie Öl, Zitronen- oder Limonensaft und Gewürze sowie die Papayakerne in einer Schüssel.

5 Richten Sie den Salat auf Tellern an. Legen Sie abwechselnd Avocado- und Papayascheiben. Die Orangenfilets und der Salat mit den Zwiebelscheiben darauf kommen jeweils daneben. Gießen Sie das Dressing darüber und servieren Sie.

HASCHEE MIT CORNED BEEF UND EI

Dieses klassisch amerikanische Haschee wird gern zum Brunch oder Mittagessen verzehrt.

Vorbereitungszeit 4 Minuten
Kochzeit 12–14 Minuten

4 PORTIONEN

30ml/2 El. Sonneblumenöl
25g/2 El. Butter
1 Zwiebel, feingehackt
1 kleine grüne Paprika, entkernt und gewürfelt
2 große gekochte Kartoffeln, gewürfelt
350g Corned Beef aus der Dose, gewürfelt
1,5ml/ ¼ Tl. Muskatnuß, gerieben
1,5ml/ ¼ Tl. Paprikapulver
Salz und schwarzer Pfeffer
Garnitur: frische Petersilie, gehackt
Süße Chili- oder Tomatensauce zum Servieren

1 Erhitzen Sie Butter und Öl in einer großen Pfanne. Schwitzen Sie darin die Zwiebel 5–6 Minuten an.

2 Vermischen Sie Paprika, Kartoffeln, Corned Beef, Muskatnuß, Paprikapulver, Salz und Pfeffer in einer Schüssel. Braten Sie die Mischung in der Pfanne 3–4 Minuten an. Rühren Sie dabei vorsichtig um und drücken Sie die Mischung an, damit sich eine Kruste bilden kann.

TIP

Wenn Sie das Corned Beef vorher kühlen, läßt es sich besser würfeln.

3 Rühren Sie die Kruste unter, drücken Sie die Mischung noch zweimal am Pfannenboden an, bis das Haschee gut angebräunt ist.

4 Drücken Sie vier Mulden hinein und schlagen Sie je ein Ei hinein, das Sie zugedeckt pochieren.

5 Streuen Sie gehackte Petersilie darüber und vierteln Sie das Haschee. Servieren Sie es heiß mit süßer Chili- oder Tomatensauce.

Hamburger mit Stilton-Käse

Dies ist nicht unbedingt ein traditioneller Hamburger: Als würzige Überraschung enthält er Stilton-Käse. Sie können aber jederzeit auch anderen Blauschimmelkäse verwenden.

Vorbereitungszeit 5 Minuten
Kochzeit 10 Minuten

4 Portionen

450g/2 Tassen Rinderhackfleisch
1 Zwiebel, feingehackt
1 Selleriestange, gehackt
5ml/1 Tl. getrocknete Mischkräuter
5ml/1 Tl. Senf
50g/ 1/2 Tasse zerbröselten Stilton-Käse (oder anderen Blauschimmelkäse)
4 Hamburger-Brötchen
Salz und schwarzer Pfeffer

1 Vermischen Sie Hackfleisch, Zwiebel und Sellerie in einer Schüssel. Salzen und pfeffern Sie.

2 Rühren Sie Kräuter und Senf unter, bis die Mischung fester wird.

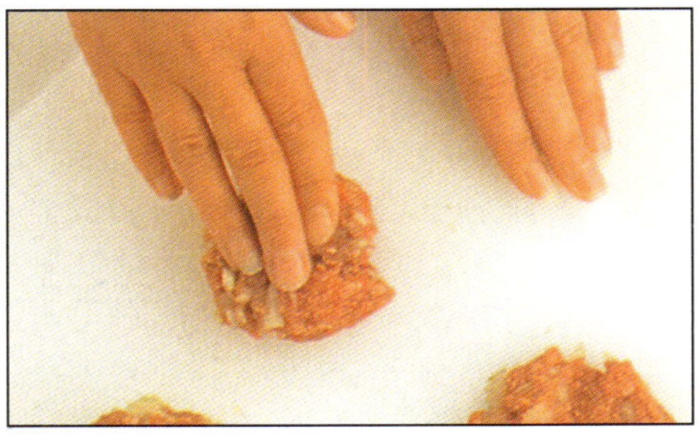

3 Achteln Sie die Mischung. Formen Sie auf einem Brett aus vier Teilen flache Hanburger-Fladen.

4 Geben Sie den Käse jeweils in die Mitte des Fladens.

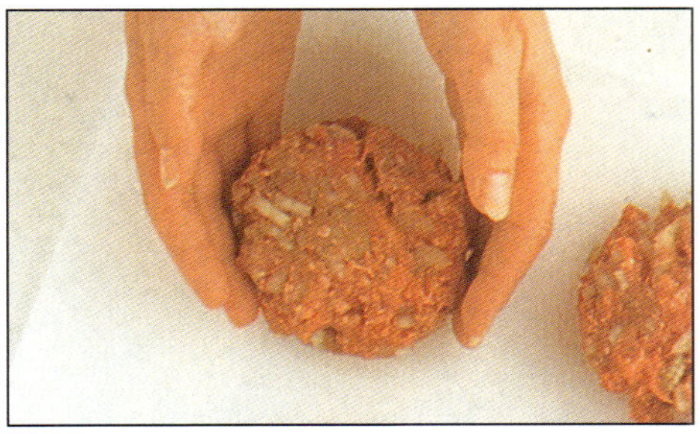

5 Formen Sie aus den 4 restlichen Teilen ebenfalls vier Fladen, die Sie auf den Käse setzen. Drücken Sie die Fladen seitlich fest, mit dem Käse in der Mitte. Heizen Sie den Grill vor.

6 Grillen Sie die Fladen bei mittlerer Hitze etwa 10 Minuten unter einmaligem Wenden, bis sie gar sind. Schneiden Sie die Brötchen auf und legen Sie je einen Fladen dazwischen. Servieren Sie mit Salat, Senf oder Tomatenketchup, wenn Sie möchten.

Kalbsnieren in Senfsauce

Dieses Gericht hat seinen Ursprung in Frankreich. Es schmeckt auch mit Lammnieren. Wässern Sie die Nieren vor dem Kochen.

Vorbereitungszeit 5 Minuten
Kochzeit 10–12 Minuten

4 Portionen

2 Kalbsnieren oder 8–10 Lammnieren, gewässert und enthäutet
25g/2 El. Butter
15ml/1 El. Pflanzenöl
115g/1 Tasse Champignons, geviertelt
60ml/4 El. Hühnerbrühe
30ml/2 El. Weinbrand (nach Wunsch)
175ml/¾ Tasse Crème fraîche oder Crème double
30ml/2 El. Dijon-Senf
Salz und schwarzer Pfeffer
Garnitur: Schnittlauchröllchen

1 Schneiden Sie die Kalbsnieren in Segmente, entfernen Sie das Fett. Bei Lammnieren entfernen Sie den Kern mit einem v-förmigen Schnitt. Schneiden Sie die Nieren dann in drei oder vier Stücke.

2 Erhitzen Sie Butter und Öl in einer großen Pfanne bei großer Hitze und unter Rühren. Sautieren Sie die Nieren 3–4 Minuten unter häufigem Rühren, bis sie braun werden. Fischen Sie die Nieren heraus und stellen sie auf einer Platte beiseite.

Tip

Nachdem Sie den Senf hineingerührt haben, sollten Sie die Sauce nicht mehr lange kochen, damit sie pikant bleibt.

3 Sautieren Sie die Champignons in der Pfanne 2–3 Minuten bei häufigem Rühren, bis sie anbräunen. Gießen Sie Hühnerbrühe und Weinbrand hinzu, kochen Sie die Sauce auf und lassen sie 2 Minuten kochen.

4 Reduzieren Sie die Temperatur, rühren Sie die Créme fraîche oder Créme double ein und lassen Sie die Sauce 2–3 Minuten eindicken. Rühren Sie den Senf ein, würzen Sie mit Salz und Pfeffer. Geben Sie die Nieren wieder dazu und kochen Sie alles noch 1 Minute auf. Richten Sie die Mischung auf einer Platte an und streuen Sie Schnittlauch darüber.

Rindfleisch mit Orange und Ingwer

Kurzgebratenes Fleisch enthält wenig Fett. Zudem ist diese Garmethode sehr schnell, vorausgesetzt, Sie verwenden zartes Fleisch.

Vorbereitungszeit 15 Minuten
Kochzeit 5 Minuten

4 Portionen

450g mageres Rumpsteak, Filet oder Sirlonsteak, in dünnen Streifen
geriebene Schale und Saft einer Orange
15ml/1 El. helle Sojasauce
5ml/1 Tl. Maismehl
2,5cm frischer Ingwer, feingehackt
15ml/1 El. Sonnenblumenöl
1 große Karotte, in dünnen Streifen
2 Frühlingszwiebeln, geschnitten
Beilage: asiatische Nudeln oder Reis

1 Marinieren Sie das Rindfleisch in einer Schüssel mit Orangensaft und -schale. Lassen Sie das Fleisch möglichst 10 bis 30 Minuten ziehen.

2 Gießen Sie den Saft ab, fangen Sie ihn aber auf. Vermischen Sie das Fleisch mit Sojasauce, Maismehl und Ingwer.

3 Erhitzen Sie das Öl im Wok oder einer großen Pfanne. Braten Sie das Fleisch darin 1 Minute unter Rühren leicht an, dann geben Sie die Karottenstreifen hinzu und braten weitere 2–3 Minuten.

4 Braten Sie die Frühlingszwiebeln und den aufgefangenen Saft so lange mit, bis alles eindickt. Servieren Sie mit Nudeln oder Reis.

Tip

Kurz vor dem Servieren können Sie 5ml/1 Tl. Sesamöl zum Fleisch in die Pfanne geben. Auch Chili-, Walnuß- oder Haselnußöl passen gut dazu.

Kalbsragout

Schmeckt gut und ist außerdem einfach und schnell. Sie können auch Schweinefleisch verwenden.

Vorbereitungszeit 3 Minuten
Kochzeit 17 Minuten

4 Portionen
450g Kalbsfilet oder -lende
30ml/2 El. Olivenöl
10–12 kleine, ganze Zwiebeln
1 gelbe Paprika, entkernt, geachtelt
1 orangefarbene oder rote Paprika, entkernt, geachtelt
3 Romatomaten, geschält und geviertelt
4 Zweige frisches Basilikum
30ml/2 El. trockener Martini oder Sherry
Salz und schwarzer Pfeffer

1 Entfernen Sie das Fett und würfeln Sie das Rindfleisch grob. Bräunen Sie Fleisch und Zwiebeln in einer Pfanne mit heißem Öl an.

2 Nach ein paar Minuten geben Sie die Paprika und Tomaten hinzu. Braten Sie weitere 4 Minuten.

3 Geben Sie die Hälfte des Basilikums grob gehackt dazu, dann den Martini oder Sherry sowie Salz und Pfeffer. Kochen Sie die Mischung 10 Minuten unter Rühren weich.

4 Streuen Sie das restliche Basilikum darüber und servieren Sie.

Lammleber mit Paprika

Die zarte, wohlschmeckende Lammleber kann mit verschiedenen Zutaten zubereitet werden. Hier sind es Paprika und Pfefferkörner.

Vorbereitungszeit 7 Minuten
Kochzeit 3–4 Minuten

4 Portionen
30ml/2 El. Olivenöl
2 Schalotten, geschnitten
450g Lammleber, in dünnen Streifen
1 Knoblauchzehe, gepreßt
10ml/2 El. grüne Pfefferkörner, zerdrückt (auf Wunsch auch mehr)
½ rote Paprika, entkernt und in Streifen geschnitten
½ orangefarbene oder gelbe Paprika, entkernt und in Streifen geschnitten
30ml/2 El. Crème fraîche
Salz und schwarzer Pfeffer
Beilage: Reis oder Nudeln

Tip
Lammleber sollte in der Mitte noch rosa sein. Passen Sie gut auf, denn sie wird schnell zu gar.

1 Braten Sie die Schalotten 1 Minute in Öl. Geben Sie Leber, Knoblauch, Pfefferkörner und Paprika hinzu und braten Sie 3–4 Minuten.

2 Rühren Sie die Crème fraîche unter, schmecken Sie ab und servieren Sie sofort mit Reis oder Nudeln als Beilage.

LAMMKOTELETTS MIT MINZVINAIGRETTE

Vinaigrette zu Fleisch ist eine Erfindung der Nouvelle Cuisine. In diesem Rezept finden Sie die klassische Kombination von Lamm und Minze.

Vorbereitungszeit 4 Minuten
Kochzeit 6–7 Minuten

4 PORTIONEN

8 einfache oder 4 doppelte Lammkoteletts von der Lende, etwa 2cm dick
grob gemahlener, schwarzer Pfeffer
Garnitur: frische Minze
Beilage: sautierte Kartoffeln

FÜR DIE MINZVINAIGRETTE

30ml/2 El. Weißweinessig
2,5ml/ 1/2 Tl. klarer Honig
1 kleine Knoblauchzehe, ganz fein gehackt
60ml/4 Tl. Olivenöl extra vergine
20g/ 1/2 Tasse frische Minzeblätter, feingehackt
1 reife Romatomate, entkernt und fein gewürfelt
Salz und schwarzer Pfeffer

1 Für die Vinaigrette verrühren Sie Essig, Honig, Knoblauch, Salz und Pfeffer in einer Schüssel gründlich mit einem Schneebesen.

2 Rühren Sie langsam das Öl hinein, dann folgen Minze und Tomate. Stellen Sie das Dressing beiseite.

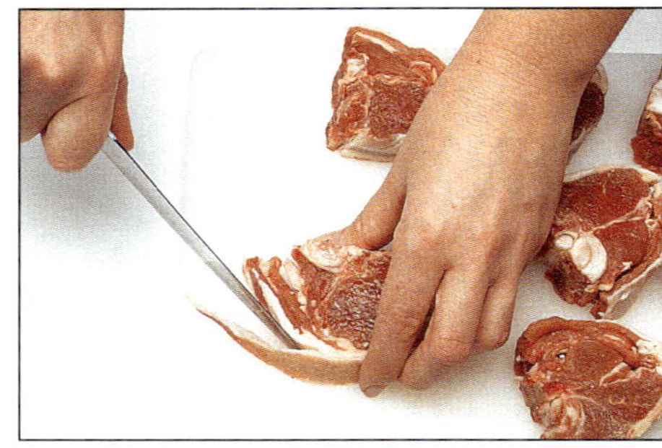

3 Legen Sie die Koteletts auf ein Brett und entfernen Sie den Fettrand. Pfeffern Sie und drücken Sie die Koteletts beidseitig flach an.

4 Ölen Sie eine Grillpfanne ein und erhitzen Sie das Öl bei hoher Temperatur. Es muß heiß sein, darf aber nicht rauchen. Grillen Sie die Koteletts bei mittlerer Hitze 6 bis 7 Minuten unter einmaligem Wenden nach Geschmack (Englisches Fleisch ist bei einer Druckprobe weich, medium ist elastisch und durchgebratenes Fleisch fest). Servieren Sie die Koteletts mit der Vinaigrette und sautierten Kartoffeln, garniert mit Minze.

TIP

Sie können die Lammkoteletts auch auf einem Rost im Backofengrill garen. Auf einem Holzkohlegrill nehmen sie den unvergleichlichen Grillgeschmack am besten an.

Wacholder-Schweinefleisch in Marsala

Marsala ist eigentlich ein süßer, sizilianischer Dessertwein, verleiht herzhaften Fleischgerichten aber auch einen fruchtigen, reichhaltigen Geschmack. Verwenden Sie für dieses Rezept nur erstklassiges Schweinefleisch.

Vorbereitungszeit 4 Minuten
Kochzeit 15–16 Minuten

4 Portionen
25g/ ½ Tasse getrocknete Pilze nach Wahl (Champignons usw.)
4 Schweineschnitzel
10ml/2 Tl. Balsamico-Essig
8 Knoblauchzehen
15g/1 El. Butter
45ml/3 El. Marsala
einige Zweige frisches Rosmarin
10 Wacholderbeeren, zerdrückt
Salz und schwarzer Pfeffer
Beilage: Nudeln und grünes Gemüse

1 Weichen Sie die getrockneten Pilze ein paar Minuten in einer Schüssel mit heißem Wasser ein.

2 Streichen Sie die Schweineschnitzel auf beiden Seiten mit 5ml/1 Tl. Balsamico ein. Salzen und pfeffern Sie großzügig und gleichmäßig. Kochen Sie die Knoblauchzehen in einem kleinen Topf mit Wasser etwa 10 Minuten lang weich. Stellen Sie den gut abgegossenen Knoblauch beiseite, während Sie die Schnitzel braten.

3 Erhitzen Sie die Butter in einer großen Pfanne. Braten Sie die Schnitzel kurz an, bis die Unterseite braun ist. Wenden Sie das Fleisch und braten es noch eine weitere Minute.

4 Geben Sie Marsala und Rosmarin in die Pfanne. Gießen Sie die Pilze ab, heben Sie den Saft auf und mischen Sie die Pilze in die Pfanne. Rühren Sie 60ml/4 El. Pilzsaft, die Knoblauchzehen, Wacholderbeeren und den übrigen Essig dazu.

5 Lassen Sie die Mischung 3 Minuten köcheln, bis das Fleisch gar ist. Würzen Sie nach und servieren Sie mit Nudeln und Gemüse.

Tip

Gin wird mit Wacholderbeeren gebrannt. Fleischgerichten verleihen sie einen einzigartigen Wildgeschmack.

Thailändisches Schweinefleisch Süss-Sauer

Süß-saure Gerichte kennt man mehr aus der chinesischen Küche, aber auch in Thailand sind sie sehr beliebt.

Vorbereitungszeit 6 Minuten
Kochzeit 12–14 Minuten

4 Portionen

350g mageres Schweinefleisch, in dünne Streifen geschnitten
30ml/2 El. Pflanzenöl
4 Knoblauchzehen, dünn geschnitten
1 kleine rote Zwiebel, geschnitten
30ml/2 El. Fischsauce
15ml/1 El. Rohzucker
1 rote Paprika, entkernt, gewürfelt
1/2 Salatgurke, entkernt, geschnitten
2 Romatomaten, in Schnitzen
2 Frühlingszwiebeln, gestückelt
115g Ananas, gestückelt
gemahlener schwarzer Pfeffer
Garnitur: frische Korianderblätter und gehackte Frühlingszwiebeln

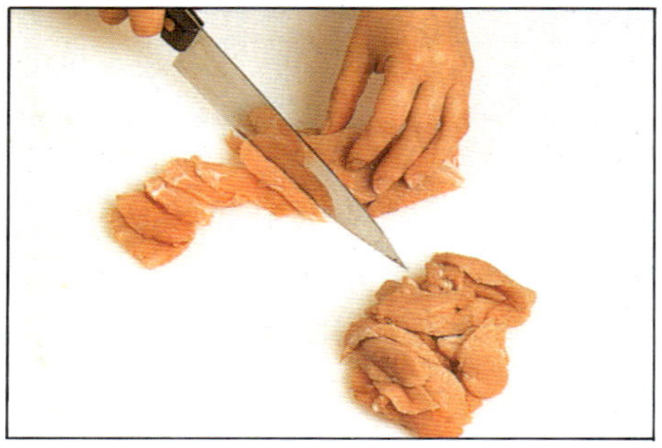

1 Erhitzen Sie das Öl in einem Wok oder einer Pfanne.

2 Braten Sie den Knoblauch an, dann das Fleisch etwa 3–4 Minuten. Geben Sie die Zwiebel dazu.

3 Würzen Sie das Fleisch mit Fischsauce, Zucker und Pfeffer. Rühren Sie die Mischung auf dem Herd mit zwei Löffeln oder Stäbchen etwa 4 Minuten durch, bis das Fleisch gar ist.

4 Geben Sie das restliche Gemüse und die Ananas dazu. Eventuell müssen Sie etwas Wasser beigeben. Braten Sie weitere 3–4 Minuten. Servieren Sie sofort, garniert mit Koriander und Frühlingszwiebeln.

Hühnerfleisch auf Cajun-Art

Vorbereitungszeit 2 Minuten
Kochzeit 10–15 Minuten

6 Portionen

6 mittelgroße Hühnerbrüste, ohne Haut und Knochen
75g/ 1/3 Tasse Butter
5ml/1 Tl. Knoblauchpulver
10ml/2 Tl. Zwiebelpulver
5ml/2 Tl. Cayennepfeffer
10ml/2 Tl. Paprikapulver
1,5ml/ 1/4 Tl. Kreuzkümmel, gemahlen
5ml/1 Tl. getrockneter Thymian
Salz und schwarzer Pfeffer
Garnitur: Salat und Paprikastreifen

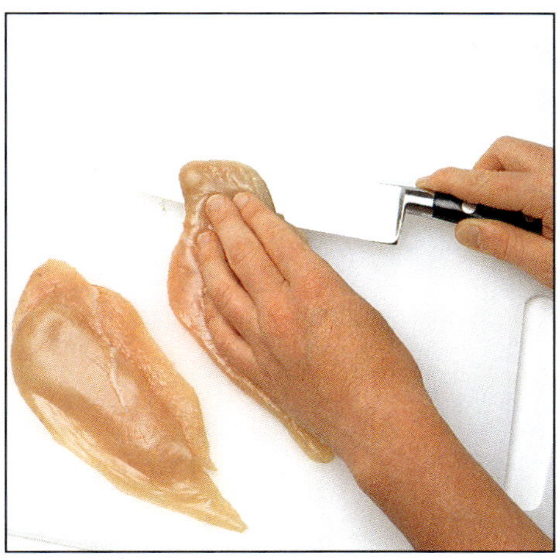

1 Halbieren Sie die Hühnerbrüste horizontal in zwei gleichdicke Stücke, die Sie mit dem Handrücken etwas flachdrücken.

2 Erhitzen Sie die Butter in einem kleinen Topf bei geringer Hitze. Sie sollte nicht braun werden.

Variation

Sie können auch Fischfilets auf Cajun-Art machen. Halbieren Sie die Filets aber nicht. Der Fisch braucht 2 Minuten auf der einen Seite und 1 1/2–2 Minuten auf der anderen, um gar zu werden. Bei einer Messerprobe sollte das Fleisch locker zerfallen.

3 Vermischen Sie die übrigen Zutaten in einer Schüssel, geben Sie je 7,5ml/1 1/2 Tl. Salz und Pfeffer hinzu. Bepinseln Sie das Fleisch beidseitig mit der Butter, dann träufeln Sie die Würzmischung darüber.

4 Erhitzen Sie eine große Pfanne bei hoher Hitze 5–8 Minuten lang, bis ein Wassertropfen auf dem Pfannenboden zischt.

5 Tropfen Sie je 5ml/1 Tl. geschmolzene Butter auf die Fleischstücke. Braten Sie abhängig von der Pfannengröße jeweils 2 oder 3 Hühnerbrüste auf einmal 2–3 Minuten an, bis die Unterseiten dunkelbraun werden. Wenden Sie das Fleisch und braten Sie die andere Seite ebenfalls 2–3 Minuten. Halten Sie die bereits gebratenen Stücke warm und braten Sie die übrigen Stücke auf die gleiche Weise an. Servieren Sie das Huhn heiß, garniert mit Salat und Paprikastreifen.

Warmer Salat mit Huhn und Gemüse

Saftiges Hühnerfleisch wird mit Gemüse und einem leichten Chili-Dressing kombiniert.

Vorbereitungszeit 7 Minuten
Kochzeit 10 Minuten

6 Portionen

50g gemischter Blattsalat
50g Babyspinat
50g Brunnenkresse
30ml/2 El. Chilisauce
30ml/2 El. trockener Sherry
15ml/1 El. helle Sojasauce
15ml/1 El. Tomatenketchup
10ml/2 Tl. Olivenöl
8 Schalotten, feingehackt
1 Knoblauchzehe, gepreßt
350g Hühnerbrust, ohne Haut und Knochen, in dünnen Streifen
1 rote Paprika, entkernt, geschnitten
175g/1½ Tassen Zuckerschoten
400g Babymais aus der Dose, abgegossen und längs halbiert
275g brauner Reis, gekocht
Salz und schwarzer Pfeffer
Garnitur: glatter Petersilienzweig

1 Vermischen Sie den zerteilten Blattsalat, den Spinat und die Brunnenkresse und richten Sie den Salat auf einer Servierplatte an.

2 Verrühren Sie in einer kleinen Schüssel Chilisauce, Sherry, Sojasauce und Tomatenketchup. Stellen Sie die Mischung beiseite.

3 Erhitzen Sie das Öl im Wok oder einer beschichteten Pfanne. Braten Sie Schalotten und Knoblauch 1 Minute bei mittlerer Hitze an.

4 Fügen Sie das Huhn hinzu und braten es 3–4 Minuten. Geben Sie Zuckererbsen, Mais und Reis dazu und braten alles weitere 2–3 Minuten.

5 Gießen Sie die Sauce darüber. Kochen Sie die Fleischmischung 2–3 Minuten auf. Schmecken Sie ab. Richten Sie Fleisch und Gemüse auf den Salatblättern an, vermischen Sie alles vorsichtig und servieren Sie mit Petersilie garniert.

Tip

Sie können andere magere Fleischsorten anstelle des Hühnerfleischs verwenden, z.B. Pute, Rind oder Schwein. Auch Scampi passen dazu, wobei Sie gekochte Krabben zusammen mit der Chilisauce in die Pfanne geben sollten.

Putenröllchen mit Paprikasauce

Vorbereitungszeit 6–8 Minuten
Kochzeit 12 Minuten

4 Portionen

30ml/2 El. Olivenöl
2 große gelbe Paprika, entkernt und gehackt
1 kleine Zwiebel, gehackt
15ml/1 El. frisch gepreßter Orangensaft
300ml/1¼ Tassen Hühnerbrühe
4 Putenschnitzel
75g Kräuter- oder Knoblauchfrischkäse
16 frische Basilikumblätter
25g/2 El. Butter
Salz und schwarzer Pfeffer

1 Für die Sauce erhitzen Sie die Hälfte des Öls in einer Pfanne und schwitzen darin Paprika und Zwiebel an. Geben Sie den Orangensaft und die Hühnerbrühe dazu und kochen Sie das Gemüse sehr weich. Klopfen sie die Putenschnitzel zwischen zwei Lagen Klarsichtfolie flach.

2 Bestreichen Sie die Schnitzel mit dem Frischkäse. Hacken Sie die Hälfte des Basilikums und streuen Sie es darauf. Rollen Sie das Fleisch ein, schlagen Sie die Enden ein und stecken Sie je einen Spieß durch.

3 Erhitzen Sie das restliche Öl mit der Butter in einer Pfanne und braten Sie die Röllchen 7–8 Minuten unter häufigem Wenden goldbraun an.

4 In der Zwischenzeit drücken Sie die Paprikamischung durch ein Sieb oder pürieren sie kurz. Würzen Sie die Sauce. Sie können sie in der Pfanne erneut erhitzen oder kalt zum Fleisch servieren. Garnieren Sie die Rutenröllchen mit dem übrigen Basilikum und servieren Sie.

Tip

Anstelle der Putenschnitzel passen Hühnerbrustfilets und Kalbsschnitzel ebenfalls gut zu diesem Rezept.

Kabeljau mit Kapernsauce

Die einfache Sauce hat einen leicht scharfen, nussigen Geschmack und betont das Eigenaroma des Kabeljaus.

Vorbereitungszeit 2 Minuten
Kochzeit 10 Minuten

4 Portionen
4 Kabeljausteaks zu je 175g
115g/ 1/2 Tasse Butter
15ml/1 El. kleine Kapern, gespült
15ml/1 El. Kapernsaft aus dem Glas
15ml/1 El. frische Petersilie, gehackt
Salz und schwarzer Pfeffer
Garnitur: frische Estragonzweige

1 Heizen Sie den Grill vor. Würzen Sie den Fisch. Bepinseln Sie die Fischsteaks mit einem Teil von 25g/2 El. geschmolzener Butter.

2 Grillen Sie den Kabeljau 4 Minuten, wenden Sie ihn, pinseln Sie weitere Butter über die Steaks und grillen Sie den Fisch weitere 4–5 Minuten, bis er locker zerfällt.

3 In der Zwischenzeit erhitzen Sie die übrige Butter, bis sie braun wird. Rühren Sie Kapern und Saft unter und vermischen Sie alles gut.

4 Gießen Sie die Sauce über die Fischsteaks, streuen Sie Petersilie darüber und garnieren Sie mit Estragonzweigen.

Variation

Anstelle der Kabeljausteaks können Sie Kabeljau- oder Schellfischfilets verwenden. Die Sauce paßt auch zu in Butter gebratenem Rochen.

TAGLIATELLE MIT SAFRANMUSCHELN

Vorbereitungszeit 6 Minuten
Kochzeit 14 Minuten

4 PORTIONEN
1,75 kg frische Miesmuscheln
150ml/ ⅔ Tasse trockener Weißwein
2 Schalotten, gehackt
350g Tagliatelle
25g/2 El. Butter
2 Knoblauchzehen, gepreßt
250ml/1 Tasse Crème double
1 Päckchen Safranfäden
1 Eigelb
Salz und schwarzer Pfeffer
Garnitur: 30ml/2 El. frische Petersilie, gehackt

1 Putzen Sie die Muscheln gründlich unter fließendem kaltem Wasser. Entfernen Sie die Bärte und werfen Sie alle bereits geöffneten Muscheln weg. Geben Sie Muscheln, Wein und Schalotten in einen Topf.

2 Kochen Sie die Muscheln zugedeckt bei großer Hitze 5–8 Minuten, bis sie sich öffnen. Schütteln Sie den Topf gelegentlich. Gießen Sie die Muscheln ab, fangen Sie den Saft auf. Werfen Sie alle geschlossenen Muscheln weg. Schälen Sie die meisten Muscheln, stellen Sie alles warm.

3 Kochen Sie den Muschelsaft auf und reduzieren Sie ihn auf die Hälfte. Gießen Sie ihn in einen Krug.

4 Kochen Sie die Tagliatelle in Salzwasser bißfest. Erhitzen Sie die Butter in einer Pfanne und schwitzen Sie den Knoblauch 1 Minute an. Geben Sie den Muschelsaft, die Créme double und die Safranfäden hinzu. Lassen Sie die Sauce bei geringer Hitze etwas eindicken. Ziehen Sie die Pfanne vom Herd und rühren sie das Eigelb und die geschälten Muscheln ein. Würzen Sie.

5 Gießen Sie die Tagliatelle ab und richten Sie die Nudeln auf Tellern an. Geben Sie die Sauce und gehacktes Basilikum sowie die ganzen Muscheln darüber. Servieren Sie.

KABELJAU À LA CREOLE

Vorbereitungszeit 5 Minuten
Kochzeit 10 Minuten

4 PORTIONEN

450g Kabeljaufilets ohne Haut
15ml/1 El. Limonen- oder Zitronensaft
10ml/2 Tl. Olivenöl
1 mittelgroße Zwiebel, feingehackt
1 grüne Paprika, entkernt, geschnitten
2,5ml/ ½ Tl. Cayennepfeffer
2,5ml/ ½ Tl. Knoblauchsalz
400g Tomatenstücke aus der Dose

TIP

Seien Sie auf der Hut, damit der Fisch nicht zu weich wird und völlig zerfällt. Lassen Sie ihn in der Sauce nicht zu lange kochen und ziehen Sie ihn vom Herd, sobald er gar wird.

1 Schneiden sie den Kabeljau in mundgerechte Stücke und träufeln Sie Limonensaft darüber.

2 Erhitzen Sie das Olivenöl in einer großen Pfanne und schwitzen Sie die Zwiebel und die Paprika an. Geben Sie Cayennepfeffer und Knoblauchsalz hinzu.

3 Rühren Sie den Fisch und die Tomatenstücke dazu. Kochen Sie alles auf, dann lassen Sie den Fisch 5 Minuten köcheln, bis er bei einer Messerprobe gerade zerfällt. Als Beilage passen Reis oder Kartoffeln.

FISCH MIT FÜNF GEWÜRZEN

Chinesische, süß-saure Gewürzmischungen passen gut zu Fisch.

Vorbereitungszeit 8 Minuten
Kochzeit 6 Minuten

4 PORTIONEN

4 Weißfischfilets, z.B. Kabeljau, Schellfisch, Merlan, je etwa 175g
5ml/1 Tl. chinesische Fünf-Gewürze-Mischung
20ml/4 Tl. Maismehl
15ml/1 El. Sonnenblumenöl
3 Frühlingszwiebeln, gehackt
5ml/1 Tl. frischer Ingwer, gerieben
150g/1¼ Tasse Champignons, in Scheiben geschnitten
115g/ ⅔ Tasse Babymais, in Scheiben
30ml/2 El. Sojasauce
45ml/3 El. trockener Sherry
5ml/1 Tl. Rohzucker
Salz und schwarzer Pfeffer

1 Wenden Sie den Fisch in Gewürzmischung und Maismehl.

2 Braten Sie Frühlingszwiebeln, Ingwer, Pilze und Mais 1 Minute in heißem Öl an. Geben Sie den Fisch dazu und braten ihn 2 Minuten unter einmaligem Wenden mit.

3 Vermischen Sie Sojasauce, Sherry und Zucker, gießen Sie die Sauce über den Fisch. Köcheln Sie alles 2 Minuten. Würzen Sie. Servieren Sie mit Nudeln und Gemüse.

TIP

Chinesische Nudeln passen am besten zu diesem Gericht. Sie müssen nur ein paar Minuten kochen, dann werden Sie abgegossen und als Beilage serviert. Man erhält sie in gut sortierten Supermärkten und Asialäden.

WARMER LACHSSALAT

Dieser leichte, frische Salat sollte umgehend serviert werden, da der Blattsalat schnell seine Farbe verliert.

Vorbereitungszeit 4–5 Minuten
Kochzeit 7 Minuten

4 PORTIONEN
450g Lachsfilet ohne Haut
30ml/2 El. Sesamöl
geriebene Schale einer halben und Saft einer ganzen Orange
5ml/1 Tl. Dijon-Senf
15ml/1 El. frisches Estragon, gehackt
45ml/3 El. Erdnußöl
115g feine grüne Bohnen, geputzt
175g gemischter Blattsalat, z.B. Spinat, Radicchio, Frisée- und Eichblattsalat
15ml/1 El. geröstete Sesamsamen

1 Schneiden Sie den Lachs in Stückchen. Für das Dressing vermischen Sie Sesamöl, Orangenschale und -saft, Senf, Estragon und Gewürze in einer Schüssel.

2 Erhitzen Sie das Erdnußöl in einer Pfanne. Braten Sie darin die Lachsstücke 3–4 Minuten an, bis sie angebräunt, aber noch zart sind.

3 In der Zwischenzeit blanchieren Sie die Bohnen 5–6 Minuten in kochendem Salzwasser. Sie sollten noch bißfest sein.

4 Geben Sie das Dressing zum Lachs. Rühren Sie 30 Sekunden um, ziehen Sie die Pfanne vom Herd.

5 Richten Sie den Salat auf Tellern an. Arrangieren Sie die abgegossenen Bohnen dazu. Geben Sie den Lachs mit Pfannensaft darauf und garnieren Sie mit Sesamsamen.

LACHS MIT BRUNNENKRESSE

Vorbereitungszeit 2–3 Minuten
Kochzeit 16 Minuten

4 PORTIONEN
300ml/1¼ Tassen Crème fraîche
30ml/2 El. frisches Estragon, gehackt
25g/2 El. Butter
15ml/1 El. Sonnenblumenöl
4 Lachsfilets, ohne Haut
1 Knoblauchzehe, gepreßt
120ml/ ½ Tasse trockener Weißwein
1 Bund Brunnenkresse
Salz und schwarzer Pfeffer

1 Erwärmen Sie die Créme fraîche langsam bis zum Kochen. Ziehen Sie den Topf vom Herd, rühren Sie die Hälfte des Estragons hinein. Lassen Sie die Sauce ziehen.

2 Erhitzen Sie Öl und Butter in einer Pfanne, braten Sie darin den Lachs 3–5 Minuten pro Seite an. Stellen Sie ihn anschließend warm.

3 Braten Sie den Knoblauch kurz an, gießen Sie den Wein dazu und reduzieren Sie auf 15ml/1 El.

4 In der Zwischenzeit entfernen Sie die Stiele der Brunnenkresse und hacken sie fein. Verwenden Sie keine welken Blätter.

5 Rühren Sie die Kräutercreme in die Pfanne, die Sie einige Minuten unter Rühren eindicken. Geben Sie das übrige Estragon und die Kresse dazu. Lassen Sie die Sauce noch etwas kochen. Gießen Sie die Sauce über den Lachs und servieren Sie.

Seehecht auf spanische Art

Steaks oder Koteletts vom Kabeljau oder Schellfisch sind auch geeignet.

Vorbereitungszeit 3 Minuten
Kochzeit 15–16 Minuten

4 Portionen
30ml/2 El. Olivenöl
25g/2 El. Butter
1 Zwiebel, gehackt
3 Knoblauchzehen, gepeßt
15ml/1 El. Mehl
2,5ml/½ Tl. Paprikapulver
4 Hechtkoteletts, je etwa 175g
250g feine grüne Bohnen, gehackt
350ml/1½ Tassen Fischbrühe
150ml/⅔ Tasse trockener Weißwein
30ml/2 El. trockener Sherry
16–20 Miesmuscheln, geputzt
45ml/3 El. frische Petersilie, gehackt
Salz und schwarzer Pfeffer
Beilage: knuspriges Brot

1 Erhitzen Sie das Öl in einer Pfanne und schwitzen Sie die Zwiebel 5 Minuten weich, aber nicht braun an. Geben Sie den Knoblauch hinzu und braten Sie noch 1 Minute.

2 Vermischen Sie Mehl und Paprika und stäuben beides über die Hechtkoteletts. Schieben Sie Zwiebel und Knoblauch an den Pfannenrand.

3 Braten Sie die Hechtkoteletts beidseitig goldbraun an. Rühren Sie Bohnen, Brühe, Wein, Sherry, Salz, Pfeffer dazu. Lassen Sie alles aufkochen und 2 Minuten kochen.

4 Geben Sie Petersilie und Muscheln hinzu, die Sie so lange kochen, bis sie sich öffnen.

5 Werfen Sie noch geschlossene Muscheln weg. Servieren Sie den Hecht in warmen Suppentellern mit knusprigem Brot zum Stippen.

Spaghetti Frutti di Mare

Vorbereitungszeit 4 Minuten
Kochzeit 16 Minuten

4 Portionen
45ml/3 El. Olivenöl
1 mittelgroße Zwiebel, gehackt
1 Knoblauchzehe, gehackt
225g Spaghetti
600ml/2 ½ Tassen passierte Tomaten
15ml/1 El. Tomatenmark
5ml/1 Tl. getrockneter Oregano
1 Lorbeerblatt
5ml/1 Tl. Kristallzucker
115g/1 Tasse gekochte, geschälte Shrimps (bei Dosenware gut gespült)
115g/1 Tasse gekochte, geschälte Scampi
175g/1½ Tassen gekochte Muscheln aus der Dose (abgespült)
15ml/1 El. Zitronensaft
45ml/3 El. frisches Basilikum, gehackt
25g/2 El. Butter
Salz und schwarzer Pfeffer
Garnitur: 4 ganze gekochte Scampi

1 Erhitzen Sie das Öl in einer Pfanne. Schwitzen Sie darin die Zwiebel 5 Minuten bei mittlerer Hitze weich an.

2 Kochen Sie die Spaghetti in Salzwasser nach Packungsanweisung bißfest. Rühren Sie die passierten Tomaten, das Tomatenmark, Oregano, Lorbeerblatt und Zucker zu den Zwiebeln und würzen Sie. Kochen Sie alles auf und lassen Sie die Sauce 2–3 Minuten köcheln.

3 Geben Sie die Meeresfrüchte, Zitronensaft und die Hälfte des Schnittlauchs zur Sauce.

4 Lassen Sie die Sauce 6–7 Minuten zugedeckt köcheln. Gießen Sie die Spaghetti ab, die Sie anschließend in einem Topf mit geschmolzener Butter wenden.

5 Salzen und pfeffern Sie die Nudeln. Verteilen Sie die Spaghetti auf 4 vorgewärmte Teller, gießen Sie die Sauce darüber. Garnieren Sie mit gehackter Petersilie und den ganzen Scampi und servieren Sie.

Gebratene Scampi

Dieses sehr schnelle Gericht ist zwar nicht ganz billig, aber ideal für ein spontanes Essen mit Freunden. Reichen Sie Baguette zum Stippen dazu.

Vorbereitungszeit 2–3 Minuten
Kochzeit 5–8 Minuten

4 Portionen
60ml/4 El. Olivenöl extra vergine
32 große rohe Scampi in der Schale
4 Knoblauchzehen, feingehackt
120ml/ ½ Tasse trockener weißer Wermuth
45ml/3 El. passierte Tomaten
Salz und schwarzer Pfeffer
Garnitur: flache Petersilie, gehackt
Beilage: knuspriges Baguette

1 Erhitzen Sie das Öl in einer großen Pfanne. Geben Sie die Scampi hinzu, die Sie bei mittlerer Hitze unter Wenden braten, bis die Schalen pink werden. Streuen Sie den Knoblauch über die Scampi und braten Sie weiter. Gießen Sie den Wermuth dazu und lassen Sie ihn aufkochen. Rühren Sie konstant, damit die Scampi gleichmäßig gar werden und die Sauce aufsaugen.

2 Lassen Sie die Pfanne auf dem Herd, geben Sie die Tomaten, Salz und Pfeffer zu den Scampi. Rühren Sie alles gründlich durch. Servieren Sie sofort, garniert mit der Petersilie. Reichen Sie knuspriges Brot dazu, das man in die Sauce stippen kann.

Gegrillte Rotbarbe mit Rosmarin

Dieses Rezept ist sehr einfach. Rotbarben haben einen so leckeren Eigengeschmack, daß man sie am besten nur mit Kräutern grillt.

Vorbereitungszeit 10 Minuten
Kochzeit 10 Minuten

4 Portionen
4 Rotbarben, geputzt, je etwa 275g
4 Knoblauchzehen, in dünne Scheiben geschnitten
75ml/5 El. Olivenöl
30ml/2 El. Balsamico-Essig
10ml/2 Tl. frisches Rosmarin, sehr fein gehackt
schwarzer Pfeffer
Meersalzkristalle zum Servieren
Garnitur: frische Rosmarinzweige und Zitronenschnitze

1 Schneiden Sie drei diagonale Schlitze in jeden Fisch. Stecken Sie die Knoblauchscheiben in die Schnitze. Legen Sie die Fische nebeneinander in eine flache Schüssel. Vermischen Sie Öl, Essig, Rosmarin und schwarzen Pfeffer in einer Schüssel.

Variation
Rotbarben schmecken besonders köstlich vom Holzkohlegrill. Es gibt Drahtkörbchen für Fische, damit sie beim Wenden nicht zerfallen.

2 Gießen Sie die Sauce über den Fisch, decken Sie ihn mit Klarsichtfolie ab und lassen Sie ihn 8 Minuten oder länger ziehen. Legen Sie die Fische auf einen Grillrost und heben Sie die Marinade zum Einpinseln auf.

3 Grillen Sie den Fisch 5 Minuten pro Seite und pinseln Sie ihn mit der Marinade ein. Servieren Sie sofort. Streuen Sie Meersalz auf die Rotbarben und garnieren Sie mit Rosmarinzweigen und Zitronen.

Makrelen mit Senf-Zitronen-Butter

Makrelen schmecken frisch am besten. Kaufen Sie nur helle, feste Fische.

Vorbereitungszeit 5 Minuten
Kochzeit 10–12 Minuten

4 Portionen
4 frische Makrelen, je etwa 275g, ausgenommen und geputzt
175–225g junger Spinat
Für die Senf-Zitronen-Butter
115g/ ½ Tasse Butter, geschmolzen
30ml/2 El. Senf mit ganzen Körnern
geriebene Schale einer Zitrone
30ml/2 El. Zitronensaft
45ml/3 El. frische Petersilie, gehackt
Salz und schwarzer Pfeffer

1 Köpfen Sie die Makrelen kurz hinter den Kiemen. Schneiden Sie die Bäuche längs auf. Legen Sie die Fische mit der Haut nach oben.

2 Drücken Sie mit dem Handballen auf die Rückengräte, damit sie sich löst. Wenden Sie die Fische.

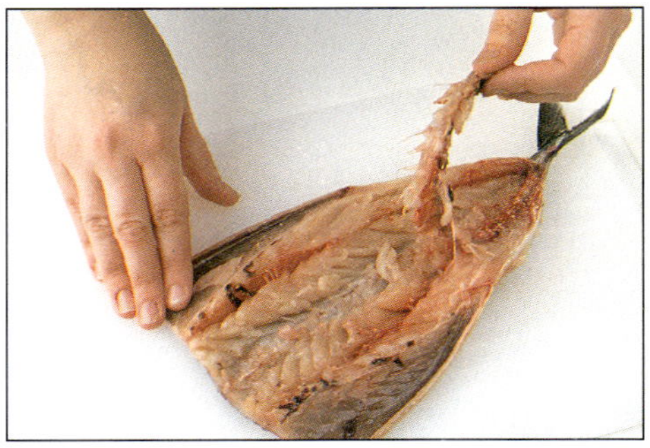

3 Entfernen Sie die Rückengräten. Schneiden Sie die Schwanzflossen ab und halbieren Sie jeden Fisch längs. Waschen und trockentupfen.

4 Schneiden Sie die Haut drei- oder viermal ein, salzen und pfeffern Sie. Vermischen Sie Senf, geschmolzene Butter, Zitronenschale und -saft, Petersilie und Gewürze. Geben Sie die Makrelen auf einen Grillrost. Pinseln Sie etwas Senf-Zitronen-Butter über die Makrelen, die Sie dann 5 Minuten pro Seite bei gelegentlichem Einpinseln gar grillen.

5 Richten Sie den Spinat auf vier großen Tellern an. Geben Sie die Makrelen in die Mitte. Erhitzen Sie die Buttersauce noch einmal, die Sie dann über die Makrelen gießen. Servieren Sie sofort.

Gedünstete Muscheln mit Thai-Kräutern

Das Zitronengras gibt dem Gericht seinen erfrischenden Geschmack.

Vorbereitungszeit 5 Minuten
Kochzeit 5–7 Minuten

4–6 Portionen
1kg Miesmuscheln, geputzt und ohne Bärte
2 Stengel Zitronengras, feingehackt
4 Zwiebeln, gehackt
4 Limonenblätter, grob zerzupft
2 rote Chlischoten, geschnitten
15ml/1 El. Fischsauce
30ml/2 El. Limonensaft
Garnitur: gehackte Frühlingszwiebeln und Korianderblätter

1 Vermischen Sie alle Zutaten außer den Frühlingszwiebeln und dem Koriander in einen Topf.

2 Decken Sie den Topf zu. Dünsten Sie die Muscheln 5–7 Minuten bei mittlerer Hitze. Schütteln Sie den Topf gelegentlich, bis sich die Muscheln öffnen. Muscheln, die sich nicht öffnen, werfen Sie weg.

3 Heben Sie die gekochten Muscheln mit wenig Saft heraus und richten sie auf einer Platte an.

4 Servieren Sie die Muscheln mit gehackter Frühlingszwiebel und Korianderblättern garniert.

CHILI-SCAMPI

Ein scharf gewürzter Hauptgang für ein zwangloses Abendessen. Servieren Sie Nudeln oder Reis und einen Blattsalat dazu.

Vorbereitungszeit 5 Minuten
Kochzeit 15 Minuten

3–4 PORTIONEN
45ml/3 El. Olivenöl
2 Schalotten, gehackt
2 Knoblauchzehen, gehackt
1 rote Chilischote, gehackt
450g reife Tomaten, geschält, entkernt und gehackt
15ml/1 El. Tomatenmark
1 Lorbeerblatt
1 Thymianzweig
90ml/6 El. trockener Weißwein
450g große Scampi, gekocht, geschält
Salz und schwarzer Pfeffer
Garnitur: zerzupfte Basilikumblätter

1 Braten Sie Schalotten, Knoblauch und Chilischote in heissem Öl an, bis die Schalotte anbräunt.

2 Geben Sie Tomaten, Tomatenmark, Lorbeerblatt, Thymian, Wein und Gewürze hinzu. Kochen Sie alles auf und lassen Sie die Sauce 10 Minuten bei gelegentlichem Rühren köcheln und eindicken. Entfernen Sie die Kräuter.

3 Mischen Sie die Scampi in die Sauce und erhitzen sie einige Minuten. Schmecken Sie noch einmal ab. Streuen Sie die Basilikumblätter darüber und servieren Sie sofort.

TIP
Wenn Sie die Scampi nicht ganz so scharf bevorzugen, entfernen Sie vorher die Kerne der Chilischote.

JAKOBSMUSCHELN MIT INGWER

Jakobsmuscheln sind schnell gar und ideal für ein spontanes Essen.

Vorbereitungszeit 6 Minuten
Kochzeit 6–7 Minuten

4 PORTIONEN
8–12 Jakobsmuscheln
40g/3 El. Butter
2,5cm frischer Ingwer, feingehackt
1 Bund Frühlingszwiebeln, diagonal geschnitten
60ml/4 El. weißer Wermuth
250ml/1 Tasse Crème fraîche
Salz und schwarzer Pfeffer
Garnitur: frische Petersilie, gehackt

1 Entfernen Sie den Muskel der Jakobsmuscheln, trennen Sie den Rogen (orangefarbenes Fleisch) vom weißen Fleisch. Halbieren Sie das weiße Muskelfleisch horizontal.

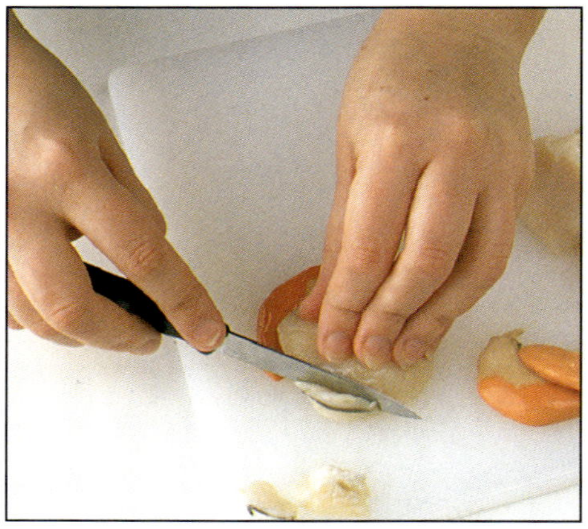

2 Erhitzen Sie die Butter in einer Pfanne. Geben Sie die Jakobsmuscheln inklusive Rogen hinzu, die Sie 2 Minuten sautieren, bis sie leicht angebräunt sind. Kochen Sie die Muscheln nicht zu gar, sonst werden sie zäh. Heben Sie die Muscheln heraus und halten sie auf einer Platte warm.

3 Geben Sie Ingwer und Frühlingszwiebeln in die Pfanne, 2 Minuten anbraten lassen. Gießen Sie den Wermuth dazu und lassen Sie ihn fast vollständig verkochen. Dicken Sie die Sauce mit der Crème fraîche ein. Salzen und pfeffern Sie.

4 Gießen Sie die Sauce über die Muscheln und servieren Sie.

THAILÄNDISCHER SCAMPI-SALAT

Zitronengras gibt dem Salat einen aromatischen, frischen Geschmack.

Vorbereitungszeit 17 Minuten
Kochzeit Keine

4 PORTIONEN
250g extragroße Scampi, gekocht und geschält
15ml/1 El. Fischsauce
30ml/2 El. Limonensaft
7.5ml/1½ Tl. brauner Zucker
1 kleine rote Chlischote, feingehackt
1 Frühlingszwiebel, feingehackt
1 kleine Knoblauchzehe, gepreßt
2,5cm Zitronengras am Stück, feingehackt
30ml/2 El. frischer Koriander, gehackt
45ml/3 El. trockener Weißwein
8–12 kleine Salatblätter als Beilage
Garnitur: frische Korianderzweige

1 Vermischen Sie alle Zutaten außer den Salatblättern in einer Schüssel. Rühren Sie alles um und lassen Sie die Mischung 15 Minuten ziehen. Rühren Sie dabei hin und wieder um.

2 Richten Sie je zwei oder drei Salatblätter auf vier Tellern an.

3 Geben Sie die Scampi-Mischung auf den Salat, garnieren und servieren Sie.

TIP
Anstelle der gekochten können Sie auch rohe Scampi verwenden. Kochen Sie diese in Wasser, bis sich die Schale pink färbt.

FISCH AUF CAJUN-ART

Die ursprünglich aus New Orleans stammende Cajun-Küche wird immer beliebter. Kein Wunder, denn die Gerichte haben eine besondere Würze und sind schnell zu kochen.

Vorbereitungszeit 2–3 Minuten
Kochzeit 10–13 Minuten

4 PORTIONEN
5ml/1 Tl. getrockneter Thymian
5ml/1 Tl. getrocknetes Oregano
5ml/1 Tl. schwarzer Pfeffer
1,5ml/¼ Tl. Cayennepfeffer
10ml/2 Tl. Paprikapulver
2,5ml/½ Tl. Knoblauchsalz
4 Kabeljaufilets (Schwanzstücke), je etwa 175g
75g/⅓ Tasse Butter
½ rote und ½ grüne Paprika, entkernt, geschnitten
Garnitur: frischer Thymian
Beilage: gegrillte Tomaten und Süßkartoffelpüree (nach Wunsch)

1 Vermischen Sie die Kräuter und Gewürze in einer Schüssel gut miteinander. Wälzen Sie den Fisch in der Mischung.

2 Erhitzen Sie 25g/2 El. Butter in einer Pfanne und braten Sie die Paprika darin 5 Minuten an. Stellen Sie das Gemüse anschließend warm.

3 Erhitzen Sie auch die übrige Butter in der Pfanne, bis sie schäumt. Reduzieren Sie die Temperatur etwas und bräunen Sie den Fisch darin 3–4 Minuten pro Seite an.

4 Richten Sie den Kabeljau auf einer Platte an, verteilen Sie die Paprika um den Fisch herum und garnieren Sie mit Thymian. Als Beilage passen gegrillte Tomaten und Süßkartoffelpüree.

TIP
Die Mischung von Kräutern und Gewürzen aus diesem Rezept paßt zu jeder Fischsorte und auch zu Scampi.

SCHNELLE PITTA-PIZZAS

Pitta-Brote sind als Böden für knusprige, dünne Pizzas, die man auch aus der Hand essen kann, sehr geeignet.

Vorbereitungszeit 5 Minuten
Kochzeit 8–10 Minuten

4 PORTIONEN
4 Pitta-Brote
200ml fertige Tomatensauce
225g Mozzarella, geschnitten oder gestückelt
Oregano oder Thymian, getrocknet
Salz und schwarzer Pfeffer
BELAG NACH WAHL, Z.B.
1 kleine rote Zwiebel, dünn geschnitten und angeschwitzt
75g/¾ Tasse Champignons, geschnitten und angebraten
200g Mais aus der Dose, abgegossen
2 Pepperoni, geschnitten
schwarze oder grüne Oliven, entsteint und geschnitten
Kapern, abgegossen

1 Bereiten Sie den Pizzabelag nach Ihrem Geschmack vor.

2 Rösten Sie die Pitta-Brote im Backofengrill beidseitig goldbraun an.

TIP

Vor allem junge Leute essen die Pizzas gerne, weil sie sich den Belag selbst zusammenstellen können. Stellen Sie Speckstreifen für die Fleischesser bereit.

3 Streichen Sie die Tomatensauce bis zu den Rändern auf die Pittas. Das verhindert ein Anbrennen im Grill.

4 Arrangieren Sie den Mozzarella auf den Pittas und streuen Sie Thymian oder Oregano darüber. Würzen Sie mit Salz und Pfeffer.

5 Verteilen Sie Ihren Wunschbelag auf den Pitta-Broten. Grillen Sie die Pizzas 5–8 Minuten, bis der Belag Blasen wirft. Servieren Sie die Pitta-Pizzas sofort.

BAGUETTE-PIZZAS MIT ARTISCHOCKEN

Knusprige Baguettes sind ein idealer Boden für schnelle Pizzas.

Vorbereitungszeit 4 Minuten
Kochzeit 14–16 Minuten

4 PORTIONEN

15ml/1 El. Sonnenblumenöl
1 Zwiebel, gehackt
1 grüne Paprika, entkernt, gehackt
200g Tomatenstücke aus der Dose
15ml/1 El. Tomatenmark
½ großes oder 1 kleines Baguette
400g Artischockenherzen aus der Dose, abgegossen
115g Mozzarella, in Scheiben
15ml/1 El. Mohnsamen
Salz und schwarzer Pfeffer

1 Erhitzen Sie das Öl in einer Pfanne. Braten Sie die Zwiebel und die Paprika 4 Minuten an, bis sie gar, aber noch bißfest sind.

2 Rühren Sie Tomatenstücke und -mark ein. Lassen Sie die Sauce 4 Minuten bei gelegentlichem Rühren kochen. Salzen und pfeffern Sie.

3 Halbieren Sie das Baguette längs, schneiden Sie die Hälften in Viertel, damit Sie 8 Stücke erhalten.

4 Heizen Sie den Grill vor. Verteilen Sie die Paprika-Tomaten-Sauce dünn auf die Baguettes. Schneiden Sie die Artischockenherzen in Scheiben.

5 Arrangieren Sie die Artischockenscheiben auf der Sauce. Legen Sie Mozzarellascheiben darauf und streuen Sie Mohnsamen über die Pizzas.

6 Grillen Sie die Pizzas auf einem Rost über einem Backblech (wegen der tropfenden Sauce). Die Pizzas sind gar, wenn der Käse gut gebräunt ist. Servieren Sie sofort.

Brioche mit Mischpilzen

Gemischte Pilze auf Brioche-Brot sind ein köstliches Mittagessen.

Vorbereitungszeit 3–4 Minuten
Kochzeit 15 Minuten

4 Portionen
75g/ 1/3 Tasse Butter
1 Würfel Gemüsebrühe
450g/4 Tassen Shiitake-Pilze, nur die Köpfe, in Scheiben geschnitten
225g/2 Tassen Champignons, in Scheiben geschnitten
45ml/3 El. trockener Sherry
250ml/1 Tasse Crème fraîche
10ml/2 Tl. Zitronensaft
8 dicke Scheiben Brioche-Brot
Salz und schwarzer Pfeffer
Garnitur: frischer Thymian (optional)

1 Erhitzen Sie die Butter in einem Topf. Bröseln Sie den Brühwürfel dazu. Rühren Sie 30 Sekunden.

Tip

Wenn Sie keine Shiitake-Pilze bekommen, verwenden Sie nur Champignons.

2 Geben Sie die Pilze in den Topf und kochen Sie alles 5 Minuten bei mittlerer Hitze unter gelegentlichem Rühren.

3 Rühren Sie den Sherry hinein. Kochen Sie alles 1 Minute, dann geben Sie Créme fraîche hinzu. Köcheln Sie die Sauce 5 Minuten. Mischen Sie Zitronensaft, Salz und Pfeffer unter. Heizen Sie den Grill vor.

4 Rösten Sie die Brioche-Scheiben im Grill, bis sie auf beiden Seiten angebräunt sind. Löffeln Sie etwas Pilzsoße darauf und grillen Sie die Brioches noch einmal kurz. Als Garnitur paßt frischer Thymian.

Rührei mit Paprika

Vorbereitungszeit 3–4 Minuten
Kochzeit 15 Minuten

4 Portionen
30ml/2 El. Olivenöl
1 Zwiebel, gehackt
1 rote Paprika
1 grüne Paprika
4 Tomaten, geschält und gehackt
1 Knoblauchzehe, gepreßt
4 große Eier (Klasse L)
schwarzer Pfeffer
Beilage: Vollkorntoast

1 Erhitzen Sie Öl in einer Pfanne und schwitzen Sie die Zwiebel glasig an.

2 Entkernen und schneiden Sie die Paprika in dünne Scheiben. Geben Sie die Paprikascheiben zu der Zwiebel und braten Sie alles 5 Minuten an. Fügen Sie Tomaten und Knoblauch hinzu, würzen Sie mit Pfeffer und kochen Sie die Mischung weitere 5 Minuten, bis sie etwas eindickt. Verquirlen Sie die Eier mit 15ml/1 El. Wasser in einer Schüssel.

3 Gießen Sie die Eiermischung über das Gemüse und braten alles 2–3 Minuten unter Rühren an, bis das Rührei die gewünschte Konsistenz hat. Servieren Sie sofort mit Vollkorntoast als Beilage.

Tip
Sie sollten Eier mit Legedatum kaufen, dann können Sie davon ausgehen, daß sie frisch sind. Rühren Sie das Rührei nicht zu oft, sonst wird es bröselig.

Blumenkohl-Brokkoli-Gratin

Brokkoli und Blumenkohl passen gut zueinander, besonders mit der einfachen Joghurt-Sauce.

Vorbereitungszeit 3 Minuten
Kochzeit 11 Minuten

4 Portionen

1 kleiner Blumenkohl, etwa 250g
250g Brokkoli
150ml/²/₃ Tasse Naturjoghurt
115g/1 Tasse geriebener Käse zum Überbacken (Cheddar, Emmentaler)
5ml/1 Tl. Senf mit ganzen Körnern
30ml/2 El. Semmelbrösel oder Paniermehl
Salz und schwarzer Pfeffer

1 Teilen Sie Blumenkohl und Brokkoli in kleine Röschen, die Sie in Salzwasser 8 Minuten bißfest kochen. Gießen Sie das Gemüse ab und geben Sie es in eine Auflaufform.

2 Vermischen Sie Joghurt, Käse und Senf. Würzen Sie mit Pfeffer und gießen Sie die Sauce über das Gemüse. Heizen Sie den Grill vor.

3 Streuen Sie die Semmelbrösel über das Gratin und überbacken Sie es goldbraun. Servieren Sie das Gratin heiß.

Tip

Entfernen Sie die Stiele vom Brokkoli und Blumenkohl, bevor Sie die Röschen kochen. So kann das Gemüse gleichmäßig garen. Ganz zarte Stielstücke können Sie schälen, in Scheiben schneiden und mitkochen.

Weizen-Fenchel-Salat

Vorbereitungszeit 18 Minuten
Kochzeit 2 Minuten

4 Portionen
115g/¾ Tasse Weizenschrot
115g grüne Bohnen, gehackt
1 große Fenchelknolle, feingehackt
1 kleine Orange, geriebene Schale
1 Knoblauchzehe, gepreßt
30–45ml/2–3 El. Sonnenblumenöl
15ml/1 El. Weißweinessig
Salz und schwarzer Pfeffer
Garnitur: gehackte rote oder orangefarbene Paprika

1 Begießen Sie den Weizenschrot mit kochendem Wasser und weichen Sie ihn 10 Minuten ein. Gießen und sieben Sie ihn gut ab. Geben Sie ihn in eine Schüssel.

2 Blachieren Sie die Bohnen in kochendem Wasser 2 Minuten. Mischen Sie Bohnen und Fenchel zum Weizenschrot. Filettieren Sie die Orange, geben Sie die Filets dazu.

3 Vermischen Sie Orangenschale und Knoblauch, gießen Sie Öl und Essig darüber. Salzen und pfeffern Sie und verrühren Sie das Dressing. Gießen Sie das Dressing über den Salat.

4 Wenn möglich, kühlen Sie den Salat 1–2 Stunden vor dem Servieren. Garnieren Sie mit den Paprikastückchen.

STANGENBOHNEN MIT TOMATEN

Junge Stangenbohnen haben noch keine holzigen Fäden an den Seiten. Bei älteren Bohnen sollten Sie diese entfernen („strippen“).

Vorbereitungszeit 2 Minuten
Kochzeit 13–18 Minuten

4 PORTIONEN
675g Stangenbohnen, geschnitten
40g/3 El. Butter
4 reife Tomaten, geschält, gehackt
Salz und schwarzer Pfeffer
Garnitur: frisches Estragon, gehackt

TIP

Bei grünen Prinzeßbohnen, die Sie anstelle der Stangenbohnen verwenden können, sollten Sie die Kochzeit etwas reduzieren.

1 Kochen Sie die Stangenbohnen 3 Minuten in Wasser. Danach gießen Sie gründlich ab.

2 Erhitzen Sie die Butter in einem Topf und geben Sie Tomaten, Bohnen und Gewürze hinein. Köcheln Sie das Gemüse 10–15 Minuten zugedeckt, bis die Bohnen gar sind.

3 Richten Sie das Gemüse in einer vorgewärmten Servierschüssel an und streuen Sie Estragon darüber. Servieren Sie es als Beilage.

ROTE BEETE-SALAT MIT SPINAT

Vorbereitungszeit 5 Minuten
Kochzeit 1 Minute

4–6 PORTIONEN
200g junger Blattspinat
45ml/3 El. helles Olivenöl
5ml/1 Tl. Kreuzkümmelsamen
Saft einer Orange
5ml/1 Tl. Kristallzucker
675g gekochte Rote Beete, gewürfelt
Salz und schwarzer Pfeffer
Garnitur: frische Petersilie, gehackt

1 Richten Sie die Spinatblätter in einer flachen Salatschüssel an.

2 Erhitzen Sie das Öl in einem Topf. Geben Sie Kümmel, Orangensaft und Zucker dazu. Rütteln Sie den Topf hin und wieder.

3 Geben Sie die Rote Beete hinzu und schütteln Sie den Topf.

4 Wenn die Sauce etwas eingezogen ist, löffeln Sie die warmen Rote Beete mit dem Dressing über den Spinat. Streuen Sie die Petersilie darüber. Servieren Sie den Salat als Hauptgericht oder Beilage.

TIP

Bevorzugen Sie frisch gekochte Rote Beete, nicht die eingelegte Ware.

Exotischer Gemüsesalat

Um diesen Salat in der angegebenen Zeit zubereiten zu können, sollten Sie Kartoffeln und Gemüse gleichzeitig kochen.

Vorbereitungszeit 5 Minuten
Kochzeit 12–14 Minuten

4 Portionen
450g kleine Frühkartoffeln
1 kleiner Kopf Blumenkohl, in kleine Röschen zerteilt
225g grüne Bohnen, geputzt
400g Kichererbsen aus der Dose
115g/2 Tassen kleine Brunnenkresse
115g/2 Tassen Bohnensprossen
8 Frühlingszwiebeln, geschnitten
60ml/4 El. Erdnußbutter
150ml/ ⅔ Tasse heißes Wasser
5ml/1 Tl. Chilisauce
10ml/2 Tl. brauner Zucker
5ml/1 Tl. Sojasauce
5ml/1 Tl. Limonensaft

1 Geben Sie die Kartoffeln in einen Topf mit kaltem Wasser. Kochen Sie die Kartoffeln 10–12 Minuten. Prüfen Sie mit einer Gabel oder einer Messerspitze, ob sie schon weich sind. Schütten und schrecken Sie die Kartoffeln ab.

2 Gleichzeitig bringen Sie Salzwasser in einem zweiten Topf zum Kochen. Kochen Sie den Blumenkohl 5 Minuten, dann geben Sie die Bohnen dazu und kochen beide Gemüsesorten noch 5 Minuten. Giessen und schrecken Sie beides ab.

3 Vermischen Sie Blumenkohl, Bohnen und Kichererbsen in einer Schüssel. Halbieren Sie die Kartoffeln. Mischen Sie Kartoffeln, Bohnensprossen, Brunnenkresse und Frühlingszwiebeln vorsichtig unter. Richten Sie den Salat auf Tellern an.

4 Vermischen Sie Erdnußbutter und Wasser in einer Schüssel. Geben Sie Chili- und Sojasauce, Limonensaft und Zucker dazu. Verrühren Sie das Dressing und träufeln Sie es über den Salat. Reichen Sie Zitronenschnitze dazu.

ZUCCHINIPUFFER MIT BLATTSALAT

Dieser ungewöhnliche Salat besteht aus Zucchinipuffern mit Minze, serviert auf einem Bett von Salatblättern mit Balsamico-Dressing.

Vorbereitungszeit 5 Minuten
Kochzeit 6 Minuten

2–3 PORTIONEN
450g Zucchini
75g/1½ Tassen frische Semmelbrösel
1 Ei
Prise Cayennepfeffer
15ml/1 El. frische Minze, gehackt
Öl zum Fritieren
15ml/1 El. Balsamico-Essig
45ml/3 El. Olivenöl extra vergine
200g gemischter Blattsalat
Salz und schwarzer Pfeffer

1 Reiben Sie die Zucchini ohne die Endstücke grob und geben Sie die Masse in ein Sieb. Drücken Sie das Wasser heraus und geben Sie die Zucchini in eine Schüssel.

2 Mischen Sie Semmelbrösel, Ei, Cayennepfeffer, Minze, Salz und Pfeffer dazu. Vermischen Sie alles mit einem Löffel oder mit den Händen gründlich.

3 Formen Sie aus der Gemüsemischung Bällchen in Walnußgröße.

4 Erhitzen Sie das Fritieröl auf 180° C. Ein Weißbrotwürfel sollte darin in 30–40 Sekunden braun werden. Fritieren Sie die Bällchen portionsweise 2 Minuten. Tropfen Sie die Puffer auf Küchenpapier ab.

5 Vermischen Sie Öl, Essig, Salz und Pfeffer zu einem Dressing.

6 Richten Sie den Salat in einer Schüssel an und träufeln Sie das Dressing darüber. Mischen Sie den Salat durch. Geben Sie die Puffer dazu und mischen Sie erneut durch. Servieren Sie sofort, dann sind die Zucchinipuffer noch knusprig.

Kräuteromelette mit Tomatensalat

Ein idealer Snack oder ein leichtes Mittagessen. Die Tomaten sollten frisch und saftig sein.

Vorbereitungszeit 6 Minuten
Kochzeit 6 Minuten

4 Portionen
4 Eier, geschlagen
30ml/2 El. gemischte frische Kräuter, gehackt
Butterlocke
45–60ml/3–4 El. Olivenöl
15ml/1 El. frischer Orangensaft
5ml/1 Tl. Rotweinessig
5ml/1 Tl. körniger Senf
2 große Fleischtomaten, in Scheiben
Salz und schwarzer Pfeffer
Garnitur: frische Kräuterzweige

1 Verquirlen Sie die Eier, Kräuter und Gewürze miteinander. Erhitzen Sie die Butter und etwas Öl in einer Omelette-Pfanne.

2 Wenn das Fett schäumt, gießen Sie die Eiermischung hinein. Lassen Sie das Omelette 5 Minuten stocken, heben Sie es nur selten mit einer Gabel an.

3 In der Zwischenzeit erhitzen Sie das übrige Öl, Orangensaft, Essig, Senf, Salz und Pfeffer in einem kleinen Topf.

4 Rollen Sie das Omelette zusammen und schneiden Sie 1cm lange Stücke sauber ab. Legen Sie die Röllchen auf vorgewärmte Teller.

5 Arrangieren Sie die Tomaten dazu und gießen Sie das warme Dressing darüber. Garnieren Sie mit Kräuterzweigen und servieren Sie.

Käsebruscetta

Vorbereitungszeit 2–3 Minuten
Kochzeit 10–15 Minuten

2–4 Portionen
4 Scheiben leicht trockenes Weißbrot
etwas Butter oder Senf
75g Brie
45ml/3 Tl. Frischkäse
50g Parmesan oder alter Cheddar, gerieben
1 kleine Knoblauchzehe, gepreßt
Salz und schwarzer Pfeffer
Garnitur: schwarze Oliven

Tip

Wenn Sie einen Brie-Käse haben, der einfach nicht laufen will, sind die Bruscetta die perfekte Verwertung dafür. Anstelle der Oliven als Garnitur können Sie auch Preiselbeerkompott dazu reichen.

1 Heizen Sie den Ofen auf 200° C (Gas: Stufe 6) vor. Legen Sie die Brotscheiben auf ein Backblech und streichen Sie Butter oder Senf darauf.

2 Verteilen Sie dünne Scheiben Brie gleichmäßig auf dem Brot.

3 Vermischen Sie Frischkäse, Parmesan oder Cheddar, Knoblauch, Salz und Pfeffer. Bestreichen Sie die Briescheiben und das Brot bis an die Ränder damit.

4 Überbacken Sie die Bruscetta 10–15 Minuten goldbraun. Garnieren Sie mit schwarzen Oliven und servieren Sie sofort.

ZITRONENCAPELLINI MIT KRÄUTERBROT

Die Sahne wird mit geriebenem Parmesan und Zitrone eingedickt – eine perfekte Pastasauce.

Vorbereitungszeit 5 Minuten
Kochzeit 2–12 Minuten

2 PORTIONEN
½ Vollkorn-Baguette
50g/ ¼ Tasse weiche Butter
1 Knoblauchzehe, gepreßt
30ml/2 El. frische Kräuter, gehackt
225g Capellini, getrocknet oder frisch
250ml/1 Tasse Sahne
75g Parmesan-Käse, gerieben
geriebene Schale einer Zitrone
Salz und schwarzer Pfeffer

1 Heizen Sie den Ofen auf 200° C vor (Gas: Stufe 6). Schneiden Sie das Baguette in dicke Scheiben.

2 Vermischen Sie in einer Schüssel Butter, Kräuter und Knoblauch gründlich. Bestreichen Sie die Brotscheiben dick damit.

3 Setzen Sie die Baguettescheiben wieder zu einem Stangenbrot zusammen. Wickeln Sie es in Alufolie und backen Sie es 10 Minuten.

4 In der Zwischenzeit kochen Sie die Nudeln in Salzwasser bißfest. Getrocknete Nudeln benötigen 10–12 Minuten, frische Pasta ist in 2–3 Minuten bißfest.

5 Kochen Sie die Sahne in einem zweiten Topf auf. Rühren Sie den Parmesan und die Zitronenschale unter. Lassen Sie die Sauce noch etwa 30 Sekunden eindicken.

6 Gießen Sie die Pasta ab und vermischen Sie die Nudeln im Topf mit der Sauce. Schmecken Sie ab und garnieren Sie auf Wunsch mit Petersilie und Zitronenschale. Servieren Sie mit dem heißen Kräuterbrot.

Tagliatelle mit Tomaten und Oliven

Die getrockneten Tomaten machen das Gericht würzig, und die Grilltomaten geben ihm Biß.

Vorbereitungszeit 5 Minuten
Kochzeit 10–12 Minuten

4 Portionen
45ml/3 El. Olivenöl
1 Knoblauchzehe, gepreßt
1 kleine Zwiebel, gehackt
60ml/4 El. trockener Weißwein
6 getrocknete Tomaten, gehackt
30ml/2 El. frische Petersilie, gehackt
50g/ ½ Tasse schwarze Oliven, entsteint und halbiert
450g frische Tagliatelle
4 Tomaten, halbiert
Parmesanlocken zum Servieren
Salz und schwarzer Pfeffer

1 Erhitzen Sie 30ml/2 El. Öl in einem Topf. Braten Sie Knoblauch und Zwiebel 2–3 Minuten an. Fügen Sie Wein, getrocknete Tomaten und Petersilie hinzu. Kochen Sie die Sauce 2 Minuten. Rühren Sie die Oliven unter und lassen Sie die Sauce bei geringer Hitze ziehen.

Tip

Für dieses Gericht sollten Sie frischen Parmesan am Stück kaufen und ihn selbst reiben. Der Geschmack ist viel intensiver als bei abgepackten Parmesanstreuseln. Der frische Parmesan sollte nicht zu hart sein.

2 Heizen Sie den Grill vor. Kochen Sie die Tagliatelle 2–3 Minuten in einem großen Topf mit Salzwasser bißfest.

3 Grillen Sie die Tomatenhälften mit dem übrigen Öl bestrichen auf einem Backblech 3–4 Minuten.

4 Wenn die Nudeln an die Oberfläche steigen, sind sie gar. Gießen Sie die Pasta ab und mischen Sie die Sauce dazu. Richten Sie Nudeln und Grilltomaten in einer Schüssel an. Mahlen Sie schwarzen Pfeffer darüber. Garnieren Sie mit Parmesanlocken und servieren Sie.

Pasta mit Brokkoli und Artischocken

Vorbereitungszeit 5 Minuten
Kochzeit 13 Minuten

4 Portionen

105ml/7 El. Olivenöl
1 rote Paprika, geviertelt, entkernt und dünn geschnitten
1 Zwiebel, halbiert und geschnitten
5ml/1 Tl. getrockneter Thymian
45ml/3 El. Sherry-Essig
450g frische oder getrocknete Nudeln, z.B. Penne oder Fusilli
350g Artischockenherzen aus der Dose, abgegossen, dünn geschnitten
150g gekochter Brokkoli, gehackt
20–25 schwarze Oliven, entsteint und gehackt
30ml/2 El. frische Petersilie, gehackt
Salz und schwarzer Pfeffer

1 Erhitzen Sie 30ml/2 El. des Öls in einer beschichteten Pfanne. Braten Sie Paprika und Zwiebel bei geringer Hitze 8–10 Minuten unter gelegentlichem Rühren, bis das Gemüse bißfest ist.

2 Rühren Sie Thymian und Essig unter, kochen Sie die Sauce kurz auf, die Sie dann beiseite stellen.

3 In der Zwischenzeit kochen Sie die Nudeln in Salzwasser bißfest (getrocknete Nudeln brauchen 10–12 Minuten, frische 2–3 Minuten). Gießen Sie die Pasta ab und wenden Sie die Nudeln in einer Servierschüssel in 30ml/2 El. Öl.

4 Geben Sie Artischocken, Brokkoli, Oliven, Petersilie, Paprika und das übrige Öl zu den Nudeln. Salzen und pfeffern Sie. Vermischen Sie alles. Lassen Sie die Pasta noch 5 Minuten oder länger stehen.

Nudeln mit Frühlingsgemüse

Vorbereitungs- und Kochzeit
20 Minuten

4 Portionen
115g/1 Tasse Brokkoliröschen
115g dünner Lauch
225g grüner Spargel, geputzt
1 kleine Fenchelknolle
115g/2 Tassen frische oder TK-Erbsen
40g/3 El. Butter
1 Schalotte, gehackt
45ml/3 El. frische Kräuter, gehackt, z.B. Petersilie, Thymian und Salbei
300ml/1¼ Tassen Crème double
350g getrocknete Penne
Salz und schwarzer Pfeffer
frisch geriebener Parmesan zum Servieren

1 Zerteilen Sie den Brokkoli in kleine Röschen. Schneiden Sie Lauch und Spargel diagonal in 5cm lange Stücke. Putzen und zerkleinern Sie die Fenchelknolle.

2 Kochen Sie das Gemüse in Salzwasser bißfest. Stellen Sie es nach dem Garen warm. Erhitzen Sie die Butter in einem zweiten Topf.

3 Schwitzen Sie die Schalotte in der Butter weich, aber nicht braun an. Rühren Sie Crème double und Kräuter unter und kochen Sie die Sauce noch ein paar Minuten, bis sie etwas eindickt.

4 In der Zwischenzeit kochen Sie die Penne in Salzwasser bißfest. Gießen Sie die Nudeln gut ab. Vermischen Sie die Pasta vorsichtig mit der Sauce und pfeffern Sie.

5 Servieren Sie die Pasta mit Sauce, Gemüse und frisch geriebenem Parmesan.

Roter gebratener Reis

Die rote Zwiebel, die rote Paprika und die Kirschtomaten ergeben sowohl die lebhafte Farbe als auch die köstliche Würze dieses Reisgerichts.

Vorbereitungszeit 3–4 Minuten
Kochzeit 13–15 Minuten

2 Portionen
225g/1 Tasse Basmati-Reis
30ml/2 El. Erdnußöl
1 große rote Zwiebel, gehackt
1 rote Paprika, entkernt, gehackt
350g Kirschtomaten, halbiert
4 Eier, verquirlt
Salz und schwarzer Pfeffer

1 Waschen Sie den Reis mehrmals in kaltem Wasser, gießen Sie ihn ab. Kochen Sie Wasser in einem großen Topf auf, geben Sie den Reis dazu und kochen ihn 10–12 Minuten.

2 Erhitzen Sie das Öl in einem Wok oder einer Pfanne stark. Braten Sie Zwiebel und Paprika unter Rühren 2–3 Minuten. Geben Sie die Kirschtomaten noch 2 Minuten dazu.

3 Gießen Sie die verquirlten Eier auf einmal hinzu. Lassen Sie die Eier 30 Sekunden stocken, dann rühren Sie wiederholt um.

4 Gießen Sie den Reis gut ab, geben Sie ihn in den Wok und erhitzen Sie Reis, Eier und Gemüse 3 Minuten unter Rühren. Schmecken Sie noch einmal ab.

REIS MIT GRÜNEN BOHNEN UND PILZEN

Dies ist die vegetarische Version mit Bohnen und Champignons des traditionellen „Kedgeree", eines britischen Reisgerichts.

Vorbereitungszeit 3–4 Minuten
Kochzeit 16 Minuten

2–3 PORTIONEN
115g/fast ¾ Tasse Basmati-Reis
3 Eier
175g grüne Bohnen, geputzt
50g/ ¼ Tasse Butter
1 Zwiebel, feingehackt
225g/2 Tassen braune Champignons, geviertelt
30ml/2 El. Sahne
15ml/1 El. frische Petersilie, gehackt
Salz und schwarzer Pfeffer

1 Waschen Sie den Reis mehrmals in einer Schüssel in kaltem Wasser, gießen Sie ihn ab. Kochen Sie Wasser in einem großen Topf auf, geben Sie den Reis dazu und kochen Sie ihn 10–12 Minuten bißfest.

2 In der Zwischenzeit füllen Sie einen zweiten Topf zur Hälfte mit Wasser und kochen darin die Eier 8 Minuten sehr hart. Schrecken Sie die Eier mit kaltem Wasser ab und entfernen Sie die Schalen.

3 Kochen Sie in einem dritten Topf die Bohnen 5 Minuten. Gießen und schrecken Sie das Gemüse unter fließendem kaltem Wasser ab.

4 Erhitzen Sie die Butter in einer Pfanne. Braten Sie Pilze und Zwiebel bei mittlerer Hitze 2–3 Minuten.

VARIATION
Braten Sie anstelle der Bohnen 2 zerkleinerte Selleriestangen mit den Zwiebeln. Garnitur: geröstete Mandeln.

5 Gießen Sie den Reis gut ab und rühren Sie ihn mit den Bohnen zur Zwiebelmischung. Braten Sie alles 2 Minuten. Achteln Sie die Eier und geben Sie die Achtel ebenfalls dazu.

6 Rühren Sie Sahne und Petersilie unter, ohne die Eier zu zerbröseln. Erhitzen Sie das Kedgeree, es darf aber nicht mehr kochen.

BLÄTTERTEIGKÖRBCHEN MIT ROTEN FRÜCHTEN

Blätterteig ist sehr leicht und eignet sich für elegante Desserts.

Vorbereitungszeit 8 Minuten
Kochzeit 6–8 Minuten

6 PORTIONEN

3 Lagen Blätterteig (etwa 90g)
15ml/1 El. Sonnenblumenöl
175g/1½ Tassen weiches Beerenobst, z.B. rote Johannisbeeren, Erdbeeren und Himbeeren
250ml/1 Tasse cremiger Joghurt
5ml/1 Tl. Puderzucker

1 Heizen Sie den Ofen auf 200° C (Gas: Stufe 6) vor. Schneiden Sie aus dem Blätterteig 18 Quadrate mit einer Seitenlänge von 10cm. Decken Sie den Teig mit Klarsichtfolie ab, damit er nicht austrocknet.

2 Bestreichen Sie jedes Quadrat dünn mit Öl. Setzen Sie jeweils drei Quadrate mit versetzten Ecken übereinander in eine Muffin-Backform. Backen Sie die Körbchen in 6–8 Minuten knusprig. Lassen Sie die Körbchen anschließend 5–10 Minuten auf einem Drahtgitter auskühlen.

3 Strippen Sie die Johannisbeeren, lassen Sie einige Zweige für die Dekoration intakt. Rühren Sie Johannisbeeren, Erdbeeren und Himbeeren in den Joghurt.

4 Löffeln Sie die Joghurt-Mischung in die Blätterteig-Körbchen. Garnieren Sie mit den reservierten Johannisbeeren und streuen Sie Puderzucker darüber.

VARIATION

Sie können anstelle der hier genannten Beeren auch andere weiche Obstsorten verwenden. Probieren Sie Heidelbeeren, schwarze Johannisbeeren, Bananenscheiben, Nektarinen, Pfirsiche, Kiwis etc.

APFEL-OMELETTE

Sautierte, karamelisierte Äpfel in Soufflé-Teig ergeben ein köstliches, herbstliches Dessert.

Vorbereitungszeit 3–4 Minuten
Kochzeit 8 Minuten

2 PORTIONEN
4 Eier, getrennt
30ml/2 El. Sahne
15ml/1 El. Streuzucker
15g/1 El. Butter
Puderzucker zum Bestäuben
FÜR DIE FÜLLUNG
1 Apfel, geschält, entkernt und in Scheiben geschnitten
25g/2 El. Butter
30ml/2 El. brauner Zucker
45ml/3 El. Sahne

1 Für die Füllung sautieren Sie die Apfelscheiben in Butter und Zucker weich. Rühren Sie die Sahne unter. Stellen Sie die Füllung warm.

2 Verquirlen Sie die Eigelbe mit Sahne und Zucker. Schlagen Sie die Eiweiße steif und heben Sie unter die Eigelbe. Heizen Sie den Grill vor.

3 Erhitzen Sie Butter in einer Pfanne, verteilen Sie den Soufflé-Teig gleichmäßig darin. Braten Sie ihn auf der Unterseite goldbraun an, die Oberfläche backen Sie im Grill ebenfalls goldbraun.

4 Füllen Sie die Apfelmischung auf das Omelett und klappen Sie es zusammen. Bestäuben Sie es mit Puderzucker. Ein heißer Metallspieß sorgt für das Karomuster.

FLAMBIERTE ANANAS

Beim Flambieren wird erst Alkohol zugegeben, dem man dann anzündet, damit der Alkoholgeschmack nicht zu dominant ist.

Vorbereitungszeit 5 Minuten
Kochzeit 1–2 Minuten

4 PORTIONEN
1 große reife Ananas
40g/3 El. Butter
40g/3 El. brauner Zucker (Rohzucker)
60ml/4 El. frischer Orangensaft
30ml/2 El. Weinbrand
25g/2 El. geröstete Mandelscheiben

1 Schneiden Sie bei der Ananas die Endstücke ab. Schälen Sie die Frucht und stechen Sie die schwarzen „Augen" heraus. Die Frucht sollte dabei ganz bleiben.

2 Schneiden Sie die Ananas in dünne Scheiben. Stechen Sie den holzigen Kern heraus.

3 Erhitzen Sie Butter, Orangensaft und Zucker in einer großen Pfanne. Kochen Sie die Ananasscheiben eine Minute unter einmaligem Wenden in der Flüssigkeit.

4 Gießen Sie den Weinbrand hinzu und zünden Sie ihn sofort an. Wenn die Flammen ausgehen, streuen Sie Mandelscheiben darüber. Servieren Sie mit Eis oder Joghurt.

HEISSE BIRNEN IN CIDRE

Vorbereitungs- und Kochzeit
20 Minuten

4 PORTIONEN
1 Zitrone
50g/ ¹/₄ Tasse Streuzucker
etwas geriebene Muskatnuß
250ml/1 Tasse süßer Cidre
4 feste, reife Birnen

1 Schälen Sie die Zitrone dünn, lassen Sie die weiße Haut intakt. Pressen Sie die Zitrone aus.

2 Geben Sie Zitronensaft und -schale, Zucker, Muskatnuß und Cidre in einen Topf und erhitzen Sie alles, bis sich der Zucker auflöst.

3 Schälen Sie die Birnen vorsichtig, lassen Sie möglichst die Stengel an den Früchten. Pochieren Sie die Birnen in der Cidre-Sauce bei mittlerer Hitze 10–15 Minuten unter häufigem Drehen, bis sie fast weich, aber noch bißfest sind.

4 Richten Sie die Birnen ohne Sauce auf vier Tellern an. Lassen Sie die Cidre-Sauce bei hoher Hitze etwas reduzieren und zu Sirup eindicken.

5 Gießen Sie den heißen Sirup über die Birnen und servieren Sie sofort mit frischer Vanillesauce, Eis oder geschlagener Sahne.

TIP

Am besten kaufen Sie für dieses Dessert Birnen, die noch nicht ganz reif und sehr hart sind, und lassen Sie ein paar Tage liegen. Weiche Birnen sind für dieses Rezept nicht geeignet.

Obstsalat in Melonenhälften

Ein raffinierter, aber einfacher Obstsalat für jede Jahreszeit.

Vorbereitungszeit 20 Minuten
Kochzeit 30 Sekunden

6 Portionen
3 Galia- oder kleine Netzmelonen
115g/1 Tasse grüne kernlose Trauben
2 Kiwis
1 Sternfrucht (Karambole)
1 grüner Apfel (Granny Smith)
1 Limone
175ml/¾ Tasse heller Traubensaft mit Kohlensäure

1 Halbieren Sie die Melonen und löffeln Sie die Kerne heraus. Mit einem Melonenausstecher oder einem Löffel entfernen Sie das Fruchtfleisch, lassen aber die Schale intakt. Würfeln Sie das Fruchtfleisch.

2 Entfernen Sie die Stengel von den Trauben. Große Früchte halbieren Sie. Schälen und zerkleinern Sie die Kiwis. Schneiden Sie die Sternfrucht in dünne Scheiben. Entkernen und schneiden Sie den Apfel in Scheiben. Mischen Sie nun das gesamte Obst in einer Schüssel.

3 Schälen Sie die Limone dünn. Schneiden Sie die Schale in feine Streifen, etwa 30 Sekunden in kochendem Wasser blanchieren, dann abgießen und mit kaltem Wasser abspülen. Pressen Sie die Limone aus, gießen Sie den Saft über das Obst.

4 Löffeln Sie das Obst in die Melonenhälften. Sie können den Salat noch in den Kühlschrank stellen oder ihn sofort servieren. Träufeln Sie den Traubensaft darüber und garnieren Sie mit Limonenschale.

Tip

An einem heißen Sommertag können Sie die gefüllten Melonenhälften auf zerstoßenem Eis servieren – ein wunderbar kühles Dessert.

PFLAUMEN-ORANGEN-SCHÄLCHEN

Ein einfaches Dessert mit Zutaten aus dem Vorratsschrank. Am besten schmeckt es, wenn Sie die Schälchen eine halbe Stunde kühlen.

Vorbereitungszeit 4 Minuten
Kochzeit 7 Minuten

4 PORTIONEN

225g/1 Tasse getrocknete Pflaumen
150ml/⅔ Tasse frischer Orangensaft
250ml/1 Tasse Naturjoghurt
Garnitur: Orangenschale in dünnen Streifen

VARIATION

Dieses Dessert kann mit verschiedenen Trockenfrüchten zubereitet werden, z.B. Aprikosen oder Pfirsiche. Ein Spritzer Weinbrand oder Cointreau in den Joghurt gibt den besonderen Pfiff.

1 Entsteinen und hacken Sie die Pflaumen grob. Geben Sie die gehackten Pflaumen mit dem Orangensaft in einen Topf.

2 Kochen Sie den Saft unter Rühren auf. Lassen Sie die Pflaumen bei geringer Hitze 5 Minuten köcheln, bis sie weich sind und die Flüssigkeit auf die Hälfte reduziert.

3 Ziehen Sie den Topf vom Herd, lassen Sie ihn etwas abkühlen. Zerdrücken Sie die Pflaumen mit einem Holzlöffel zu grobem Mus.

4 Geben Sie das Mus in eine Schüssel. Heben Sie den Joghurt mit einem Löffel vorsichtig unter, damit die Creme wie marmoriert aussieht.

5 Löffeln Sie die Creme in hohe Gläser oder Schälchen. Glätten Sie die Oberfläche, aber zerstören Sie dabei nicht den Marmor-Effekt.

6 Blanchieren Sie die Orangenschale in kochendem Wasser. Nach dem Abgießen garnieren Sie die Creme damit. Kühlen Sie das Dessert wenn möglich oder servieren Sie.

CREME BRULÉE MIT ORANGENJOGHURT

Ein luxuriöses Dessert, aber viel kalorienärmer als die klassische Crème brûlée, die mit Sahne, Eiern und viel Zucker gemacht wird.

Vorbereitungszeit 6–8 Minuten
Kochzeit 3–4 Minuten

4 PORTIONEN
2 Orangen
150ml/⅔ Tasse cremiger Joghurt
60ml/4 El. Crème fraîche
45ml/3 El. brauner Streuzucker
30ml/2 El. Karamelzucker

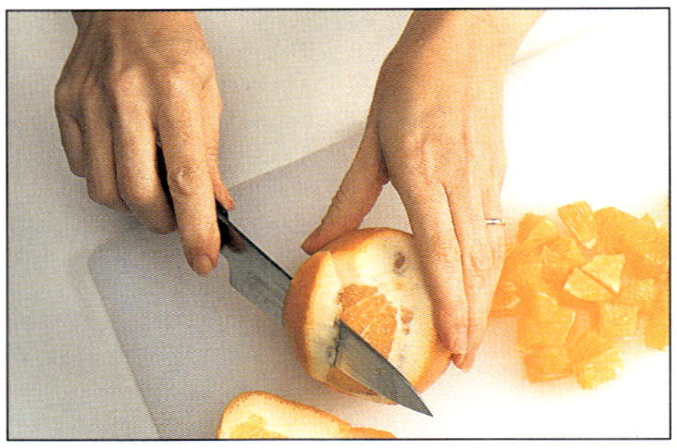

1 Schälen Sie die Orangen, entfernen Sie die weiße Haut und hacken Sie das Fruchtfleisch. Wenn Sie Zeit haben, filettieren Sie die Orangen und hacken Sie die Filets.

2 Verteilen Sie die Orangen in vier feuerfeste Förmchen. Verrühren Sie Joghurt und Crème fraîche und löffeln Sie die Creme über die Orangen. Heizen Sie den Grill vor.

3 Vermischen Sie die beiden Zuckersorten und streuen sie dick und gleichmäßig über die Creme.

4 Backen Sie die Förmchen bei hoher Hitze 3–4 Minuten, bis der Zucker schmilzt und goldbraun wird. Sie können das Dessert heiß oder kalt servieren.

TIP

Für eine noch kalorienärmere Version können Sie auch 250ml/1 Tasse Magerjoghurt für die Mischung aus Crème fraîche und Cremejoghurt verwenden.

GEGRILLTE NEKTARINEN MIT RICOTTA

Dieses einfache Dessert paßt in jede Jahreszeit. Sie können auch eingelegte Pfirsichhälften verwenden.

Vorbereitungszeit 3 Minuten
Kochzeit 6–8 Minuten

4 PORTIONEN

4 reife Nektarinen
115g/ 1/2 Tasse Ricotta-Käse oder Frischkäse
15ml/1 El. Karamelzucker
2,5ml/ 1/2 Tl. gemahlener Anis

1 Halbieren und entsteinen Sie die Nektarinen.

2 Legen Sie die Früchte mit der Schnittfläche nach oben in eine feuerfesten Form (oder Backblech).

TIP

Anis hat ein intensives Aroma. Sie können auch gemahlene Gewürznelken oder eine Würzmischung verwenden.

3 Rühren Sie den Zucker in einer Schüssel in den Ricotta oder Frischkäse. Mit einem Teelöffel füllen Sie die Nektarinenhälften mit der Creme. Heizen Sie den Grill vor.

4 Streuen Sie den Anis darüber. Backen Sie die Nektarinen 6–8 Minuten im Grill, bis die Früchte heiß sind und Blasen werfen. Servieren Sie das Dessert heiß.

30-MINUTEN-REZEPTE

Mittlerweile dürften Ihnen 30 Minuten Zubereitungszeit wie der pure Luxus erscheinen. Die Rezepte in diesem Kapitel sind so köstlich und kreativ, daß Sie schon 10 Minuten mit der Auswahl des gewünschten Gerichts verschwenden könnten. Sollen es Putenspieße mit Gazpacho-Sauce, Entenbrust in Calvados oder Seezunge mit Limonenmayonnaise sein? Lassen Sie aber noch Platz für Nektarinentörtchen oder ein Amaretto-Soufflé.

BRUNNENKRESSE-ORANGEN-SUPPE

Diese erfrischende, gesunde Suppe schmeckt warm und kalt.

Vorbereitungszeit 5 Minuten
Kochzeit 20 Minuten

4 PORTIONEN
15ml/1 El. Olivenöl
1 große Zwiebel, gehackt
2 Bund oder Schalen Brunnenkresse
geriebene Schale und Saft einer Orange
600ml/2½ Tassen Gemüsebrühe
150ml/⅔ Tassen Sahne
10ml/2 Tl. Maismehl
Salz und schwarzer Pfeffer
Garnitur: halbsteif geschlagene Sahne
4 Orangenschnitze zum Servieren

1 Erhitzen Sie das Öl in einem großen Topf und schwitzen Sie die Zwiebel an. Entfernen Sie harte Stiele von der Kresse. Geben Sie die Brunnenkresse im Ganzen zu der Zwiebel. Kochen Sie alles 5 Minuten.

2 Geben Sie Orangenschale und -saft hinzu, gießen Sie die Gemüsebrühe darüber. Kochen Sie die Brühe auf und köcheln Sie die Suppe zugedeckt 10 Minuten. Pürieren Sie die Suppe mit einem Mixer. Vermischen Sie Sahne und Maismehl und geben Sie beides sowie Salz und Pfeffer zur pürierten Suppe in den Topf.

3 Kochen Sie die Suppe langsam wieder auf, rühren Sie um, bis sie etwas eindickt. Schmecken Sie ab und servieren Sie die Suppe mit etwas halbsteif geschlagener Sahne. Reichen Sie Orangenschnitze zum Auspressen bei Tisch dazu.

PILZSUPPE MIT KRÄUTERN

Die meisten Pilzsuppen sind sehr cremig. Das kostet aber Zeit und Sie benötigen deutlich mehr Pilze. Genießen Sie lieber diese leichte Variante.

Vorbereitungszeit 5 Minuten
Kochzeit 20 Minuten

4 PORTIONEN

50g geräucherte, durchzogene Speckscheiben ohne Rinde
1 weiße Zwiebel, gehackt
15ml/1 El. Sonnenblumenöl
350g/3 Tassen Wiesenchampignons oder gemischte braune Waldpilze
600ml/2½ Tassen Rinderbrühe
30ml/2 El. süßer Sherry
30ml/2 El. frische Kräuter, gehackt, oder 10ml/2 Tl. getrocknete Kräuter
Salz und schwarzer Pfeffer
60ml/4 El. Cremejoghurt oder Crème fraîche
Garnitur: Majoran- oder Salbeizweige

1 Hacken Sie den Speck grob und braten Sie ihn in einem großen Topf an, bis das Fett austritt.

2 Geben Sie Zwiebel und Öl dazu und schwitzen Sie alles an. Putzen und hacken Sie die Pilze, die Sie ebenfalls in den Topf geben. Decken Sie den Topf zu und kochen Sie die Pilze bei geringer Hitze, bis sie weich sind und Saft austritt.

3 Geben Sie Rinderbrühe, Sherry und Kräuter dazu und lassen Sie die Suppe zugedeckt 10–12 Minuten köcheln. Pürieren Sie die Suppe zwar glatt, aber nicht cremig. Sie sollte eine feste Konsistenz haben.

4 Erhitzen Sie die Suppe erneut im Topf. Garnieren Sie mit Joghurt oder Crème fraîche obenauf und je einem Kräuterzweig.

Karottensuppe mit Koriander

Karottensuppe schmeckt am besten mit jungen, kleinen Karotten. Bei älterem Gemüse benötigen Sie eine größere Menge, um den vollen Geschmack zu erhalten.

Vorbereitungszeit 5 Minuten
Kochzeit 20–25 Minuten

5–6 Portionen
1 Zwiebel, gehackt
15ml/1 El. Sonnenblumenöl
675g Karotten, gehackt
900ml/3¾ Tassen Hühnerbrühe
einige Zweige frischer Koriander oder 5ml/1 Tl. getrockneter Koriander
5ml/1 Tl. Zitronenschale
30ml/2 El. Zitronensaft
Salz und schwarzer Pfeffer
Garnitur: frische Petersilie oder Koriander, gehackt

1 Schwitzen Sie die Zwiebel in Öl in einem Topf an. Geben Sie Karotten, Brühe, Koriander, Zitronenschale und -saft, Salz, Pfeffer dazu.

2 Kochen Sie die Suppe zugedeckt 15–20 Minuten. Wenn die Karotten weich sind, pürieren Sie die Suppe in einem Mixer oder einer Küchenmaschine und füllen sie wieder in den Topf. Schmecken Sie ab.

3 Erhitzen Sie die Suppe erneut und streuen Sie vor dem Servieren Petersilie oder Koriander darüber.

Maiseintopf mit Shrimps

Dieser schnelle, einfache Eintopf ist perfekt für informelle Einladungen.

Vorbereitungszeit 3 Minuten
Kochzeit 23 Minuten

4 Portionen
15g/1 El. Butter
1 Zwiebel, gehackt
300g Mais aus der Dose
30ml/2 El. Zitronensaft
300ml/1¼ Tassen Fischbrühe
115g/1 Tasse gekochte, geschälte Shrimps
300ml/1¼ Tassen Milch
15–30ml/1–2 El. Sahne
Salz und schwarzer Pfeffer
Garnitur: 4 große Scampi in der Schale, Dill- oder Petersilienzweige

1 Schwitzen Sie die Zwiebel in Butter in einem Topf glasig an. Geben Sie den halben Mais, die ganze Dosenflüssigkeit, Zitronensaft, Brühe und die Hälfte der Shrimps dazu.

2 Lassen Sie die Suppe zugedeckt 15 Minuten köcheln. Pürieren Sie die Suppe in einem Mixer.

3 Füllen Sie die Suppe in den Topf zurück, gießen Sie die Milch dazu. Hacken Sie die übrigen Shrimps und geben Sie diese, Mais und Sahne hinzu. Salzen und pfeffern Sie. Kochen Sie die Suppe noch 5 Minuten, bis sie genug reduziert ist.

4 Füllen Sie die Suppe in vorgewärmte Teller. Garnieren Sie jeden Teller mit einer ganzen Krabbe und einem Kräuterzweig. Reichen Sie nach Wunsch warmes Ciabatta dazu.

Thailändische Hühnersuppe

Vorbereitungszeit 4 Minuten
Kochzeit 23–24 Minuten

4 Portionen

15ml/1 El. Pflanzenöl
1 Knoblauchzehe, feingehackt
2 Hühnerbrüste, ohne Haut und Knochen, je etwa 175g, gehackt
2,5ml/ ½ Tl. Kurkuma, gemahlen
1,5ml/ ¼ Tl. scharfes Chilipulver
75g/ ½ Tasse Kokosfleisch, gepreßt
900ml/3¾ Tassen Hühnerbrühe, heiß
30ml/2 El. Zitronen- oder Limonensaft
30ml/2 El. Erdnußbutter
50g/1 Tasse getrocknete Eiernudeln, in kleinen Stücken
15ml/1 El. Frühlingszwiebeln, gehackt
15ml/1 El. frischer Koriander, gehackt
Salz und schwarzer Pfeffer
Garnitur: Kokosflocken und eine feingehackte rote Chilischote

1 Bräunen Sie den Knoblauch in Öl in einem großen Topf 1 Minute an. Geben Sie Huhn und Gewürze hinzu. Braten Sie 3–4 Minuten.

2 Bröseln Sie das Kokosfleisch in die heiße Hühnerbrühe und lösen Sie es durch Rühren auf. Geben Sie Brühe, Zitronensaft, Erdnußbutter und Nudeln zum Huhn in den Topf.

3 Köcheln Sie die Suppe zugedeckt 15 Minuten. Geben Sie Koriander, Frühlingszwiebel, Pfeffer, Salz hinzu. Noch 5 Minuten kochen.

4 In der Zwischenzeit bräunen Sie die Kokosflocken und die Chilischote in einer kleinen Pfanne 2–3 Minuten unter Rühren an

5 Streuen Sie Kokosflocken und Chilischoten über die Suppe.

PASTA E FAGGIOLI

Servieren Sie diesen herzhaften, italienischen Hauptgang mit Pesto-Crôutons aus Baguette.

Vorbereitungszeit 8 Minuten
Kochzeit 18 Minuten

4 PORTIONEN
15ml/1 El. Öl
1 Zwiebel, gehackt
2 Selleriestangen, dünn geschnitten
2–3 Knoblauchzehen, gepreßt
2 Lauchstangen, dünn geschnitten
425g rote Kidney- oder gemischte Bohnen aus der Dose
600ml/2½ Tassen Gemüsebrühe
400g Pepperoni aus dem Glas
45–60ml/3–4 El. Tomatenmark
115g/1 Tasse Suppennudeln
4 Scheiben Baguette
15ml/1 El. Pestosauce aus dem Glas
115g/⅔ Tasse Babymais, halbiert
50g/½ Tasse Brokkoli- und Blumenkohlröschen
einige Tropfen Tabasco
Salz und schwarzer Pfeffer

1 Heizen Sie den Ofen auf 200° C vor. Erhitzen Sie Öl in einem Topf und schwitzen Sie Zwiebel, Sellerie, Knoblauch und Lauch bei mittlerer Hitze 2 Minuten an.

2 Geben Sie die abgegossenen Bohnen und die Gemüsebrühe in den Topf. Kochen Sie die Brühe auf. Decken Sie den Topf zu und lassen Sie die Suppe bei geringer Hitze 10 Minuten köcheln.

3 In der Zwischenzeit pürieren Sie die Pepperoni mit Saft und geben sie in den Topf. Rühren Sie Tomatenmark und Nudeln hinein und kochen Sie die Suppe 15 Minuten.

4 Für die Pesto-Coûtons bestreichen Sie die Baguettescheiben mit der Pesto-Sauce und backen sie in 10 Minuten knusprig.

5 Wenn die Nudeln fast gar sind, geben Sie den Babymais, Brokkoli und Blumenkohl in die Suppe. Schmecken Sie mit Tabasco, Salz und Pfeffer ab. Erhitzen Sie die Suppe noch 2–3 Minuten und servieren Sie sofort mit den Pesto-Croûtons.

Blumenkohlcremesuppe mit Walnüssen

Obwohl gar keine Sahne in der Suppe ist, wird sie durch den Blumenkohl köstlich cremig.

Vorbereitungszeit 2–3 Minuten
Kochzeit 20 Minuten

4 Portionen
1 Blumenkohl
1 Zwiebel, grob gehackt
450ml/fast 2 Tassen Hühner- oder Gemüsebrühe
450ml/fast 2 Tassen Milch
45ml/3 El. Walnußstückchen
Salz und schwarzer Pfeffer
Garnitur: Paprikapulver und gehackte Walnüsse

1 Teilen Sie den Blumenkohl ohne die äußeren Blätter in Röschen. Geben Sie diese, Zwiebeln und Brühe in einen Topf. Kochen Sie die Suppe auf, lassen Sie sie 15 Minuten zugedeckt bei geringer Hitze köcheln.

2 Pürieren Sie die Mischung unter Beigabe von Milch und Walnüssen mit einem Mixer oder einer Küchenmaschine (evtl. portionsweise).

Variation
Mandelstücke ersetzen die Walnüsse.

3 Geben Sie die Mischung in den ausgespülten Topf zurück, würzen Sie mit Salz und Pfeffer und kochen Sie die pürierte Suppe noch einmal auf. Servieren Sie in vorgewärmten Suppentellern und streuen Sie etwas Paprikapulver und gehackte Walnüsse darüber.

Karotten-Apfel-Suppe mit Curry

Vorbereitungszeit 5 Minuten
Kochzeit 20 Minuten

4 Portionen
10ml/2 Tl. Sonnenblumenöl
15ml/1 El. mildes Currypulver oder -paste
500g Karotten, gehackt
1 große Zwiebel, gehackt
1 Apfel, gehackt
750ml/3 Tassen Hühner- oder Gemüsebrühe
Salz und schwarzer Pfeffer
Garnitur: Naturjoghurt und Karottenlöckchen

Tip
Am besten passen saure Apfelsorten zur Suppe, z.B. Boskop oder auch Granny Smith. Sie müssen den Apfel nicht unbedingt schälen, sollten ihn aber in sehr kleine Stücke hacken.

1 Braten Sie das Currypulver in heißem Öl 2–3 Minuten an.

2 Geben Sie Karotten, Zwiebel und Apfel unter Rühren dazu.

3 Lassen Sie die Suppe zugedeckt 15 Minuten bei geringer Hitze weich kochen. Rütteln Sie den Topf dabei gelegentlich. Pürieren Sie die Mischung mit der Hälfte der Brühe in einer Küchenmaschine glatt.

4 Füllen Sie die Suppe in den Topf zurück und geben Sie die übrige Brühe hinzu. Kochen Sie die Suppe erneut auf und schmecken Sie ab. Servieren Sie heiß mit Joghurt und Karottenlöckchen garniert.

Chinesische Knoblauchpilze

Tofu, der asiatische Sojaquark, ist reich an pflanzlichem Eiweiß und zudem sehr fettarm. Tofu ist eine würzige Füllung für die Pilze.

Vorbereitungszeit 5 Minuten
Kochzeit 15–20 Minuten

4 Portionen

8 große Schirmpilze (z.B. große Champignons, feste Shiitake, etc.)
3 Frühlingszwiebeln, geschnitten
1 Knoblauchzehe, gepreßt
30ml/2 El. Austernsauce
285g eingelegter Tofu, klein gewürfelt
200g Mais aus der Dose, abgegossen
10ml/2 Tl. Sesamöl
Salz und schwarzer Pfeffer

1 Heizen Sie den Ofen auf 200° C vor. Hacken Sie die Pilzstiele, die Sie mit Frühlingszwiebeln, Knoblauch und Austernsauce vermischen.

2 Rühren Sie Tofuwürfel und Maiskörner unter, salzen und pfeffern Sie ausreichend. Füllen Sie die Pilze mit der Mischung

3 Pinseln Sie die Ränder der Pilze mit Sesamöl ein. Backen Sie die Pilze auf einem Backblech 15–20 Minuten, bis sie weich sind. Servieren Sie sofort.

Tip

Sie können anstelle der Austernsauce auch helle Sojasauce verwenden.

MIESMUSCHELN MIT SAHNE UND PETERSILIE

Vorbereitungszeit 10–12 Minuten
Kochzeit 10 Minuten

2 PORTIONEN
675g Miesmuscheln mit Schale
1/2 Fenchelknolle, feingehackt
1 Schalotte, feingehackt
45ml/3 El. trockener Weißwein
45ml/3 El. Sahne
30ml/2 El. frische Petersilie, gehackt

1 Putzen Sie die Muscheln gründlich unter fließendem kaltem Wasser. Entfernen Sie die Bärte und werfen Sie geöffnete Exemplare weg.

2 Legen Sie die Muscheln in einen weiten Topf mit Deckel. Geben Sie Fenchel, Schalotte und Wein darüber. Dämpfen Sie die Muscheln zugedeckt bei mittlerer Hitze 3–5 Minuten, bis sie sich öffnen. Rütteln Sie den Topf gelegentlich.

3 Heben Sie die Muscheln heraus und entfernen Sie die obere Schalenhälfte. Werfen Sie noch geschlossene Muscheln weg. Richten Sie die Muscheln auf einer Servierplatte an. Halten Sie die Platte warm.

4 Legen Sie eine doppelte Lage eines Baumwolltuchs oder ein sauberes Küchenhandtuch in ein Sieb. Gießen Sie die Kochflüssigkeit der Muscheln in einen sauberen Topf durch. Kochen Sie die Brühe auf.

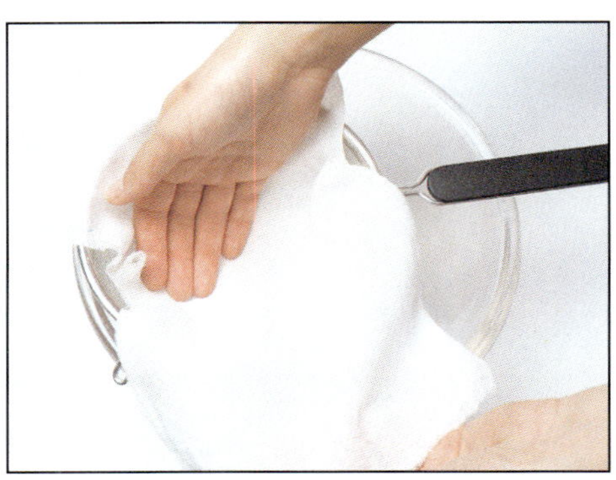

5 Rühren Sie die Sahne unter und lassen Sie die Sauce 3 Minuten reduzieren. Streuen Sie die Petersilie hinein. Löffeln Sie die Sauce über die Muschelhälften und streuen Sie nach Wunsch etwas Pfeffer darüber. Servieren Sie sofort.

Rote Beete-Salat mit Rollmops

Frische Rote Beete werden als Salatzutat oft unterschätzt.

Vorbereitungszeit 5–6 Minuten
Kochzeit Keine

4–6 Portionen
350g gekochte Rote Beete, ohne Schale und in dicken Scheiben
30ml/2 El. Vinaigrette (Fertigprodukt)
4 Rollmöpse, abgegossen
350g gekochte Salatkartoffeln, in dicken Scheiben
1/2 kleine rote Zwiebel, in dünnen Ringen
150ml/ 2/3 Tasse Sauerrahm
30ml/2 El. Schnittlauchröllchen
Beilage: dunkles Roggenbrot

1 Mischen Sie das Dressing unter die Rote Beete. Richten Sie die Rollmöpse mit Roter Beete, Kartoffeln und Zwiebel auf vier Tellern an.

2 Geben Sie je einen großen Löffel Sauerrahm dazu und streuen Sie Schnittlauchröllchen darüber. Als Beilage paßt dunkles Roggenbrot.

Knoblauchscampi in Blätterteig

Knusprige Blätterteigkörbchen mit Knoblauchscampi sind als Vorspeise die reine Verführung.

Vorbereitungszeit 8 Minuten
Kochzeit 10–15 Minuten

4 Portionen
50g/ 1/4 Tasse Butter, geschmolzen
2–3 große Lagen Blätterteig
Für die Füllung
115g/ 1/2 Tasse Butter
2–3 Knoblauchzehen, gepreßt
1 rote Chilischote, entkernt, gehackt
350g gekochte, geschälte Scampi
30ml/2 El. frische Petersilie, gehackt, oder frische Schnittlauchröllchen
Salz und schwarzer Pfeffer

1 Heizen Sie den Ofen auf 200° C (Gas: Stufe 6) vor. Fetten Sie vier Törtchenformen (7,5cm) mit der geschmolzenen Butter ein.

2 Schneiden Sie den Blätterteig in zwölf Quadrate mit 10cm Seitenläge und pinseln Sie Butter darauf.

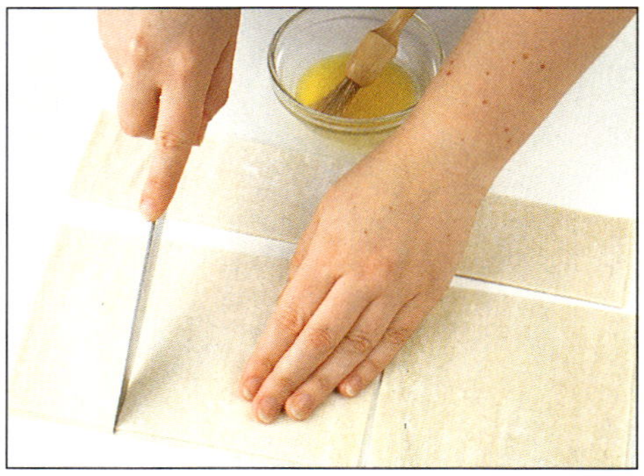

3 Legen Sie je drei Quadrate mit versetzten Ecken in ein Förmchen. Drücken Sie den Teig so an die Förmchenränder, daß möglichst keine Zwischenräume entstehen. Backen Sie die Körbchen in 10–15 Minuten goldbraun.

4 In der Zwischenzeit bereiten Sie die Füllung. Erhitzen Sie die Butter in einer Pfanne und braten Sie Knoblauch, Chili und Scampi 1–2 Minuten durch. Rühren Sie die frischen Kräuter unter und würzen Sie.

5 Heben Sie die Törtchen aus den Formen und richten sie auf vier Tellern an. Löffeln Sie die Füllung hinein und servieren Sie.

Tip
Verwenden Sie lieber frischen als gefrorenen Blätterteig.

Gebackene Eier mit Sahnelauch

Vor allem die Franzosen schätzen die Vielseitigkeit von Eierspeisen. Dieses Rezept kann man auch mit anderen Gemüsesorten zubereiten, z.B. mit Rahmspinat oder Ratatouille.

Vorbereitungszeit 2 Minuten
Kochzeit 17–20 Minuten

4 Portionen

15g/1 El. Butter, etwas mehr zum Einfetten
225g dünne Lauchstangen, in kleine Ringe geschnitten (etwa 2 Tassen)
75–90ml/5–6 El. Sahne
frisch geriebene Muskatnuß
4 Eier
Salz und schwarzer Pfeffer

1 Heizen Sie den Ofen auf 190° C (Gas: Stufe 5) vor. Buttern Sie vier Auflauf- oder Souffléförmchen großzügig ein. Stellen Sie die Förmchen beiseite, während Sie den Lauch kochen.

2 Erhitzen Sie die Butter in einer kleinen Pfanne und braten Sie den Lauch bei mittlerer Hitze an. Er sollte weich, aber nicht gebräunt sein.

3 Geben Sie 3 El. Sahne hinzu und kochen Sie die Mischung 5 Minuten, bis der Lauch sehr weich ist und die Sahne eindickt. Würzen Sie mit Salz, Pfeffer und Muskatnuß.

4 Stellen Sie die Förmchen auf ein hohes Backblech und verteilen Sie die Lauch-Sahne-Mischung. Schlagen Sie je ein Ei in die Mitte. Löffeln Sie 5–10ml/1–2 Tl. Sahne über jedes Ei. Würzen Sie noch einmal.

5 Gießen Sie kochendes Wasser in das Backblech, bis die Förmchen zur Hälfte im Wasser stehen. Backen Sie die Eier 10 Minuten, bis das Eiweiß stockt, das Eigelb aber noch weich ist (Wenn Sie harte Eier mögen, backen Sie etwas länger). Servieren Sie sofort.

Birnen mit Käsefüllung

Die cremig gefüllten Birnen sind mit einem einfachen Beilagensalat ein großartiges Gericht.

Vorbereitungszeit 5 Minuten
Kochzeit 23 Minuten

4 Portionen

50g/ 1/4 Tasse Ricotta
50g/ 1/4 Tasse süßer Frischkäse
15ml/1 El. klarer Honig
1/2 Selleriestange, feingeschnitten
8 grüne Oliven, entsteint und grob gehackt
4 Datteln, entsteint und in Streifen geschnitten
Prise Paprikapulver
150ml/ 2/3 Tassen Apfelsaft
Beilage: Grüner Salat

1 Heizen Sie den Ofen auf 200° C (Gas: Stufe 6) vor. Bröseln Sie den Frischkäse zum Ricotta in eine Schüssel. Mischen Sie alle Zutaten außer dem Apfelsaft und den Birnen dazu und rühren Sie gut durch.

2 Halbieren Sie die Birnen längs und stechen Sie das Kerngehäuse heraus. Legen Sie die Hälften in eine hohe Auflaufform. Häufen Sie die Füllung auf die Birnenhälften.

3 Gießen Sie den Apfelsaft vorsichtig in die Form. Bedecken Sie die Form mit Alufolie. Backen Sie die Birnen 20 Minuten. Testen Sie mit einem Spieß oder einer Messerspitze, ob die Birnen weich genug sind. Heizen Sie den Grill vor und entfernen Sie die Folie.

4 Geben Sie die Form noch etwa 3 Minuten unter den Grill. Servieren Sie sofort mit grünem Salat.

Tip

Am besten passen reife, etwas weichere Birnen, z.B. Williams.

Putenspiesse mit Gazpacho-Sauce

Grillen Sie die Putenrouladen mit der würzigen Wurstfüllung auf Holzkohle oder im Backofengrill. Die kühle, frische Gazpacho-Sauce ist eine perfekte Beilage.

Vorbereitungszeit 8 Minuten
Kochzeit 10–12 Minuten

4 Portionen
4 Steaks von der Putenbrust
15ml/1 El. Rotes Pesto/Tomatenmark
4 Chorizo-Würste
Salz und schwarzer Pfeffer
Für die Gazpacho-Sauce
1 grüne Paprika, entkernt, gehackt
1 rote Paprika, entkernt und gehackt
7,5cm Salatgurke am Stück
1 Tomate
1 Knoblauchzehe, gehackt
15ml/1 El. Rotweinessig
45ml/3 El. Olivenöl

1 Für die Gazpacho-Sauce geben Sie Paprika, Salatgurke, Tomate, Knoblauch und Essig in eine Küchenmaschine. Gießen Sie 30ml/2 El. des Öls dazu und mixen Sie die Sauce stückig. Würzen Sie mit Salz und Pfeffer und stellen Sie das Gazpacho beiseite. Die Gazpacho-Sauce wird als Beilage zu den Rouladen serviert.

2 Wenn das Putenfleisch zu dick ist, legen Sie es zwischen zwei Lagen Klarsichtfolie und klopfen Sie die Steaks mit einem Teigroller flach. Heizen Sie den Grill vor.

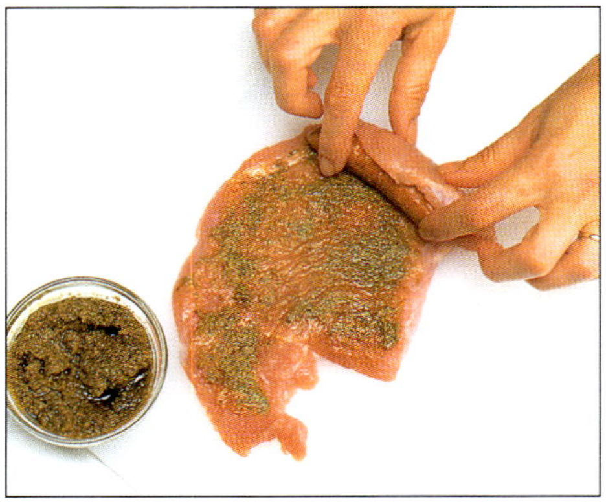

3 Betreichen Sie die Steaks mit Pesto oder Tomatenmark, legen Sie je eine Chorizo in die Mitte und rollen Sie die Steaks fest zusammen.

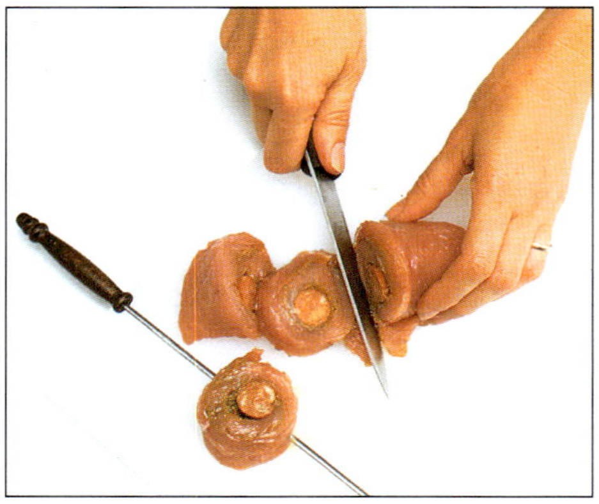

4 Schneiden Sie die Rollen in dikke Scheiben und stecken Sie diese auf Spieße. Pinseln Sie das übrige Öl darüber und grillen Sie die Spieße unter Wenden 10–12 Minuten.

Huhn in Orangensauce

Die Sauce scheint sehr gehaltvoll zu sein, ist aber tatsächlich mit fettarmem Frischkäse gemacht. Der Weinbrand gibt das Extra-Aroma.

Vorbereitungszeit 3–4 Minuten
Kochzeit 25 Minuten

4 Portionen

8 Hühnerschenkel ohne Haut/Knochen
45ml/3 El. Weinbrand
300ml/1¼ Tassen Orangensaft
3 Frühlingszwiebeln, gehackt
10ml/2 Tl. Maismehl
90ml/6 El. fettarmer, cremiger Frischkäse oder Cremequark
Salz und schwarzer Pfeffer
Beilage: Reis oder Nudeln und Salat

1 Braten Sie die Hühnerschenkel oder -flügel ohne Fett in einer beschichteten Pfanne unter Wenden an, bis sie gleichmäßig gebräunt sind.

2 Rühren Sie Weinbrand, Orangensaft und Frühlingszwiebeln dazu. Kochen Sie die Mischung auf. Köcheln Sie alles 15 Minuten bei geringer Hitze, bis das Huhn gar ist.

3 Verrühren Sie Maismehl mit etwas Wasser und dann mit dem Frischkäse. Geben Sie den Käse in die Sauce und rühren Sie bei mittlerer Hitze, bis die Sauce kocht und eindickt.

4 Schmecken Sie noch einmal ab und servieren Sie mit Reis oder Nudeln und einem grünen Salat.

Tip

Hühnerschenkel ohne Haut und Knochen sind nicht nur für dieses Gericht, sondern auch für ähnliche Rezepte perfekt, weil sie schnell gar werden und ausgesprochen gut schmecken.

Variation

Sie können die Hühnerschenkel oder -flügel auch durch vier Putensteaks ersetzen.

Hühnerspiesse nach Tandoori-Art

Dieses Gericht stammt aus der Punjab-Ebene am Fuße des Himalaya. Dort wird häufig in einem Ofen aus Lehm – Tandoor genannt – gekocht.

Vorbereitungszeit 18 Minuten
Kochzeit 10–12 Minuten

4 Portionen

4 Hühnerbrüste ohne Haut und Knochen, je etwa 175g
15ml/1 El. Zitronensaft
45ml/3 El. Tandooripaste
45ml/3 El. Naturjoghurt
1 Knoblauchzehe, gehackt
30ml/2 El. frischer Koriander, gehackt
1 kleine Zwiebel, in Schnitze geschnitten und in Lagen zerteilt
etwas Öl zum Bestreichen
Salz und schwarzer Pfeffer
Garnitur: frische Korianderzweige
Beilagen: Pilau-Reis und Naan-Brot

1 Schneiden Sie das Huhn in 2,5cm-Würfel und geben diese in eine Schüssel. Mischen Sie Zitronensaft, Tandooripaste, Joghurt, Knoblauch, Koriander und Gewürze gut unter. 15 Minuten ziehen lassen.

2 Heizen Sie den Grill vor. Stekken Sie abwechselnd Hühnerfleisch und Zwiebeln auf vier Spieße.

3 Bestreichen Sie die Zwiebel mit etwas Öl. Grillen Sie die Spieße auf einem Grillrost bei hoher Hitze 10–12 Minuten. Wenden Sie einmal. Garnieren Sie mit Koriander, servieren Sie mit Pilau-Reis und Naan-Brot.

Tip

Sie können die Tandooripaste auch selbst machen, aber das gekaufte Fertigprodukt ist für die schnelle Küche viel bequemer und fast genauso gut.

Chinesisches Huhn mit Cashewnüssen

Vorbereitungszeit 20 Minuten
Kochzeit 10 Minuten

4 Portionen

4 Hühnerbrüste ohne Haut und Knochen, in Streifen geschnitten
3 Knoblauchzehen, gepreßt
60ml/4 El. Sojasauce
30ml/2 El. Maismehl
225g chinesische Eiernudeln
45ml/3 El. Sonnenblumenöl
15ml/1 El. Sesamöl
115g/1 Tasse geröstete Cashewnüsse
6 Frühlingszwiebeln, in 5cm-Stücke geschnitten und längs halbiert
Garnitur: Frühlingszwiebel-Löckchen und etwas gehackte rote Chilischote

1 Vermischen Sie Fleisch, Maismehl, Sojasauce und Knoblauch gründlich in einer Schüssel. Kühlen Sie alles zugedeckt 15–18 Minuten.

2 Kochen Sie Wasser in einem Topf auf. Geben Sie die Eiernudeln hinein, schalten Sie den Herd ab. Nach 5 Minuten gießen Sie die Nudeln ab und stellen sie beiseite.

3 Erhitzen Sie beide Öle in einem Wok oder einer Pfanne und braten Sie das Hühnerfleisch mit der Marinade 3–4 Minuten bei hoher Hitze goldbraun an. Rühren Sie öfter um.

4 Geben Sie Frühlingszwiebeln und Cashewnüsse hinzu und braten Sie 2–3 Minuten unter Rühren.

5 Geben Sie die abgegossenen Nudeln hinzu und braten Sie weitere 2 Minuten. Vermischen Sie alles gut miteinander. Servieren Sie sofort mit Frühlingszwiebel-Löckchen und gehackter Chilischote garniert.

PUTENSTÄBCHEN MIT SAUERRAHM-DIP

Vorbereitungszeit 10 Minuten
Kochzeit 20 Minuten

4 PORTIONEN

350g Putenfilets oder 2 Putenbrüste ohne Haut und Knochen
50g/1 Tasse feines Paniermehl oder frische Semmelbrösel
1,5ml/ ¼ Tl. Paprikapulver
45ml/3 El. Sauerrahm
15ml/1 El. fertige Tomatensauce
15ml/1 El. Mayonnaise
Salz und schwarzer Pfeffer
Beilage: grüner Salat oder Gemüse

1 Heizen Sie den Ofen auf 190° C (Gas: Stufe 5) vor. Schneiden Sie die Filets in Stäbchen. Vermischen Sie das Paniermehl mit Paprikapulver, Salz und Pfeffer. Schlagen Sie das Ei leicht in einer flachen Schüssel.

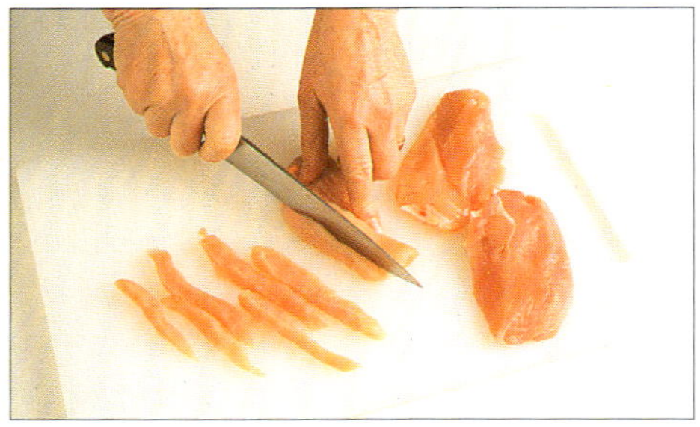

2 Tauchen Sie das Putenfleisch in das Ei. Dann wenden Sie es gründlich im Paniermehl. Legen Sie die Stäbchen auf ein Backblech.

3 Backen Sie die Stäbchen 20 Minuten unter einmaligem Wenden knusprig braun.

4 Für den Dip vermischen Sie Sauerrahm, Tomatensauce und Mayonnaise in einer Schüssel. Salzen und pfeffern Sie. Servieren Sie die Putenstäbchen mit Folienkartoffeln und einem grünen Salat oder knackigem Gemüse und dem Dip.

SPIESSE MIT HUHN, MAIS UND SPECK

Für diese Spieße müssen Sie nicht erst auf die Grillsaison warten.

Vorbereitungszeit 5 Minuten
Kochzeit 18–20 Minuten

4 PORTIONEN

2 Maiskolben
8 dicke Scheiben Speck ohne Rinde
8 braune Champignons, halbiert
2 kleine Hühnerbrustfilets
30ml/2 El. Sonnenblumenöl
15ml/1 El. Zitronensaft
15ml/1 El. Ahornsirup
Salz und schwarzer Pfeffer
Beilage: Salat

1 Kochen Sie den Mais in Wasser weich, gießen Sie ihn ab und stellen ihn beiseite. Dehnen Sie den Speck mit einem Messerrücken, halbieren Sie die Scheiben. Wickeln Sie einen halben Pilz in je einen Streifen.

2 Achteln Sie die Maiskolben und das Fleisch. Vermischen Sie Öl, Zitronensaft, Sirup und Gewürze. Streichen Sie das Huhn damit ein.

3 Stecken Sie abwechselnd Mais, Fleisch und eingewickelte Pilze auf Spieße und bestreichen Sie alles mit dem Zitronendressing.

4 Grillen Sie die Spieße 8–10 Minuten unter einmaligem Wenden. Streichen Sie das restliche Dressing wiederholt über die Spieße. Servieren Sie heiß mit einem grünen oder gemischten Salat. Für Kinder können Sie die Stücke nach dem Grillen auch in Pitta-Broten servieren.

HÜHNER-PAELLA

Dieses Grundrezept können Sie mit Saisongemüse oder Muscheln variieren. Servieren Sie am besten direkt aus der Pfanne.

4 PORTIONEN

Vorbereitungszeit 3 Minuten
Kochzeit 25–27 Minuten

4 Hühnerbeine (Schenkel und/oder Flügel)
60ml/4 El. Olivenöl
1 große Zwiebel, feingehackt
1 Knoblauchzehe, gepreßt
5ml/1 El. Kreuzkümmel, gemahlen
115g Chorizowürste oder geräucherter Schinken
225g/1 große Tasse Langkornreis
600ml/2 ½ Tassen Hühnerbrühe
4 Tomaten, geschält, entkernt und gehackt
1 rote Paprika, entkernt, geschnitten
115g/1 Tasse gefrorene Erbsen
Salz und schwarzer Pfeffer

TIP
Sie können Hühnerbrüste verwenden.

1 Heizen Sie den Ofen auf 180° C (Gas: Stufe 4) vor. Halbieren Sie die Hühnerbeine. Erhitzen Sie das Öl in einer Paella-Pfanne oder einer großen, feuerfesten Kasserolle und bräunen Sie die Hühnerbeine beidseitig an. Geben Sie Zwiebel, Knoblauch und Kreuzkümmel dazu. Braten Sie alles bei mittlerer Hitze 2 Minuten an.

2 Schneiden Sie die Würste/den Schinken klein. Geben Sie Brühe, Wurst, Reis und Gewürze in die Pfanne. Aufkochen, dann bei geringer Hitze zugedeckt 10 Minuten kochen.

3 Ziehen Sie die Pfanne vom Herd, geben Sie gehackte Tomaten, geschnittene Paprika und gefrorene Erbsen dazu. Kochen Sie die Mischung noch einmal 10–15 Minuten unter häufigem Rühren durch, bis das Huhn gar ist und der Reis die Brühe aufgenommen hat.

ENTENBRUST MIT CALVADOS

Ein Pflaumen-Calvados-Püree ist eine gelungene Beilage für die glasierte Entenbrust mit Chikoree.

Vorbereitungszeit 5 Minuten
Kochzeit 25 Minuten

4 PORTIONEN
15ml/1 El. Zitronensaft
4 Köpfe Chikoree
4 Entenbrüste, je etwa 115g
15ml/1 El. klarer Honig
5ml/1 Tl. Sonnenblumenöl
Salz und schwarzer Pfeffer

FÜR DAS PÜREE
1 Apfel, geschält, entkernt und in Stücke geschnitten
175g Pflaumen, halbiert und entsteint
15ml/1 El. brauner Zucker
150ml/ 2/3 Tassen Gemüsebrühe
45ml/3 El. Calvados
10ml/2 Tl. Sherry- oder Rotweinessig

1 Heizen Sie den Ofen auf 220° C vor. Für das Püree geben Sie Apfel, Pflaumen, Zucker und Brühe in einen Topf. Kochen Sie das Obst auf, reduzieren Sie die Hitze und lassen Sie alles 10 Minuten köcheln, bis das Obst sehr weich ist. Drücken Sie es durch ein Sieb in eine Schüssel.

2 Rühren Sie den Zitronensaft in einen Topf mit leicht gesalzenem Wasser und kochen Sie es auf. Vierteln sie den Chikoree längs und geben ihn dazu. Kochen Sie ihn 3 Minuten, dann gießen Sie ihn ab.

3 Schneiden sie die Entenbrust mit einem scharfen Messer ein, streichen Sie Honig darauf und salzen sie. Backen Sie die Entenbrust auf einem Backblech etwa 6 Minuten.

TIP

Zitronensaft im Kochwasser für den Chikoree bewirkt, daß sich das Gemüse nicht verfärbt.

4 Streichen Sie den Chikoree mit Öl ein. Braten Sie ihn zusammen mit der Ente weitere 6 Minuten.

5 Rühren Sie Calvados und Essig in das Püree. Schmecken Sie ab. Arrangieren Sie den Chikoree auf einer Platte. Schneiden Sie die Entenbrust in Scheiben und legen sie fächerförmig auf das Gemüse. Löffeln Sie das Püree darauf, servieren Sie.

PFEFFERSTEAKS MIT SCHNITTLAUCHBUTTER

Vorbereitungszeit 4 Minuten
Kochzeit 12 Minuten

4 Portionen
4 Filet- oder Sirlonsteaks vom Rind, je etwa 115–175g
45ml/3 El. Olivenöl
15ml/1 Tl. schwarze und weiße Pfefferkörner, grob zerdrückt
1 Knoblauchzehe, halbiert
50g/ 1/4 Tasse Butter
30ml/2 El. Weinbrand
250ml/1 Tasse gelierte Rinderbrühe (Fertigprodukt)
Salz und schwarzer Pfeffer
Garnitur: Schnittlauchbündel
Beilage: gekochte Frühkartoffeln
Für die Schnittlauchbutter
50g/ 1/4 Tasse Butter
45ml/3 El. Schnittlauchröllchen

1 Für die Schnittlauchbutter schlagen Sie die Butter weich und mischen Schnittlauch, Salz und Pfeffer dazu. Formen Sie eine Rolle, die Sie in Folie gewickelt kühlen.

2 Bestreichen Sie die Steaks mit etwas Olivenöl und drücken Sie die Pfefferkörner beidseitig an.

3 Reiben Sie eine Pfanne mit Knoblauch aus. Schmelzen Sie die Butter im übrigen Öl. Wenn das Fett sehr heiß ist, braten Sie die Steaks $3^1/_2$–4 Minuten pro Seite medium (nach Wunsch) an. Heben Sie die Steaks heraus, die Sie auf Tellern warm halten. Machen Sie die Sauce.

4 Kochen Sie Brandy und Brühe in der Pfanne auf, bis die Flüssigkeit auf die Hälfte reduziert. Würzen Sie. Schneiden Sie die Schnittlauchbutter in Scheiben und legen Sie je eine Scheibe auf die Steaks. Löffeln Sie etwas Sauce über Steak und Butter und garnieren Sie mit Schnittlauchbündeln. Einfache Beilagen, wie z.B. gekochte Frühkartoffeln passen am besten dazu.

SCHINKEN MIT MADEIRA-SAUCE

Vorbereitungszeit 4 Minuten
Kochzeit 26 Minuten

4 Portionen
30ml/2 El. Sonnenblumenöl
2 Schinkenscheiben (roher oder geräucherter) oder durchwachsener Speck, je etwa 115–175g, ohne Fettrand
1 Zwiebel, geschnitten
175g/1 1/2 Tassen Champignons
175g rohe Rote Beete, geschält und in dünne Stifte geschnitten
Salz und schwarzer Pfeffer
Garnitur: frische Petersilie, gehackt
Für die Sauce
25g/2 El. Butter
1 große Zwiebel, gehackt
1 Scheibe durchwachsener Speck, ohne Rinde, gehackt
1 Selleriestange, gewürfelt
10ml/2 Tl. Mehl
2 Tomaten, geschält und gewürfelt
15ml/1 El. Tomatenmark
300ml/1 1/4 Tassen Rinderbrühe
15ml/1 El. frische Petersilie, gehackt
30ml/2 El Madeira

1 Für die Sauce erhitzen Sie die Butter und schwitzen Speck, Zwiebel und Sellerie darin 5 Minuten goldbraun an. Rühren Sie das Mehl hinein und lassen Sie es braun werden. Geben Sie Tomaten und -mark, Brühe und Petersilie dazu. Kochen Sie alles auf, lassen Sie die Sauce dann bei geringer Hitze köcheln, während Sie den Schinken braten.

Tip
Wenn Sie die Sauce durch ein Baumwolltuch sieben, wird sie glänzend-glatt.

2 Erhitzen Sie das Öl in einer Pfanne und braten Sie den Schinken mit der Zwiebel 10 Minuten an. Rühren Sie die Zwiebel ab und zu um. Wenden Sie den Schinken, geben Sie die Pilze dazu. Braten Sie noch 10 Minuten, bis der Schinken gar ist.

3 In der Zwischenzeit kochen Sie die Rote Beete in leicht gesalzenem Wasser in etwa 5 Minuten weich. Abgießen und warm stellen.

4 Sieben Sie die Sauce in einen sauberen Topf, rühren Sie den Madeira ein und schmecken Sie ab.

5 Erhitzen Sie die Sauce noch einmal. Richten Sie den Schinken auf vorgewärmten Tellern an und löffeln Sie die Sauce darüber. Servieren Sie ihn mit den Champigons, der Roten Beete und den Zwiebeln als Beilage. Garnieren Sie mit Petersilie.

Mediterranes Lamm aus der Pfanne

In diesem Gericht für jeden Tag findet sich der Geschmack nach Sommer und Meer wieder.

Vorbereitungszeit 4 Minuten
Kochzeit 24 Minuten

4 Portionen
8 magere Lammkoteletts
1 mittelgroße Zwiebel, fein geschnitten
2 rote Paprika, entkernt, geschnitten
400g ganze Tomaten aus der Dose
1 Knoblauchzehe, gepreßt
45ml/3 El. frisches Basilikum, gehackt
30ml/2 El. schwarze Oliven, gehackt
Salz und schwarzer Pfeffer

1 Schneiden Sie beim Lamm die Fettränder ab. Braten Sie die Koteletts in einer Pfanne goldbraun.

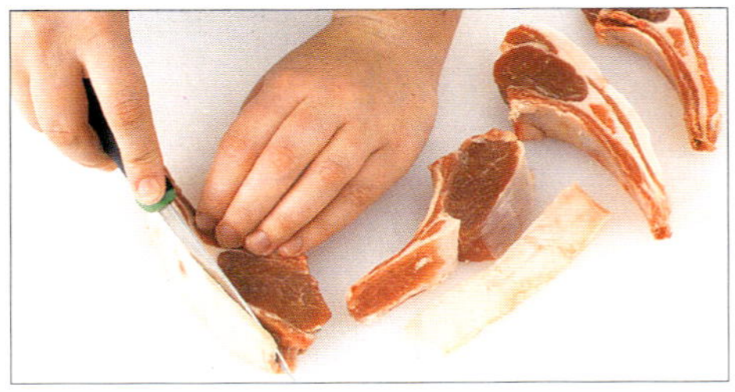

2 Geben Sie Zwiebel und Paprika dazu. Braten Sie beides ein paar Minuten weich. Fügen Sie Tomaten, Knoblauch und Basilikum hinzu.

3 Köcheln Sie alles 20 Minuten, bis das Lamm gar ist. Rühren Sie Oliven, Salz und Pfeffer hinein.

Variation

Dieses Rezept schmeckt ebenfalls mit Hühnerbrustfilets anstelle der Lammkoteletts. Auch Kabeljausteaks passen hervorragend zu der herzhaften Tomatensauce.

Schinken-Koftas

Die Kofta-Spieße lassen sich am besten im Sommer auf Holzkohle grillen. Als Beilage paßt Salat.

Vorbereitungszeit 15 Minuten
Kochzeit 8–10 Minuten

4 Portionen
225g Rückenspeck ohne Rinde, grob gehackt
75g/1 Tasse Paniermehl, frisch aus dunklem Brot gerieben
2 Frühlingszwiebeln, gehackt
15ml/1 El. frische Petersilie, gehackt
feingeriebene Schale einer Zitrone
1 Eiweiß
frisch gemahlener schwarzer Pfeffer
Paprikapulver
Garnitur: Zitronenschale und Petersilienblätter
Beilage: Zitronenreis und Salat

1 Geben Sie Speck, Paniermehl, Frühlingszwiebeln, Petersilie, Zitronenschale, Eiweiß und Pfeffer in eine Küchenmaschine. Mixen Sie alles, bis die Zutaten feingehackt sind und sich miteinander verbinden. Die Mischung sollte nicht zu fein werden.

2 Achteln Sie die Mischung und formen Sie acht gleichgroße Stücke, die wie langgezogene Ovale aussehen. Stecken Sie diese Stücke auf Holz- oder Bambusspieße. Heizen Sie den Backofen- oder Holzkohlegrill vor.

3 Streuen Sie Paprika über die Koftas und grillen Sie die Spieße 8-10 Minuten unter Wenden, bis sie gebräunt und gar sind. Garnieren Sie mit Zitronenschale und Petersilienblättern. Servieren Sie mit Zitronenreis und Salat als Beilage.

Tip

Die Mischung sollte nicht zu fein werden, sonst hält sie nicht an den Spiessen. Wenn Sie keine Küchenmaschine haben, lassen Sie den Speck beim Metzger hacken oder hacken ihn von Hand und geben ihn zum Gemüse.

Türkische Lammspiesse mit Gurkensauce

Lammfleisch wird sehr häufig in der türkischen Küche verwendet. Sie können abwechselnd Paprika-, Zitronen- oder Zwiebelstückchen auf die Spieße stecken, das ist zwar nicht traditionell, aber bunt.

Vorbereitungszeit 15 Minuten
Kochzeit 10 Minuten

4 Portionen
900g mageres Lamm, ohne Knochen
1 große Zwiebel, gerieben
3 Lorbeerblätter
5 Thymian- oder Rosmarinzweige
geriebene Schale, Saft einer Zitrone
2,5ml/ 1/2 Tl. Kristallzucker
75ml/ 1/3 Tasse Olivenöl
Salz und schwarzer Pfeffer
Garnitur: Rosmarinzweige
Beilage: gegrillte Zitronenstücke
Für die Gurkensauce (türk. Raita)
1/2 Salatgurke
1 grüne Chilischote, entkernt, gehackt
300ml/1 1/4 Tassen cremiger Joghurt
1,5ml/ 1/2 Tl. Salz
1,5ml/ 1/2 Tl Kreuzkümmel, gemahlen

1 Schneiden Sie das Lammfleisch in Würfel und geben diese in eine Schüssel. Vermischen Sie Zwiebel, Kräuter, Zitronenschale und -saft, Zucker, Öl, Salz und Pfeffer. Gießen Sie die Mischung über das Lamm.

2 Während Sie die Sauce zubereiten, stellen Sie das marinierte Lamm in den Kühlschrank.

Tip
Wickeln Sie die Spießenden in Alufolie, dann werden sie nicht schwarz.

3 Würfeln Sie die Salatgurke fein und geben sie mit den Chilistückchen in eine Schüssel.

4 Geben Sie Joghurt, Salz und Kümmel dazu. Grill vorheizen.

5 Gießen Sie das Fleisch ab und stecken es auf Metallspieße. Grillen Sie das Lamm in 10 Minuten braun, wenden Sie die Spieße zweimal. Garnieren Sie mit Rosmarin und Zitrone. Servieren Sie mit der Sauce.

Satay von Schweinefilet und Ananas

Diese Variation des klassischen Satays verwendet zwar Ananas, aber auch die traditionelle Kokos-Erdnuß-Sauce. Das Satay ist einfach zu kochen und schmeckt himmlisch.

Vorbereitungszeit 5–8 Minuten
Kochzeit 15 Minuten

4 Portionen
500g Schweinefilet
1 kleine Zwiebel, gehackt
1 Knoblauchzehe, gehackt
60ml/4 El. Sojasauce
fein geriebene Schale einer halben Zitrone
5ml/1 Tl. Kreuzkümmel, gemahlen
5ml/1 Tl. Koriander, gemahlen
5ml/1 Tl. Kurkuma, gemahlen
5ml/1 Tl. brauner Rohzucker
225g Ananasstücke aus der Dose oder 1 kleine frische Ananas, geschält und gewürfelt
Garnitur: Petersilie

Für die Satay-Sauce
175ml/ 3/4 Tasse Kokosmilch
115g/ 1/3 Tasse Erdnußbutter
1 Knoblauchzehe, gepreßt
10ml/2 Tl. Sojasauce
5ml/1 Tl. brauner Rohzucker

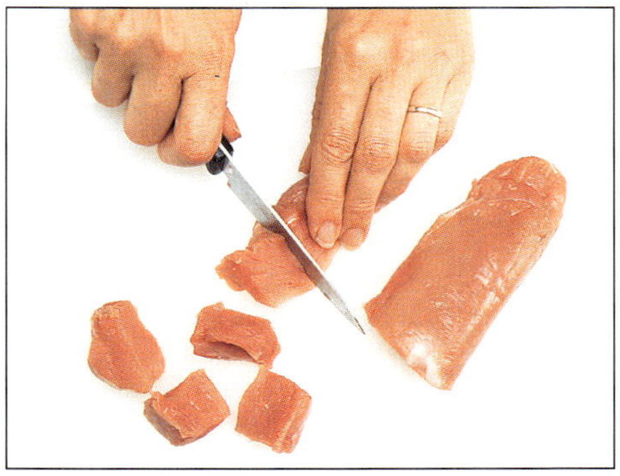

1 Entfernen Sie beim Filet eventuelles Fett. Würfeln Sie es (2,5cm lang) und geben es in eine Schüssel.

2 Geben Sie Zwiebel, Knoblauch, Sojasauce, Zitronenschale, Gewürze, Zucker und zwei Stücke Ananas in einen Mixer oder eine Küchenmaschine. Pürieren Sie die Zutaten, bis die Mischung fast glatt ist.

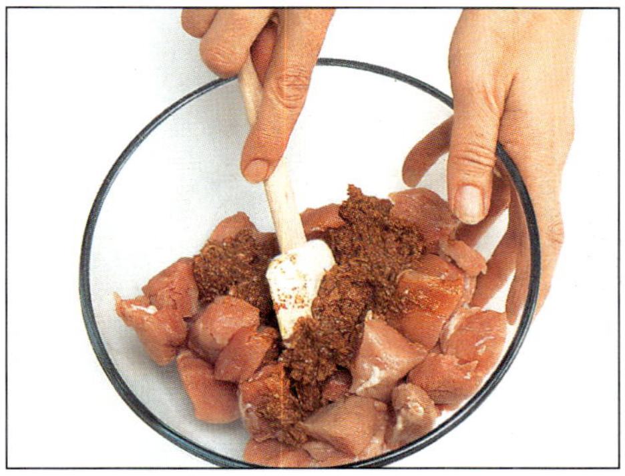

3 Geben Sie die Paste zum Filet und wenden Sie die Stücke gründlich darin. Stecken Sie die Filetstücke und die übrigen Ananasstücke auf Bambusspieße. Heizen Sie den Backofen- oder Gartengrill vor.

Tip

Wenn Sie keine Kokosmilch erhalten, können Sie auch gepreßtes Kokosfleisch (ein 50g-Stück in 150ml kochendem Wasser aufgelöst) verwenden.

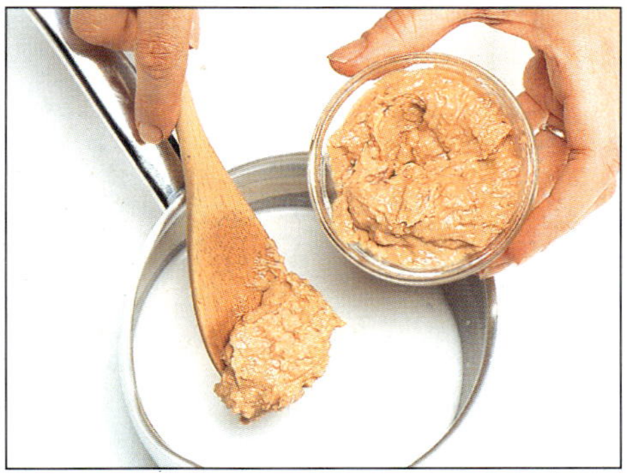

4 Für die Sauce gießen Sie die Kokosmilch in einen Topf und rühren die Erndußbutter sowie die übrigen Saucenzutaten hinein. Erhitzen Sie die Sauce langsam auf dem Herd oder Grill unter Rühren, bis sie glatt und heiß ist.

5 Grillen Sie die Spieße im Backofen oder auf dem Gartengrill bei mittlerer Hitze 10-12 Minuten unter gelegentlichem Wenden, bis sie goldbraun und durchgebraten sind. Garnieren Sie mit Petersilie und servieren Sie mit der Satay-Sauce.

Gebratener Reis mit Schweinefleisch

Sie können den gebratenen Reis auch mit Omelettestreifen garnieren.

Vorbereitungszeit 16 Minuten
Kochzeit 10 Minuten

4–6 Portionen
225g/1 Tasse Langkornreis
45ml/3 El. Pflanzenöl
1 Zwiebel, gehackt
15ml/1 El. Knoblauch, gehackt
115g Schweinefleisch, klein gewürfelt
2 verquirlte Eier
30ml/2 El. Fischsauce
15ml/1 El. dunkle Sojasauce
2,5 ml/ ½ Tl. Streuzucker

Garnitur
4 Frühlingszwiebeln, feingeschnitten
2 rote Chilischoten, geschnitten
1 Limone, in Stücke geschnitten

1 Kochen Sie den Reis in Salzwasser etwa 11 Minuten. Erhitzen Sie das Öl in einem Wok oder einer Pfanne.

2 Braten Sie Zwiebel und Knoblauch 2 Minuten, dann das Fleisch unter Rühren, bis es gar ist.

3 Geben Sie die Eier hinzu und braten, bis sie klumpig werden.

4 Fügen Sie den Reis hinzu und rühren Sie weiter, damit er das Öl aufsaugt und nicht anklebt.

5 Rühren Sie Fischsauce, Sojasauce und Zucker hinzu und vermischen Sie alles gut. Braten Sie weiter, bis der Reis heiß ist. Füllen Sie die Mischung in eine Schüssel und garnieren Sie mit Frühlingszwiebeln, roten Chilischoten und Zitronenstücken. Auf Wunsch können Sie auch mit Omelettestreifen dekorieren.

HAMBURGER MIT CHAMPIGNONS

Selbstgemachte Burger haben meistens weniger Fett als die gekauften. Hier wird das Fleisch sogar mit Champignons gestreckt.

Vorbereitungszeit 7 Minuten
Kochzeit 12–15 Minuten

4 PORTIONEN

150g/1¼ Tassen kleine Champignons
1 kleine Zwiebel, gehackt
450g mageres Rinderhackfleisch
75g/1 Tasse Paniermehl (frisch aus dunklem Brot gerieben)
5ml/1 Tl. getrocknete Mischkräuter
15ml/1 El. Tomatenmark
Mehl zum Formen
Salz und schwarzer Pfeffer

1 Vermischen Sie Zwiebel und Pilze in einer Küchenmaschine. Geben Sie Hackfleisch, Paniermehl, Kräuter und Tomatenmark dazu. Würzen Sie. Pürieren Sie die Mischung grob. Die Zutaten sollten sich gut miteinander verbinden.

2 Teilen Sie die Mischung in 8-10 Stücke. Mit bemehlten Händen formen Sie nun die Hamburger-Laibchen.

3 Braten Sie die Hamburger in einer Pfanne oder im Backofengrill 12-15 Minuten unter einmaligem Wenden gar. Servieren Sie mit einem Tomatenrelish und grünem Salat in Burger-Brötchen oder in Pitta-Broten.

TIP

Die Burger-Laibchen sind sehr weich. Damit sie beim Braten nicht zerfallen, verwenden Sie einen Pfannenwender.

Pizza mit Prosciutto di Parma und Gemüse

Diese Pizza ist reichhaltig und vielfältig. Sie können auch eine Mischung aus Waldpilzen und Champignons verwenden.

Vorbereitungszeit 3 Minuten
Kochzeit 20–25 Minuten

2–3 Portionen
1 Bund Frühlingszwiebeln
60ml/4 El. Olivenöl
225g/2 Tassen Pilze, in Scheiben
2 Knoblauchzehen, gehackt
1 Pizzaboden (Fertigprodukt) etwa 25–30cm Durchmesser
8 Scheiben Prosciutto di Parma
4 eingelegte Artischockenherzen, abgegossen, in Scheiben geschnitten
60ml/4 El. frisch geriebener Parmesan
Salz und schwarzer Pfeffer
Garnitur: Thymianzweige

1 Heizen Sie den Ofen auf 220° C (Gas: Stufe 7) vor. Putzen Sie die Frühlingszwiebeln, hacken Sie alle weißen und einige grüne Teile.

2 Erhitzen Sie 30ml/2 El. Öl in einer Pfanne. Braten Sie Frühlingszwiebeln, Pilze und Knoblauch an, bis die Kochflüssigkeit verdampft ist. Würzen Sie und lassen Sie die Mischung abkühlen.

3 Bestreichen Sie den Pizzaboden mit der Hälfte des übrigen Öls. Arrangieren Sie Prosciutto, Pilzmischung und Artischocken darauf.

4 Streuen Sie den Parmesan darauf. Träufeln Sie das Öl auf den Belag. Backen Sie die Pizza 15-20 Minuten. Garnieren Sie mit Thymian.

Pizza Frutti di Mare

Hier ist die Pizza mit der mediterranen Würze – genau das richtige für einen Sommerabend.

Vorbereitungszeit 5 Minuten
Kochzeit 15–20 Minuten

3–4 Portionen

1 Pizzaboden (Fertigprodukt), etwa 25–30cm Durchmesser
30ml/2 El. Olivenöl
250ml/1 Tasse Pastasauce in guter Qualität (Fertigprodukt)
400g gemischte, gekochte Meeresfrüchte, Tiefkühlprodukt, aufgetaut
3 Knoblauchzehen
30ml/2 El. frische Petersilie, gehackt
30ml/2 El. frisch geriebener Parmesan zum Servieren

Variation

Sie können diese Pizza auch ausschließlich mit Krabben oder Muscheln zubereiten. Jede Mischung von Meeresfrüchten ist geeignet.

1 Heizen Sie den Ofen auf 220° C (Gas: Stufe 7) vor. Streichen Sie den Pizzaboden dünn mit 15ml/1El. Öl ein, dann mit der Pastasauce.

2 Backen Sie die Pizza 10 Minuten.

3 Trocknen Sie die Meeresfrüchte mit Küchenpapier und geben sie auf die Pizza.

4 Hacken Sie den Knoblauch fein und streuen ihn auf den Belag. Darüber streuen Sie die Petersilie.

5 Träufeln Sie das restliche Öl auf den Belag. Backen Sie die Pizza noch 5-10 Minuten, bis die Meeresfrüchte heiß sind und der Boden gebräunt und knusprig ist. Streuen Sie großzügig geriebenen Parmesan darauf und servieren Sie die Pizza sofort.

Ananascurry mit Meeresfrüchten

Die ungewöhnliche Kombination von Ananans und Curry verleiht dem Gericht einen delikaten süß-sauren Geschmack. Verwenden Sie nur ganz frische Krabben und Muscheln.

Vorbereitungszeit 15 Minuten
Kochzeit 10 Minuten

4–6 Portionen
600ml/2½ Tassen Kokosmilch
30ml/2 El. rote Currypaste
30ml/2 El. Fischsauce
15ml/1 El. körniger Zucker
225g rohe Scampi, geschält und geputzt
450g frische Miesmuscheln, geputzt und ohne Bärte
175g frische Ananas, fein zerdrückt oder gehackt
5 Limonenblätter
Garnitur: 2 rote Chilischoten, gehackt, und frische Korianderblätter

1 Kochen Sie die Hälfte der Kokosmilch unter Rühren in einem Topf, bis sie ausflockt.

2 Geben Sie die Currypaste hinzu und kochen Sie weiter, bis es duftet. Fügen Sie Zucker und Fischsauce bei, noch 1 Minute kochen.

3 Rühren Sie die übrige Kokosmilch unter und kochen Sie alles auf. Geben Sie Scampi, Muscheln und Ananas dazu. Zerrupfen Sie die Limonenblätter und streuen sie in das Curry, erneut aufkochen.

4 Reduzieren Sie die Hitze und lassen Sie das Curry 3-5 Minuten köcheln, bis die Scampi gar und die Muscheln geöffnet sind. Werfen Sie noch geschlossene Muscheln weg. Füllen Sie das heiße Curry in eine Servierschüssel und garnieren Sie mit gehackten Chilischoten und Korianderblättern.

Tip

Um Zeit zu sparen, können Sie auch Ananasstücke aus der Dose verwenden.

Curry-Scampi in Kokosmilch

Vorbereitungszeit 4 Minuten
Kochzeit 22 Minuten

4–6 Portionen
600ml/2½ Tassen Kokosmilch
30ml/2 El. gelbe Currypaste (siehe Tip)
15ml/1 El. Fischsauce
2,5ml/½ Tl. Salz
5ml/1 Tl. körniger Zucker
450g rohe Scampi, bis auf die Schwänze geschält und geputzt
225g Kirschtomaten
Saft von ½ Limone zum Servieren
Garnitur
2 rote Chilischoten, in Streifen geschnitten, frische Korianderblätter

1 Kochen Sie die Hälfte der Kokosmilch in einem Wok oder einer Pfanne bei mittlerer Hitze auf.

2 Lösen Sie die Currypaste in der heißen Kokosmilch auf und köcheln Sie die Mischung 10 Minuten. Geben Sie Fischsauce, Salz, Zucker und die übrige Kokosmilch dazu. Köcheln Sie die Sauce etwa 5 Minuten, bis sie eindickt.

3 Geben Sie Scampi und Tomaten hinein. Köcheln Sie vorsichtig weiter (ca. 5 Minuten), bis die Scampi pink und gar sind.

4 Träufeln Sie Limonensaft über die Scampi. Garnieren Sie mit Chilischoten und Korianderblättern.

Tip

Für die gelbe Currypaste pürieren Sie 6–8 gelbe Chilischoten, einen gehackten Stengel Zitronengras, 4 geschälte, ganze Schalotten, 4 ganze Knoblauchzehen, 15ml/1 El. gehackten frischen Ingwer, 5ml/1 Tl. Koriandersamen, 5ml/1 Tl. Senfpulver, 5ml/1 Tl. Salz, 2,5ml/½ Tl. Zimtpulver, 15ml/1 Tl. Rohzucker und 30ml/2 El. Öl in einem Mixer oder einer Küchenmaschine. Bewahren Sie die Paste in einem Glas im Kühlschrank auf.

GEBRATENE FORELLE MIT HASELNÜSSEN

Haselnüsse geben der Forelle eine interessante Note.

Vorbereitungs- und Kochzeit
30 Minuten

4 PORTIONEN

50g/ 1/2 Tasse geschälte Haselnüsse, gehackt
65g/ 1/3 Tasse Butter
4 Forellen, je etwa 275g
30ml/2 El. Zitronensaft
Salz und schwarzer Pfeffer
Garnitur: Zitronenscheiben und glatte Petersilie

1 Heizen Sie den Grill vor. Rösten Sie die Haselnüsse unter häufigem Wenden, bis die Haut platzt. Reiben Sie die Nüsse in einem Küchentuch gegeneinander, dann löst sich die Haut. Lassen Sie die Nüsse vor dem Hacken abkühlen.

2 Erhitzen Sie 50g/ 1/4 Tasse Butter in einer großen Pfanne. Würzen Sie die Forellen außen und innen, braten Sie je 2 Forellen gleichzeitig 12 Minuten unter einmaligem Wenden. Die Fische sollten goldbraun sein und bei einer Probe mit einer Messerspitze leicht zerfallen.

TIP
Sie können die Haselnüsse auch in der Mikrowelle auf voller Stufe rösten. Geben Sie die Nüsse dazu auf eine Platte und warten Sie, bis die Haut platzt. Die Nüsse verbrennen übrigens sehr leicht.

3 Tupfen Sie die gebratenen Forellen mit Küchenpapier ab, dann stellen Sie die Fische auf einer Servierplatte warm. Verfahren Sie mit den beiden übrigen Forellen genauso. Eventuell müssen Sie noch etwas Butter zugeben. Wenn die Pfanne groß genug ist, braten Sie natürlich alle vier Fische auf einmal.

4 Geben Sie die übrige Butter in die Pfanne und bräunen Sie die Haselnüsse darin an. Rühren Sie den Zitronensaft ein und vermischen Sie alles gut. Gießen Sie die Nuß-Butter zügig über die Fische und servieren Sie sofort. Garnieren Sie mit Zitronenscheiben und glatter Petersilie.

PASTA MIT JAKOBSMUSCHELN

Vorbereitungszeit 6 Minuten
Kochzeit 17 Minuten

4 PORTIONEN
450g Pasta nach Wahl, z.B. Fettucini oder Linguini
30ml/2 El. Olivenöl
2 Knoblauchzehen, gehackt
450g Jakobsmuscheln ohne Schale, horinzontal halbiert
30ml/2 El. frisches Basilikum, gehackt
Salz und schwarzer Pfeffer
Garnitur: frische Basilikumzweige
FÜR DIE SAUCE
30ml/2 El. Olivenöl
½ Zwiebel, feingehackt
1 Knoblauchzehe, feingehackt
Salz zum Abschmecken
800 g geschälte Tomaten aus der Dose

VARIATION
Sie können als Ersatz für die Dosentomaten auch 6 Romatomaten schälen.

1 Für die Sauce erhitzen Sie das Öl in einer beschichteten Pfanne. Braten Sie Zwiebel, Knoblauch und etwas Salz 3 Minuten bei mittlerer Hitze unter Rühren an.

2 Geben Sie die Tomaten mit deren Saft hinzu. Zerdrücken Sie die Tomaten mit einer Gabel. Lassen Sie die Sauce aufkochen und dann nur köcheln. Kochen Sie die Nudeln.

3 Kochen Sie die Nudeln in einem großen Topf mit Salzwasser nach Packungsanweisung bißfest.

4 Erhitzen Sie Öl und Knoblauch in einer zweiten Pfanne etwa 30 Sekunden. Geben Sie die Jakobsmuscheln und 2,5ml/ ½ Tl. Salz hinzu. Braten Sie die Muscheln bei hoher Hitze etwa 3 Minuten, bis sie gar sind. Rühren Sie dabei öfter um.

5 Erwärmen Sie die Tomaten bei niedriger Hitze, geben Sie die Muscheln hinein. Schmecken Sie ab.

6 Gießen und schrecken Sie die Nudeln ab. Vermischen Sie Nudeln, Basilikum und Sauce in einer Schüssel. Servieren Sie mit Basilikumblättern garniert.

Seezunge mit Limonenmayonnaise

Dieses einfache Gericht ist schnell zubereitet und eine leichte, wohlschmeckende Mahlzeit.

Vorbereitungszeit 5–7 Minuten
Kochzeit 10 Minuten

4 Portionen
250ml/1 Tasse Mayonnaise
1 kleine Knoblauchzehe, gepreßt
10ml/2 Tl. Kapern, abgespült und gehackt
10ml/2 Tl. gehackte Gewürzgurken
feingeriebene Schale von ½ Limone
10ml/2 Tl. Limonensaft
15ml/1 El. frischer Koriander, gehackt
675g Seezungenfilets ohne Haut
2 geschlagene Eier
115g/2 Tassen Paniermehl oder frisch geriebene weiße Semmelbrösel
Öl zum Fritieren
Salz und schwarzer Pfeffer
Limonenschnitze zum Servieren

1 Für die Limonenmayonnaise vermischen Sie Mayonnaise, Knoblauch, Kapern, Gurken, Limonenschale und -saft und Koriander. Würzen Sie mit Salz und Pfeffer. Füllen Sie alles in eine Servierschüssel.

2 Schneiden Sie die Seezunge in fingerförmige Stäbchen. Tauchen Sie die Stäbchen in die geschlagenen Eier, dann in das Paniermehl.

3 Erhitzen Sie das Öl in einer Friteuse auf 180° C. Fritieren Sie den Fisch portionsweise goldbraun und knusprig.

4 Trocknen Sie die Stäbchen auf Küchenpapier ab. Stapeln Sie die Stäbchen auf vorgewärmten Tellern und servieren sie mit Limonenschnitzen zum Auspressen. Reichen Sie die Mayonnaise getrennt dazu.

Fischrösti

Servieren Sie die Rösti knusprig und heiß mit einem grünen Salat.

Vorbereitungszeit 4 Minuten
Kochzeit 20 Minuten

4 Portionen
350g große, festkochende Kartoffeln
350g Lachs- oder Kabeljaufilet ohne Gräten
3–4 Frühlingszwiebeln, feingehackt
5ml/1 Tl. frischer Ingwer, gerieben
30ml/2 El. frischer Koriander, gehackt
10ml/2 Tl. Zitronensaft
45ml/3 El. Sonnenblumenöl
Salz und Cayennepfeffer
Zitronenschnitze zum Servieren

1 Kochen Sie die Kartoffeln in der Schale 10 Minuten in Salzwasser. Gießen Sie ab und lassen Sie die Kartoffeln etwas abkühlen.

2 In der Zwischenzeit hacken Sie den Fisch fein und geben ihn in eine Schüssel. Rühren Sie Frühlingszwiebeln, Ingwer, Koriander, Zitronensaft, Salz und Pfeffer dazu.

3 Wenn die Kartoffeln genug abgekühlt sind, werden sie geschält und grob gerieben. Rühren Sie die Kartoffelstücke vorsichtig zu der Fischmischung.

4 Formen Sie aus der Fisch-Kartoffel-Mischung 12 Fladen.

5 Erhitzen Sie das Öl in einer Pfanne. Braten Sie die Fladen portionsweise 3 Minuten pro Seite goldbraun und knusprig an. Tropfen Sie die Rösti auf Küchenpapier ab. Servieren Sie mit Zitronenschnitzen zum Auspressen und nach Wunsch mit Korianderzweigen garniert.

Thunfischsteaks mit gebratenen Tomaten

Vorbereitungszeit 15–20 Minuten
Kochzeit 8–10 Minuten

2 Portionen

2 Thunfischsteaks, je etwa 175g
90ml/6 El. Olivenöl
30ml/2 El. Zitronensaft
2 Knoblauchzehen, gehackt
5ml/1 Tl. frischer Thymian, gehackt
4 eingelegte Anchovi-Filets, abgegossen und feingehackt
225g Romatomaten, halbiert
30ml/2 El. frische Petersilie, gehackt
4–6 schwarze Oliven entsteint, gehackt
frisch gemahlener schwarzer Pfeffer
Beilage: knuspriges Brot

Tip

Wenn Sie keinen frischen Thunfisch bekommen können, ersetzen Sie ihn mit frischen Lachsfilets. Diese brauchen pro Seite ein bis zwei Minuten mehr Garzeit.

1 Geben Sie den Thunfisch in eine flache Schüssel (kein Metall). Verrühren Sie 60ml/4 El. Öl mit Zitronensaft, Knoblauch, Thymian, Anchovis und Pfeffer. Gießen Sie die Sauce über den Fisch und marinieren Sie ihn 15 Minuten oder länger.

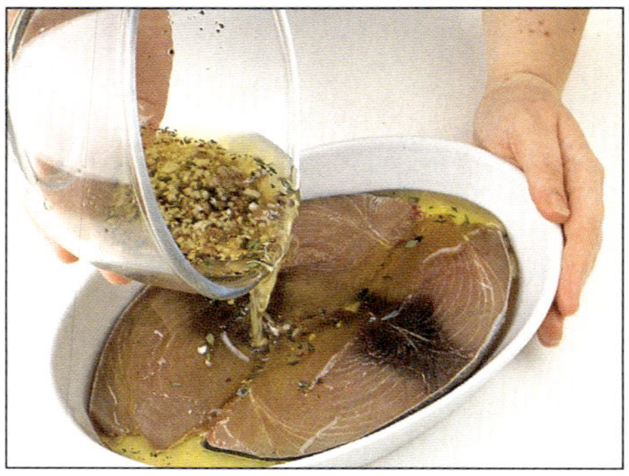

2 Legen Sie den Thunfisch auf einen Grillrost. Grillen Sie die Steaks 4 Minuten pro Seite, bis der Thunfisch fest wird. Streichen Sie ab und zu Marinade über die Steaks.

3 In der Zwischenzeit braten Sie die Tomaten in heißem Öl kurz beidseitig an.

4 Verteilen Sie die Tomaten auf 2 Teller und streuen Sie Petersilie und Oliven darüber. Legen Sie je ein Thunfischsteak auf das Gemüse.

5 Geben Sie die übrige Marinade zur Kochflüssigkeit in die Pfanne und erhitzen Sie die Mischung. Gießen Sie die Sauce über den Fisch und die Tomaten. Reichen Sie zum Dippen knuspriges Brot dazu.

Gegrillter Seebarsch mit Fenchel

Fisch und Fenchel lassen sich hervorragend kombinieren.

Vorbereitungszeit 2 Minuten
Kochzeit 28 Minuten

6–8 Portionen

1 Seebarsch, etwa 1,75kg schwer, ausgenommen und geputzt
60–90ml/4–6 El. Olivenöl
10–15ml/2–3 Tl. Fenchelsamen
2 große Fenchelknollen, geputzt
60ml/4 El. Pernod (Anislikör)
Salz und schwarzer Pfeffer

1 Schneiden Sie den Barsch auf beiden Seiten drei- oder viermal tief ein. Streichen Sie ihn mit Öl ein und würzen Sie mit Salz und Pfeffer. Streuen Sie die Fenchelsamen in die Bauchhöhle und die Einschnitte.

2 Achteln Sie den Fenchel, entfernen Sie die Herzen. Schneiden Sie ihn klein. Heben Sie die Blätter auf.

3 Heizen Sie den Grill vor. Geben Sie die Fenchelscheiben in eine feuerfeste Form oder auf einen Grillrost. Streichen Sie Öl darüber. Grillen Sie den Fenchel 4 Minuten pro Seite. Halten Sie ihn auf einer Platte warm.

4 Geben Sie den Fisch auf einen eingeölten Grillrost und grillen ihn mit etwa 10–13cm Abstand zu den Heizschlangen. Der Barsch benötigt etwa 10 Minuten pro Seite, bis er gar ist. Streichen Sie ihn hin und wieder mit Öl ein.

5 Legen Sie den Fisch auf den Fenchel. Garnieren Sie mit Fenchelblättern. Erhitzen Sie den Pernod in einem kleinen Topf, zünden Sie ihn an und gießen Sie den brennenden Alkohol über den Fisch. Servieren Sie sofort.

Kokosnuss-Fischcurry aus Kaschmir

Vorbereitungszeit 6 Minuten
Kochzeit 20–24 Minuten

4 Portionen
30ml/2 El. Pflanzenöl
2 Zwiebeln, geschnitten
1 grüne Paprika, entkernt, geschnitten
1 Knoblauchzehe, gepreßt
1 getrocknete Chilischote, entkernt und gehackt
5ml/1 Tl. gemahlener Koriander
5ml/1 Tl. gemahlener Kreuzkümmel
2,5ml/ ½ Tl. gemahlenes Kurkuma
2,5ml/ ½ Tl. scharfes Chilipulver
2,5ml/ ½ Tl. Garam Masala-Pulver
15ml/1 Tl. Mehl
115g gepreßtes Kokosfleisch, gehackt
600ml/2½ Tassen kochendes Wasser
675g Schellfischfilet
4 Tomaten, geschält, entkernt, gehackt
15ml/1 El Zitronensaft
30ml/2 El. gemahlene Mandeln
30ml/2 El. Créme double
Garnitur: frische Korianderzweige
Beilage: Naan-Brot und Reis

1 Erhitzen Sie das Öl in einer großen Pfanne und braten Sie Zwiebel, Paprika und Knoblauch in 6–7 Minuten weich an. Rühren Sie die Chilischote, die Gewürze und das Mehl hinein. Kochen Sie die Mischung 1 Minute.

2 Lösen Sie das Kokosfleisch in kochendem Wasser auf und rühren es in die Mischung. Aufkochen lassen. Köcheln Sie das Curry anschließend zugedeckt bei geringer Hitze 6 Minuten.

3 Häuten und hacken Sie den Fisch klein. Geben Sie Fisch und Tomaten in die Pfanne und kochen 5–6 Minuten weiter, bis der Fisch fest und gar ist. Decken Sie die Pfanne ab und rühren Sie Zitronensaft, Crème double und Mandeln hinein. Würzen Sie und garnieren Sie mit Korianderzweigen.

Variation

Sie können den Schellfisch durch andere Weißfischsorten mit festem Fleisch ersetzen, z.B. Kabeljau. Mischen Sie einige gekochte, geschälte Scampi dazu, wenn Sie möchten.

Miesmuscheln in Wein und Knoblauch

Besser bekannt ist das französische Gericht als „Moules marinières“.

Vorbereitungszeit 10 Minuten
Kochzeit 12 Minuten

4 Portionen
1,75kg Miesmuscheln in Schale
15ml/1 El. Öl
25g/2 El. Butter
1 kleine Zwiebel oder 2 Schalotten, feingehackt
2 Knoblauchzehen, feingehackt
150ml/ ⅔ Tasse trockener Weißwein oder Cidre
frische Petersilienzweige
frisch gemahlener schwarzer Pfeffer
Garnitur: 30ml/2 El. frische Petersilie, gehackt
französisches Baguette zum Servieren

1 Prüfen Sie, ob alle Muscheln geschlossen sind. Werfen Sie zerbrochene oder offene Exemplare weg. Putzen Sie die Schalen unter fließendem kaltem Wasser und entfernen Sie die Bärte. Spülen Sie die Muscheln öfter gründlich durch.

2 Erhitzen Sie Öl und Butter in einem großen Topf, braten Sie Zwiebeln oder Schalotten und Knoblauch 3–4 Minuten weich an.

3 Geben Sie Wein und Petersilienzweige hinzu. Rühren Sie gut um, kochen Sie die Mischung auf, geben Sie die Muscheln hinein. Diese müssen zugedeckt etwa 5–7 Minuten kochen, bis sie sich öffnen. Werfen Sie noch geschlossene weg.

4 Füllen Sie Muscheln und Brühe in eine Schüssel und streuen Sie Petersilie darüber. Servieren Sie französisches Baguette dazu.

Salat Provençale mit Meeresfrüchten

Dieser Salat eignet sich als schnelle Vorspeise sowie als Hauptgericht. Für ein Buffet ist er ebenfalls ideal, da er lange frisch bleibt.

Vorbereitungszeit 25 Minuten
Kochzeit Keine

4 Portionen

350g gekochte, gemischte Meeresfrüchte, z.B. geschälte Scampi, Miesmuscheln, Schnecken oder Surimi-Stäbchen
30ml/2 El. fertige Tomatensauce
1 Knoblauchzehe, gepreßt
60ml/4 El. eingelegte Pepperoni
60ml/4 El. eingelegte Artischocken
½ gelbe Paprika, entkernt, geschnitten
Zitronensaft zum Abschmecken
30ml/2 El. Weißwein (nach Wunsch)
Salz und schwarzer Pfeffer
Garnitur: 30ml/2 El. frische Petersilie, gehackt, und ganze Scampi

1 Vermischen Sie die Meeresfrüchte mit Tomatensauce und Knoblauch. 5–10 Minuten ziehen lassen.

2 Vermischen Sie Pepperoni, Artischocken, gelbe Paprika, Zitronensaft und nach Wunsch Weißwein miteinander.

3 Geben Sie die Meeresfrüchte dazu, schmecken Sie ab und kühlen Sie den Salat 15 Minuten oder länger. Garnieren Sie vor dem Servieren mit Petersilie und ganzen Scampi.

Spiesse mit Engelbarsch und Kartoffeln

Engelbarsch wird auch Mönchsfisch genannt und eignet sich gut für Grillspieße.

Vorbereitungszeit 20–25 Minuten
Kochzeit 4–5 Minuten

4 Portionen

12–16 kleine Frühkartoffeln, gekocht
12–16 kernlose Trauben (weiß)
10cm Salatgurke am Stück, gewürfelt
275–350g Engelbarsch (Schwanzstück), entgrätet und gewürfelt
75g/⅓ Tasse Butter
geriebene Schale, Saft einer Limone
5ml/1 Tl. frischer Ingwer, gerieben
15ml/1 El. frische Petersilie, gehackt
45–60ml/3–4 El. Weißwein
Salz und schwarzer Pfeffer
Beilage: Salat

1 Stecken Sie abwechselnd gekochte Kartoffeln, Trauben, Gurke und Fischwürfel auf Spieße.

2 Erhitzen Sie 50g Butter. Rühren Sie Limonenschale, -saft, Ingwer, Gewürze und die halbe Petersilie hinein. Bepinseln Sie die Spieße damit.

3 Heizen Sie den Grill vor. Grillen Sie die Spieße 2 Minuten pro Seite in einer Auflaufform oder auf Alufolie, um den Saft aufzufangen.

4 Richten Sie die gegarten Spieße auf vorgewärmten Tellern an. Erhitzen Sie den aufgefangenen Saft mit Wein und der übrigen Butter. Schmecken Sie ab. Streuen Sie Petersilie über die Spieße. Servieren Sie mit der Sauce. Als Beilage paßt Salat.

Thailändische Scampi auf Knuspernudeln

Vorbereitungszeit 10 Minuten
Kochzeit 15 Minuten

4 Portionen

300g dünne asiatische Eiernudeln
60ml/4 El. Pflanzenöl
500g rohe Scampi, geschält und geputzt
2,5ml/ ½ Tl. gemahlener Koriander
15ml/1 El. gemahlenes Kurkuma
2 Knoblauchzehen, feingehackt
2 Scheiben frischer Ingwer, feingehackt
2 Stengel Zitronengras, feingehackt
2 Schalotten, feingehackt
15ml/1 El. Tomatenmark
250ml/1 Tasse Kokoscreme
15–30ml/1–2 El. frischer Limonensaft
15–30ml/1–2 El. Fischsauce
4–6 Limonenblätter (nach Wunsch)
1 Salatgurke, geschält, entkernt und in 5cm lange Streifen geschnitten
1 Tomate, entkernt, in Streifen
2 rote Chilischoten, entkernt und kleingeschnitten
Salz und schwarzer Pfeffer
Garnitur: dünne Frühlingszwiebelringe und einige Korianderblätter

1 Kochen Sie die Nudeln bißfest. Abgießen und unter fließendem kaltem Wasser abschrecken. Danach noch einmal gründlich abgießen.

2 Erhitzen Sie 1,5ml/1 El. Öl in einer Pfanne. Verteilen Sie die Nudeln gleichmäßig darin. Braten Sie die Nudeln in 4–5 Minuten knusprig. Wenden Sie den Nudelkuchen und braten Sie die andere Seite an. Sie können auch 4 kleine Kuchen machen. Stellen Sie die Nudeln warm.

3 Vermischen Sie die Scampi mit Gewürzen, Knoblauch, Ingwer, Zitronengras, Salz und Pfeffer.

4 Erhitzen Sie das übrige Öl in einer Pfanne. Braten Sie die Schalotten 1 Minute, geben Sie die Scampi dazu und braten sie 2 Minuten. Heben Sie die Scampi heraus.

5 Rühren Sie Tomatenmark und Kokoscreme in den Pfannensaft, dann den Limonensaft. Würzen Sie mit Fischsauce. Lassen Sie die Sauce köcheln und geben Sie die Scampi sowie Limonenblätter (nach Wunsch) und Gurkenstreifen dazu. Lassen Sie die Mischung weiterköcheln, bis die Scampi gar sind und die Sauce etwas eindickt.

6 Geben Sie die Tomate dazu und lassen sie nur heiß werden, dann die Chilis. Servieren Sie die Scampi auf den Nudeln, garniert mit Frühlingszwiebeln und Koriander.

PILAV VON GERÄUCHERTER FORELLE

Vorbereitungszeit 5 Minuten
Kochzeit 25 Minuten

4 PORTIONEN

225g/1¼ Tassen weißer Basmati- oder Langkornreis
40g/3 El. Butter
2 Zwiebeln, in Ringe geschnitten
1 Knoblauchzehe, gepreßt
2 Lorbeerblätter
2 ganze Gewürznelken
2 grüne Kardamomschoten
2 Zimtstangen
5ml/1 Tl. Kreuzkümmelsamen
600ml/2½ Tassen kochendes Wasser
4 geräucherte Forellenfilets, gehäutet
50g/½ Tasse Mandelstückchen, geröstet
50g/⅓ Tassen kernlose Rosinen
30ml/2 El. frische Petersilie, gehackt
Beilage: Mangochutney und Maisknäckebrot (Fertigprodukt)

1 Waschen Sie den Reis mehrmals gründlich durch, gießen Sie ihn gut ab. Erhitzen Sie die Butter in einer Pfanne und bräunen Sie die Zwiebeln unter Rühren an.

2 Geben Sie Knoblauch, Lorbeerblätter und Gewürze hinzu. Braten Sie 1 Minute unter Rühren.

3 Rühren Sie zuerst den Reis, dann kochendes Wasser hinein. Kochen Sie die Mischung auf und lassen Sie vorsichtig zugedeckt 20 Minuten kochen, bis das Wasser aufgesogen und der Reis gar ist.

4 Zerteilen Sie die Forelle und heben Sie Fisch, Mandeln und Rosinen mit einer Gabel unter den Reis und erhitzen alles einige Minuten zugedeckt. Streuen Sie Petersilie darüber und servieren Sie mit Mangochutney und Maisknäckebrot.

Knuspriger Kabeljau

Vorbereitungszeit 4 Minuten
Kochzeit 15–20 Minuten

4 Portionen

4 Kabeljaufilets, je etwa 115g, ohne Haut
2 mittelgroße Tomaten, geschnitten
75g/1 Tasse dunkles Paniermehl oder frische Brösel aus Vollkornbrot
30ml/2 El frische Petersilie, gehackt
5ml/1 Tl. Sonnenblumenöl
feingeriebene Schale und Saft von ½ Zitrone
Salz und schwarzer Pfeffer

1 Heizen Sie den Ofen auf 200° C (Gas: Stufe 6) vor. Richten Sie die Kabeljaufilets in einer breiten, feuerfesten Auflaufform an. Arrangieren Sie die Tomtenscheiben obenauf.

2 Vermischen Sie Paniermehl, frische Petersilie, Öl, Zitronensaft und -schale. Würzen Sie mit Salz und Pfeffer.

3 Löffeln Sie die Mischung gleichmäßig über Fisch und Tomaten. Backen Sie den Auflauf 15–20 Minuten. Servieren Sie sofort.

TIP

Verwenden Sie für dieses Gericht nur feste, reife Tomaten mit viel Aroma. Am besten passen frische Romatomaten, die im Sommer besonders saftig sind.

Fisch-Krabben-Auflauf

Dieser Fischauflauf ist sehr einfach zu machen. Sie können die Krabben auch durch andere Fischarten ersetzen.

Vorbereitungszeit 5 Minuten
Kochzeit 25 Minuten

4 Portionen

350g Schellfischfilet ohne Haut
30ml/2 El. Maismehl
115g gekochte, geschälte Krabben
200g Mais aus der Dose, abgegossen
75g/¾ Tasse gefrorene Erbsen
150ml/⅔ Tasse Milch
150g/⅔ Tasse Quark oder Frischkäse
75g/1 Tasse dunkles Paniermehl oder frische Brösel aus Vollkornbrot
40g/½ Tasse Cheddar-Käse, gerieben
Salz und schwarzer Pfeffer
Beilage: frisches Gemüse

1 Heizen Sie den Ofen auf 190° C (Gas: Stufe 5) vor. Schneiden Sie den Kabeljau in mundgerechte Stücke, die sie in Maismehl wälzen.

2 Vermischen Sie Fisch, Krabben, Mais und Erbsen in einer Auflaufform. Gießen Sie eine Mischung aus Milch, Quark, Salz, Pfeffer darüber.

3 Streuen Sie eine Mischung aus Paniermehl und Käse über Fisch, Gemüse und Sauce. Backen Sie den Auflauf 25 Minuten goldbraun. Servieren Sie mit frischem Gemüse.

TIP

Sie können dieses schnelle Rezept gut vorbereiten und bis zum Überbacken in den Kühlschrank stellen. Geben Sie die Paniermehl-Käse-Mischung aber erst kurz vor dem Backen über den Auflauf.

FRITTATA VON LACHS, ZUCCHINI UND MAIS

Eine Frittata ist einem Omelette sehr ähnlich und fast genauso schnell. Dazu paßt Tomaten-Paprika-Salat und warmes Vollkornbrot bzw. -brötchen.

Vorbereitungszeit 10 Minuten
Kochzeit 16 Minuten

4–6 PORTIONEN
10ml/2 Tl. Olivenöl
1 Zwiebel, gehackt
175g Zucchini, dünn geschnitten
225g gekochte Pellkartoffeln, mit der Schale gewürfelt
3 ganze Eier und 2 Eiweiße
30ml/2 El. Milch
200g Lachs im eigenen Saft aus der Dose, abgegossen und zerteilt
200g Mais aus der Dose, abgegossen
10ml/2 Tl. getrocknete Mischkräuter
50g/ ½ Tasse reifer Cheddar, feingerieben (oder Käse nach Wahl)
Salz und schwarzer Pfeffer
Garnitur: gehackte Mischkräuter und Basilikumblätter
Beilage: dünne Tomatenscheiben und feine Streifen von roter, gelber und grüner Paprika

1 Erhitzen Sie das Öl in einer großen, beschichteten Pfanne. Braten Sie die Zwiebel bei mittlerer Hitze 2 Minuten an, dann rühren Sie die Zucchinischeiben hinzu und braten weitere 3 Minuten unter gelegentlichem Rühren.

2 Braten Sie die Kartoffeln 5 Minuten unter Rühren mit.

3 Verquirlen Sie Eier, Eiweiße und Milch. Geben Sie Lachs, Mais, Kräuter und Gewürze dazu. Gießen Sie die Mischung gleichmäßig über das Gemüse in die Pfanne.

4 Braten Sie bei mittlerer Hitze, bis die Eier stocken und die Unterseite goldbraun ist.

5 Heizen Sie den Grill vor. Streuen Sie den Käse über die Frittata und grillen sie bei mittlerer Hitze, bis der Käse schmilzt und goldbraun wird.

6 Streuen Sie die Kräuter darüber, schneiden Sie die Frittata in Tortenstücke und servieren Sie mit Basilikumblättern garniert. Reichen Sie die Tomaten und Paprika dazu.

TIP
Um Kalorien zu sparen, können Sie fettarme Milch und Käse (z.B. Edamer, mageren Cheddar usw.) verwenden.

HABITAT

AROMATISCHES MISCHGEMÜSE

Alltägliches Gemüse wird zu etwas Besonderem, wenn Sie es mit gebratenem Ingwer und aromatischen Gewürzsamen kombinieren.

Vorbereitungszeit 6 Minuten
Kochzeit 24 Minuten

4–6 PORTIONEN

675g kleine Frühkartoffeln
1 kleiner Blumenkohl
175g grüne Bohnen
115g/1 Tasse gefrorene Erbsen
1 kleines Stück frischer Ingwer
30ml/2 El. Sonnenblumenöl
10ml/2 Tl. Kreuzkümmelsamen
10ml/2 Tl. dunkle Senfsamen
30ml/2 Tl. Sesamsamen
Saft einer Zitrone
gemahlener schwarzer Pfeffer
Garnitur: frischer Koriander

1 Waschen Sie die Kartoffeln, teilen Sie den Blumenkohl in Röschen, putzen und halbieren Sie die Bohnen. Kochen Sie das Gemüse in getrennten Töpfen in Salzwasser bißfest. Die Kartoffeln brauchen etwa 15–18 Minuten, der Blumenkohl etwa 8 Minuten und die Bohnen und Erbsen je 4 Minuten. Gießen Sie das Gemüse gründlich ab.

2 Schälen und hacken Sie den Ingwer mit einem scharfen Messer fein. Erhitzen Sie das Öl. Braten Sie Ingwer und Samen an, bis die Samen zu platzen beginnen.

3 Geben Sie das Gemüse hinzu und braten Sie unter Rühren 2–3 Minuten. Träufeln Sie Zitronensaft darüber und pfeffern Sie. Garnieren Sie nach Wunsch mit Koriander.

TIP

Sie können auch andere Gemüsesorten verwenden, z.B. Brokkoli, Zucchini oder Lauch. Kaufen Sie Gemüse immer frisch ein. Nach zu langer Lagerung sinkt der Vitamingehalt beträchtlich.

EIER MIT SPINAT UND KÄSESAUCE

Sie können auch gefrorenen Spinat verwenden. Sie müssen ihn nicht auftauen, nur den Saft etwas ausdrücken, und ihn bei 4. zugeben.

Vorbereitungszeit 16 Minuten
Kochzeit 10–12 Minuten

4 PORTIONEN
1kg frischer Spinat, entstielt
40g/3 El. Butter
45ml/3 El. Mehl
300ml/1¼ Tassen Milch
75g/¾ Tasse geriebener, alter Cheddar oder geriebener Käse zum Überbacken nach Wahl
Prise Senfpulver
große Prise geriebene Muskatnuß
4 hartgekochte Eier, geschält und längs halbiert
Salz und schwarzer Pfeffer

1 Waschen aber trocknen Sie den Spinate nicht. Geben Sie ihn naß in eine Pfanne. Kochen Sie ihn zugedeckt 1–2 Minuten, bis die Blätter weich werden und das Wasser verdampft ist. Drücken Sie die restliche Flüssigkeit mit einem Löffelrücken in einem Sieb heraus und hacken Sie den Spinat.

2 Rühren Sie Mehl in 25g/1 El. erhitzte Butter. Kochen Sie die Sauce 1 Minute. Gießen Sie langsam unter Rühren Milch dazu, bis die Sauce eindickt und kocht. Köcheln Sie sie bei niedriger Hitze 4 Minuten.

3 Ziehen Sie den Topf vom Herd und rühren Sie 50g/½ Tasse Käse, Senfpulver und Gewürze hinein. Schmecken Sie ab.

4 Erhitzen Sie die übrige Butter in einem kleinen Topf, rühren Sie den Spinat, Muskatnuß und Gewürze hinein und erhitzen Sie das Gemüse. Füllen Sie den Spinat mit den Eierhälften obenauf in eine

5 Gießen Sie die Sauce über die Eier, streuen Sie den übrigen Käse darüber und überbacken Sie das Gericht im Grill goldbraun.

FRITTATA VON KARTOFFELN UND PAPRIKA

Frische Kräuter geben dem einfachen Rezept den richtigen Pfiff.

Vorbereitungszeit 4 Minuten
Kochzeit 21–26 Minuten

3–4 PORTIONEN
450g kleine Frühkartoffeln, gewaschen
6 Eier
30ml/2 El. frische Minze, gehackt
30ml/2 El. Olivenöl
1 Zwiebel, gehackt
2 Knoblauchzehen, gepreßt
2 rote Paprika, grob gehackt
Salz und schwarzer Pfeffer
Garnitur: frische Minzezweige

1 Kochen Sie die Kartoffeln in Salzwasser in 15–20 Minuten bißfest. Nach dem Abgießen sollten sie etwas abkühlen. Schneiden Sie die Kartoffeln in dicke Scheiben.

2 Verquirlen Sie Eier und Minze in einer Schüssel. Beiseite stellen.

3 Erhitzen Sie Öl in einer Pfanne. Braten Sie Zwiebel, Knoblauch, Paprika und Kartoffeln 5 Minuten an.

4 Rühren Sie die Eier unter das Gemüse.

5 Lassen Sie die Eiermischung beim Braten bis auf den Pfannenboden durchsickern.

6 Wenn die Eier stocken, überbacken Sie die Mischung im Grill 2–3 Minuten goldbraun. Schneiden Sie Tortenstücke heraus. Servieren Sie mit Minzezweigen garniert.

KARTOFFELPUFFER MIT ZIEGENKÄSE

Vorbereitungszeit 8–10 Minuten
Kochzeit 14–19 Minuten

4 PORTIONEN
450g Kartoffeln
10ml/2 Tl. frischer Thymian, gehackt
1 Knoblauchzehe, gepreßt
2 Frühlingszwiebeln, gehackt
30ml/2 El. Olivenöl
50g/ 1/4 Tasse Butter
130g fester Ziegenkäse
Salz und schwarzer Pfeffer
Beilage: Blattsalat mit Walnußdressing, z.B. Enidvien, Radicchio oder Feldsalat
Garnitur: frische Thymianzweige

1 Schälen und raffeln Sie die Kartoffeln grob. Drücken Sie mit den Händen die Flüssigkeit heraus, dann vermischen Sie die Kartoffeln mit Thymian, Knoblauch, Frühlingszwiebeln und Gewürzen.

2 Erhitzen Sie jeweils die Hälfte des Öls und der Butter in einer Pfanne. Geben Sie zwei große Löffel Kartoffeln hinein und pressen sie mit einem Spatel flach. Braten Sie die Puffer 3–4 Minuten pro Seite an.

3 Tropfen Sie die Puffer auf Küchenpapier ab und stellen sie warm. Braten Sie noch zwei Puffer aus der übrigen Kartoffelmischung. Heizen Sie den Grill schon vor.

4 Halbieren Sie den Käse horizontal zu dicken Scheiben und legen sie mit der Schnittfläche nach oben auf die Puffer. Überbacken Sie die Puffer in 2–3 Minuten goldbraun. Garnieren Sie mit Thymian und reichen Sie einen Blattsalat dazu.

Gebackene Knoblauchtomaten

Verwenden Sie – wenn möglich – reife Romatomaten, weil sie saftig und süß schmecken. Wenn Sie für mehrere Personen kochen, nehmen Sie ganze Kirschtomaten, die Sie öfter im Ofen wenden.

Vorbereitungszeit 2 Minuten
Kochzeit 15–25 Minuten

4 Portionen
40g/3 El. Butter
1 große Knoblauchzehe, gepreßt
5ml/1 Tl. geriebene Orangenschale
2 große Fleischtomaten oder 4 feste Romatomaten
Salz und schwarzer Pfeffer
Garnitur: frisches Basilikum, gehackt

1 Weichen Sie die Butter auf und mischen Sie Knoblauch, Orangenschale und Gewürze dazu. Kühlen Sie die Butter ein paar Minuten.

2 Heizen Sie den Ofen auf 200° C (Gas: Stufe 6) vor. Halbieren Sie die Tomaten.

3 Setzen Sie die Tomatenhälften in eine feuerfeste Form und streichen Sie die Butter darauf.

4 Backen Sie die Tomaten im Ofen 15–25 Minuten (je nach Größe), bis sie fast weich sind. Streuen Sie Basilikum darüber und servieren Sie.

Tip

Ein Vorrat an Knoblauchbutter im Tiefkühlfach kann für den schnellen Koch sehr nützlich sein. Bereiten Sie die Butter wie im Rezept zu. Sie können die Orangenschale weglassen und dafür gehackte Petersilie beigeben. Frieren Sie die Butter in Stücken oder Scheiben ein oder als Wurst in Alufolie gerollt, von der Sie dann Scheiben abschneiden. Wickeln Sie die Knoblauchbutter gut ein, damit andere Lebensmittel nicht den Knoblauchgeruch annehmen.

Zitronen-Karotten-Salat

Nicht könnte schneller und einfacher sein als dieser säuerliche, bunte, erfrischende Salat. Sie können die Karotten von Hand reiben, aber eine elektrische Reibe wirkt hier wahre Wunder.

Vorbereitungszeit 25–30 Minuten
Kochzeit Keine

4–6 Portionen
450g kleine junge Karotten
geriebene Schale und Saft von ½ Zitrone
15ml/1 El. brauner Zucker
60ml/4 El. Sonnenblumenöl
5ml/1 Tl. Haselnuß- oder Sesamöl
5ml/1 Tl. frisches Oregano, gehackt, oder 1 Prise getrocknetes Oregano
Salz und schwarzer Pfeffer

1 Reiben Sie die Karotten fein, und geben sie in eine große Schüssel. Rühren Sie Zitronenschale, 15–30ml/1–2 El. Zitronensaft, Zucker, Sonnenblumen- und Haselnußöl unter und mischen alles gründlich.

2 Geben Sie mehr Zitronensaft dazu und schmecken Sie ab. Streuen Sie Oregano darüber. Lassen Sie den Salat noch 20 Minuten ziehen.

Tip

Sie können bei diesem Salat auch anderes Wurzelgemüse verwenden. Ersetzen Sie etwa die Hälfte der Karotten mit Gelbrüben. Auch Knollensellerie und Kohlrabi eignen sich gut dazu.

Risotto alla Milanese

Italienische Risotti haben eine einzigartige, cremige Konsistenz. Dafür sorgt der Arborio-Reis, ein Kurzkornreis, der viel Flüssigkeit aufsaugen kann, dabei aber fest bleibt. Dieses Risotto mit Parmesan und „Gremolata" ist ein leichter Hauptgang oder eine Beilage zu Fleischgerichten und Kasserollen.

Vorbereitungs- und Kochzeit
30 Minuten

4 Portionen

5ml/1 Tl. (oder 1 Päckchen) Safranfäden
15ml/1 El. kochendes Wasser
25g/2 El. Butter
1 große Zwiebel, feingehackt
275g/1½ Tassen Arborio-Reis
150ml/⅔ Tasse trockener Weißwein
1 Liter/4 Tassen Gemüsebrühe
Salz und schwarzer Pfeffer
Parmesanlocken oder geriebener Parmesan zum Servieren

Für die Gremolata

2 Knoblauchzehen, gepreßt
60ml/4 El. frische Petersilie, gehackt
feingeriebene Schale einer Zitrone

1 Zuerst machen Sie die Gremolata. Vermischen Sie gepreßten Knoblauch, gehackte Petersilie und Zitronensaft in einer Schüssel. Stellen Sie die Gremolata beiseite.

2 Gießen Sie das kochende Wasser in einer Schüssel über die Safranfäden, die Sie etwas ziehen lassen. Erhitzen Sie die Butter in einer großen Pfanne und schwitzen Sie die Zwiebel 3 Minuten weich an.

3 Rühren Sie den Reis dazu. Kochen Sie ihn unter ständigem Rühren etwa 2 Minuten, bis er durchsichtig wird. Gießen Sie Wein und Safranmischung hinzu. Kochen Sie weiter, bis der Wein aufgesogen ist.

4 Gießen Sie 600ml/2½ Tassen Brühe dazu und köcheln Sie unter häufigem Rühren vorsichtig weiter, bis die Brühe aufgesogen ist.

5 Geben Sie die übrige Brühe schöpflöffelweise hinzu, bis der Reis weich ist. (Der Reis kann schon cremig und gar sein, bevor Sie die ganze Brühe hineingegossen haben. Geben Sie den Rest dann kurz vor Ende der Kochzeit langsam bei.)

6 Würzen Sie mit Salz und Pfeffer und richten Sie das Risotto auf einer Platte an. Garnieren Sie großzügig mit Käse und Gremolata.

Tip

Dies ist eine vereinfachte, schnellere Version des echten Risotto alla Milanese. Zum Beispiel wird gleich zu Beginn relativ viel Brühe auf einmal zugegeben, was für jeden Italiener, der etwas auf seine Risotto-Kochkünste hält, ein absolutes Sakrileg ist. Im Originalrezept ist die Brühe mit Sicherheit selbstgemacht, würde auf einer zweiten Herdplatte vor sich hinkochen und liebevoll und nur schöpflöffelweise beigegeben. Bevor die Brühe nicht völlig aufgesogen ist, gießt man in Italien keine neue dazu. Das Risotto wird ununterbrochen umgerührt. Es dauert so viel länger, bis es cremig und klumpig wird. Wenn Sie einmal Zeit haben, probieren Sie das langsamere Originalrezept aus, aber die schnelle Version in diesem Rezept erzielt ebenfalls beeindruckende Ergebnisse.

GEMÜSE-CURRY MIT MANGO-RELISH

Vorbereitungszeit 10 Minuten
Kochzeit 13–18 Minuten

4 PORTIONEN

4 Knoblauchzehen, grob gehackt
2,5cm frischer Ingwer am Stück, geschält und grob gehackt
1–2 rote Chilischoten, entkernt, gehackt
175ml/ ¾ Tasse kaltes Wasser
15ml/1 El. Sonnenblumenöl
5ml/1 Tl. Koriandersamen
5ml/1 Tl. Kümmelsamen
5ml/1 Tl. gemahlener Kümmel
gemahlene Samen von 2 grünen Kardamomschoten
Prise gemahlenes Kurkuma
400g Tomatenstücke aus der Dose
450g/4 Tassen Champignons, eventuell geviertelt
225g Okraschoten, geputzt, zerkleinert
30ml/2 El. frischer Koriander, gehackt
Beilage: Basmati-Reis

FÜR DAS MANGO-RELISH

1 große reife Mango, etwa 500g
1 kleine Knoblauchzehe, gepreßt
1 Zwiebel, feingehackt
10ml/2 Tl. frischer Ingwer, gerieben
1 frische rote Chilischote, entkernt und feingehackt
je eine Prise Salz und Zucker

1 Für das Mango-Relish schälen und hacken Sie die Mango.

2 Mischen Sie das Fruchtfleisch mit einer Gabel zu den restlichen Relish-Zutaten. Beiseite stellen.

3 Pürieren Sie Knoblauch, Chilischoten und 45ml/3 El. Wasser in einer Küchenmaschine oder einem Mixer glatt.

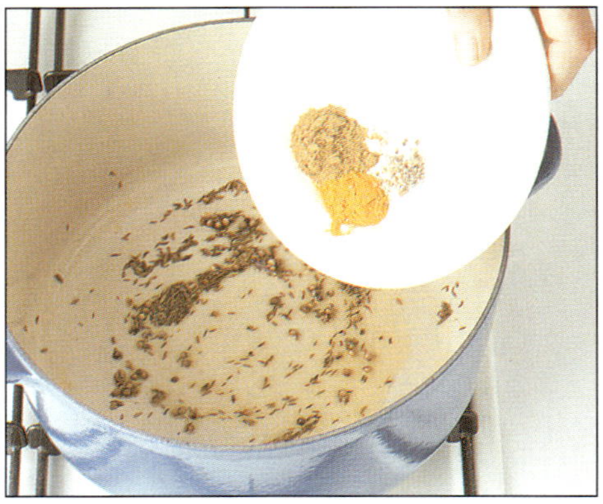

4 Erhitzen Sie das Öl in einer Pfanne. Geben Sie Koriander und Kümmelsamen dazu und lassen Sie die Gewürze ein paar Sekunden brutzeln. Mischen Sie gemahlenen Kümmel, Kardamom und Kurkuma hinzu und braten alles 1 Minute.

5 Füllen Sie das Knoblauchpüree, Tomaten, das restliche Wasser, Pilze und Okraschoten in die Pfanne. Rühren Sie gut um und kochen Sie das Gemüse auf. Lassen Sie die Mischung zugedeckt 5 Minuten bei geringer Hitze köcheln.

6 Decken Sie die Pfanne ab, erhöhen Sie die Temperatur und kochen Sie in 5–10 Minuten die Okraschoten weich. Rühren Sie frischen Koriander hinein. Servieren Sie mit Basmati-Reis und dem Mango-Relish.

Lauchgratin mit Karottenkruste

Zarter Lauch wird mit einer cremigen Kümmelsauce und einer knusprigen Karottenkruste zu einem leckeren Gratin kombiniert.

Vorbereitungs- und Kochzeit 28–30 Minuten

4–6 Portionen

675g Lauch, in 7,5cm lange Stücke geschnitten
150ml/ $^2/_3$ Tasse Gemüsebrühe oder Wasser
45ml/3 El. trockener Weißwein
5ml/1 Tl. Kümmelsamen
Prise Salz
300ml/$1^1/_4$ Tassen Milch nach Verbrauch
25g/2 El. Butter
25g/ $^1/_4$ Tasse Mehl

Für die Kruste

175g/2 Tassen dunkles Paniermehl oder frische Brösel aus Vollkornbrot
115g/1 Tasse geriebene Karotten
30ml/2 El. frische Petersilie, gehackt
75g Gratin-Käse nach Wahl, grob gerieben
25g/2 El. Mandelstückchen

1 Geben Sie den Lauch in einen großen Topf. Füllen Sie Brühe oder Wasser, Wein, Kümmel und Salz dazu. Lassen Sie den Lauch 5 Minuten zugedeckt köcheln, bis die Stückchen weich sind.

2 Heben Sie den Lauch mit einem Schaumlöffel in eine Auflaufform. Reduzieren Sie die Kochflüssigkeit auf die Hälfte, füllen Sie mit etwa 350ml/$1^1/_2$ Tassen Milch wieder auf.

3 Heizen Sie den Ofen auf 190° C (Gas: Stufe 5) vor. Erhitzen Sie die Butter in einem Topf, rühren Sie das Mehl hinein und lassen es 1 Minute braten, dabei aber nicht braun werden. Gießen Sie portionsweise die Milch-Brühe-Mischung hinein, rühren Sie dabei jedesmal gut um. Die Sauce soll aufkochen und eindicken. Bedecken Sie den Lauch mit der Sauce.

4 Vermischen Sie alle Krusten-Zutaten miteinander und belegen den Lauch damit. Backen Sie das Gratin in 15 Minuten goldbraun.

Tagliatelle mit Saisongemüse

Die cremige Erbsensauce paßt hervorragend zum knackig-frischen Frühlingsgemüse.

Vorbereitungszeit 4 Minuten
Kochzeit 22 Minuten

4 Portionen

15ml/1 El. Olivenöl
1 Knoblauchzehe, gepreßt
6 Frühlingszwiebeln, geschnitten
225g/2 Tassen TK-Erbsen, aufgetaut
350g frischer Spargel (grün/weiß)
30ml/2 El. frischer Salbei, gehackt, einige ganze Blätter als Garnitur
feingeriebene Schale von 2 Zitronen
450ml/fast 2 Tassen Gemüsebrühe oder Wasser
225g/2 Tassen TK-Dicke Bohnen, aufgetaut
450g Tagliatelle, frisch oder getrocknet
60ml/4 El. Naturjoghurt

Tip

In diesem Rezept werden zur Zeitersparnis Tiefkühl-Erbsen und -Bohnen angegeben. Das Nudelgericht schmeckt natürlich noch besser, wenn Sie frisches Saisongemüse verwenden.

1 Erhitzen Sie das Öl in einer Pfanne. Schwitzen Sie Knoblauch und Frühlingszwiebeln unter Rühren 2–3 Minuten weich an.

2 Geben Sie die Erbsen, $^{2}/_{3}$ des Spargels, Salbei, Zitronenschale und Brühe oder Wasser hinzu. Aufkochen, dann köcheln Sie das Gemüse bei geringer Hitze in 10 Minuten weich. Pürieren Sie alles.

3 In der Zwischenzeit entfernen Sie die Bohnenhülsen (falls vorhanden) und stellen sie beiseite.

4 Schneiden Sie den übrigen Spargel in 5cm-Stücke. Schälen Sie holzige Stücke ab. Blanchieren Sie ihn in kochendem Wasser 2 Minuten.

5 Kochen Sie die Tagliatelle nach Packungsanweisung in Salzwasser bißfest und gießen sie gut ab.

6 Füllen Sie das pürierte Gemüse in einen Topf, geben Sie Spargel und Bohnen dazu und erhitzen alles noch einmal. Rühren Sie den Joghurt unter. Füllen Sie die Tagliatelle in eine Schüssel, geben Sie die Sauce dazu und vermischen Sie beides gründlich. Garnieren Sie mit ganzen Salbeiblättern und servieren Sie.

Würzige Bohnen mit Ingwer und Zitrone

Ein schnelles, köstliches Gericht mit Bohnen aus der Dose.

Vorbereitungszeit 6 Minuten
Kochzeit 17–22 Minuten

4 Portionen

5cm frischer Ingwer am Stück, geschält und grob gehackt
3 Knoblauchzehen, grob gehackt
250ml/1 Tasse kaltes Wasser
15ml/1 El. Sonnenblumenöl
1 große Zwiebel, dünn geschnitten
1 rote Chilischote, entkernt, gehackt
1,5ml/ 1/4 Tl. Cayennepfeffer
10ml/2 Tl. gemahlener Kreuzkümmel
5ml/1 Tl. gemahlener Koriander
2,5ml/ 1/2 Tl. gemahlenes Kurkuma
30ml/2 El. Zitronensaft
75g/1 1/2 Tassen Koriander, gehackt
400g weiße Bohnen aus der Dose, abgegossen und gespült
400g Adukibohnen (oder Bohnen nach Wahl, z.B. Kidney) aus der Dose, abgegossen und gespült
400g kleine braune Bohnen aus der Dose, abgegossen und gespült
schwarzer Pfeffer
Beilage: knuspriges Brot

1 Pürieren Sie Ingwer, Knoblauch und 60ml/4 El. kaltes Wasser glatt. Erhitzen Sie Öl in einer Pfanne.

2 Schwitzen Sie Zwiebel und Chilischote in 5 Minuten weich an. Geben Sie Cayennepfeffer, Kümmel, Koriander und Kurkuma dazu und braten alles noch 1 Minute.

3 Rühren Sie das Ingwer-Knoblauch-Püree in die Pfanne und braten eine weitere Minute.

4 Geben Sie das übrige Wasser, Zitronensaft und Koriander hinzu und kochen alles auf. Köcheln Sie die Sauce zugedeckt bei geringer Hitze 5 Minuten.

5 Füllen Sie alle Bohnen in die Pfanne und kochen Sie die Mischung 5–10 Minuten. Pfeffern Sie. Servieren Sie mit knusprigem Brot.

Pizza Marinara

Die Kombination von Knoblauch, Olivenöl und frischem Oregano verleiht der Pizza einen typisch italienischen Touch.

Vorbereitungszeit 5 Minuten
Kochzeit 20–25 Minuten

2–3 Portionen
60ml/4 El. Olivenöl
675g Romatomaten, geschält, entkernt und gehackt
1 Pizzaboden von etwa 25–30cm Durchmesser
4 Knoblauchzehen, gestiftelt
15ml/1 El. frischer Oregano, gehackt
Salz und schwarzer Pfeffer

1 Heizen Sie den Ofen auf 220° C (Gas: Stufe 7) vor. Erhitzen Sie 30ml/2 El. des Öls in einem Topf. Kochen Sie darin die Tomatenstücke in 5 Minuten weich.

2 Lassen Sie die Tomaten in einem Sieb etwa 5 Minuten abtropfen.

3 Pürieren Sie die Tomatenstücke in einer Küchenmaschine oder einem Mixer.

4 Streichen Sie den Pizzaboden mit der Hälfte des übrigen Öls ein. Löffeln Sie die Tomaten darauf und streuen Sie Oregano und Knoblauch darüber. Träufeln Sie das restliche Öl auf den Belag, würzen Sie mit Salz und viel Pfeffer. Backen Sie die Pizza 15–20 Minuten knusprig braun.

PIZZA MARGHERITA

Saftige Tomaten, Basilikum und Mozzarella bilden bei dieser klassischen Pizza ein gutes Team.

Vorbereitungszeit 2–3 Minuten
Kochzeit 15–20 Minuten

2–3 PORTIONEN

1 Pizzaboden von etwa 25–30cm Durchmesser
30ml/2 El. Olivenöl
250ml/1 Tasse Tomatensauce (Fertigprodukt)
150g Mozzarella
2 reife Tomaten, in dünne Scheiben geschnitten
6–8 frische Basilikumblätter
30ml/2 El. frisch geriebener Parmesan
frisch gemahlener schwarzer Pfeffer

1 Heizen Sie den Ofen auf 220° C (Gas: Stufe 7) vor. Streichen Sie den Pizzaboden mit 15ml/1 El. Öl ein. Dann verteilen Sie die Tomatensauce bis zu den Rändern darauf.

2 Schneiden Sie den Mozzarella in dünne Scheiben.

3 Arrangieren Sie Tomaten- und Mozzarella-Scheiben auf der Pizza. Am hübschesten sieht es aus, wenn Sie Tomaten und Käse abwechselnd im Kreis legen.

4 Zerrupfen Sie das Basilikum grob, geben es auf den Belag und streuen den Parmesan darüber. Träufeln Sie das restliche Öl darauf und pfeffern Sie. Backen Sie die Pizza in 15–20 Minuten knusprig braun.

KIRSCHCREPES

Für eilige Desserts eignen sich Crêpes oder Pfannkuchen besonders gut. Die Zutaten inklusive der Kirschen stammen alle aus dem Vorratsschrank.

Vorbereitungszeit 4 Minuten
Kochzeit 18 Minuten

4 PORTIONEN
50g/ 1/2 Tasse Weizenmehl
50g/ 1/2 Tasse Roggenmehl
Prise Salz
1 verquirltes Ei
150ml/ 2/3 Tasse Milch
150ml/ 2/3 Tasse Wasser
etwas Öl zum Braten
FÜR DIE FÜLLUNG
425g eingelegte Süßkirschen
7,5ml/ 1/2 Tl. Pfeilwurz
Crème double, Crème fraîche oder Cremejoghurt zum Servieren

1 Sieben Sie das Mehl und Salz in eine Schüssel. Geben Sie die Rückstände im Sieb zum Schluß dazu.

TIPS

In der Kirschsaison bedecken Sie frische Kirschen mit Apfelsaft und kochen sie. Den Saft dicken Sie mit Pfeilwurz ein, wie in 5. beschrieben.

Die Crêpes kann man erfolgreich bis zu 6 Monaten einfrieren, wenn man sie mit Butterbrotpapier voneinander trennt und sie in einem Gefrierbeutel gut verschließt. Sie sollten bei Zimmertemperatur aufgetaut werden.

2 Drücken Sie eine Mulde in das Mehl und geben Sie das Ei hinein. Mischen Sie langsam Milch und Wasser dazu. Schlagen Sie den Teig mit einem Schneebesen sehr glatt, bis die ganze Flüssigkeit aufgesogen ist.

3 Erhitzen Sie etwas Öl in einer beschichteten Pfanne. Gießen Sie nur so viel Teig in die sehr heiße Pfanne, daß der Boden eben bedeckt ist. Schwenken Sie die Pfanne, um den Teig gleichmäßig zu verteilen.

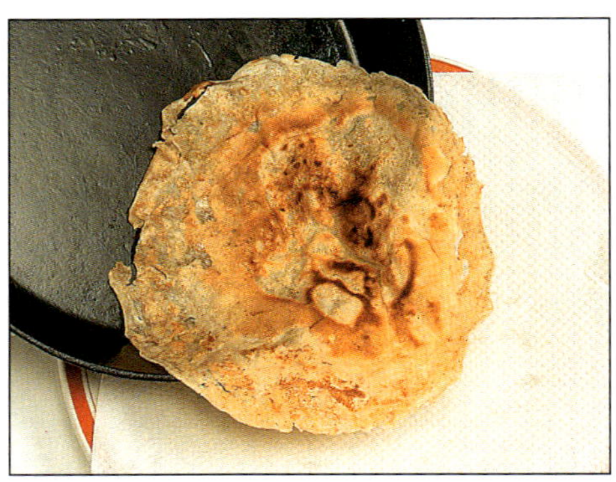

4 Backen Sie den Crêpe beidseitig goldbraun (Vorsicht beim Wenden!). Lassen Sie ihn auf Küchenpapier gleiten. Backen Sie sieben weitere Crêpes auf die gleiche Weise.

5 Gießen Sie die Kirschen ab, fangen Sie den Saft auf. Vermischen Sie 30ml/2 El. Kirschsaft mit Pfeilwurz in einem Topf. Gießen Sie den übrigen Saft hinein. Erhitzen Sie den Saft langsam bis zum Kochen.

6 Rühren Sie die Saftmischung 2 Minuten bei mittlerer Hitze druch, bis sie eindickt und klar wird. Geben Sie die Kirschen hinein und erhitzen alles erneut. Löffeln Sie die Kirschen in die Crêpes, die Sie zu Vierteln falten. Servieren Sie sofort, z.B. mit Crème double, Crème fraîche oder Jogurt.

NEKTARINENTÖRTCHEN

Diese köstlichen, aber dennoch einfachen Törtchen mit frischen Früchten erhalten durch den Blätterteig eine besondere Note.

Vorbereitungszeit 15 Minuten
Kochzeit 12–15 Minuten

6 PORTIONEN

225g gefrorener Blätterteig, aufgetaut
450g Nektarinen
15g/1 El. Butter
30ml/2 El. Streuzucker
frisch geriebene Muskatnuß
Crème fraîche oder halbsteif geschlagene Sahne zum Servieren (nach Wunsch)

1 Buttern Sie ein großes Backblech dünn aus. Sprühen Sie sehr wenig Wasser darüber.

2 Rollen Sie den Teig auf einer bemehlten Fläche zu einem Rechteck von 40x25cm aus, das Sie in 6 gleichgroße Rechtecke schneiden.

TIP
Kaufen Sie bereits ausgerollten Blätterteig.

3 Legen Sie die Rechtecke auf das Backblech. Verzieren Sie die Teigränder mit einem Messerrükken. Schieben Sie die Ränder mit einer Messerspitze zu einem etwa 1cm breiten Wulst zusammen. Heizen Sie den Ofen auf 200° C (Gas: 6) vor.

4 Halbieren und entsteinen Sie die Nektarinen. Schneiden Sie dünne Scheiben. Arrangieren Sie die Nektarinenscheiben in der Mitte der Teigrechtecke, aber nicht auf die Wülste. Streuen Sie Zucker und etwas Muskatnuß auf die Früchte.

5 Backen Sie die belegten Rechtecke 12–15 Minuten, bis die Wülste aufgegangen und die Nektarinen weich sind. Lassen Sie die Törtchen auf einem Drahtgitter etwas auskühlen. Servieren Sie die warmen Nektarinentörtchen nach Wunsch mit etwas Créme fraîche oder halbsteif geschlagener Sahne

MEXIKANISCHE KRAPFEN

Vorbereitungszeit 15 Minuten
Kochzeit 12–15 Minuten

6 PORTIONEN
225g/2 Tassen Mehl
5ml/1 Tl. Backpulver
2,5ml/ 1/2 Tl. Salz
15ml/1 El. körniger Zucker
1 verquirltes Ei
120ml/ 1/2 Tasse Milch
25g/2 El. geschmolzene Butter
Öl zum Braten
Zucker zum Bestäuben
FÜR DEN SIRUP
225g/1 1/3 Tassen brauner Zucker
750ml/3 Tassen Wasser
2,5cm einer Zimtstange
1 Gewürznelke

1 Geben Sie alle Sirup-Zutaten in einen Topf. Erwärmen Sie den Zucker unter Rühren, bis er sich auflöst. Köcheln Sie weiter, bis die Flüssigkeit auf die Hälfte reduziert und zu einem hellen Sirup wird. Nehmen Sie die Gewürze heraus. Warm stellen.

2 Sieben Sie Mehl, Backpulver und Salz in eine Schüssel. Rühren Sie den Zucker dazu. Verquirlen Sie Ei und Milch und rühren Sie alles mit der Butter zu einem Teig.

3 Legen Sie den weichen Teig auf eine bemehlte Fläche und kneten ihn glatt und elastisch. Teilen Sie den Teig in 18 gleichgroße Stücke. Formen Sie Bällchen, die Sie dann zu 2cm dicken Fladen flachdrücken.

4 Stechen Sie mit den bemehlten Stiel eines Kochlöffeln Löcher durch die Mitte der Krapfen. Gießen Sie 5cm hoch Öl in eine Pfanne oder verwenden Sie eine Friteuse. Erhitzen Sie das Öl auf 190° C. Ein Brotwürfel sollte darin innerhalb von 30-60 Sekunden goldbraun werden.

5 Fritieren Sie die Krapfen portionsweise, bis sie aufgehen und auf beiden Seiten goldbraun werden. Heben Sie die Krapfen mit einem Schaumlöffel heraus, die Sie auf Küchenpapier abtropfen lassen.

6 Stäuben Sie Zucker über die Krapfen und reichen Sie den Sirup dazu.

TIP
Sie können den Sirup schon vorher zubereiten. Stellen Sie ihn in den Kühlschrank und erwärmen Sie ihn, während Sie die Krapfen ausbacken.

HEIDELBEER-ORANGEN-KÖRBCHEN

Beeindrucken Sie Ihre Gäste mit diesen hübschen, gefüllten Crêpes. Sie können die Heidelbeeren durch weiches Beerenobst, wie z.B. Himbeeren oder Erdbeeren ersetzen.

Vorbereitungszeit 5 Minuten
Kochzeit 16–23 Minuten

6 PORTIONEN
150g/1¼ Tassen Mehl
Prise Salz
2 Eiweiße
200ml/fast 1 Tasse Milch
150ml/⅔ Tasse Orangensaft
Cremejoghurt, Crème fraîche oder geschlagene Sahne zum Servieren

FÜR DIE FÜLLUNG
4 mittelgroße Orangen
225g/2 Tassen Heidelbeeren

1 Heizen Sie den Ofen auf 200° C (Gas: Stufe 6) vor. Sieben Sie Mehl und Salz in eine Schüssel. Drücken Sie eine Mulde in das Mehl und geben Sie Eiweiße, Milch und Orangensaft hinein. Verquirlen Sie alles, bis die Flüssigkeit aufgesogen und der Teig glatt und schaumig ist. Füllen Sie ihn z.B. in einen Krug.

TIP

Sie müssen schnell arbeiten, wenn Sie dieses Dessert wirklich in 30 Minuten machen wollen. Den Teig können Sie schon vorher zubereiten, er wird sogar noch besser, wenn er steht. Rühren Sie ihn vor dem Backen durch. Füllen Sie die Crêpes erst kurz vor dem Servieren, sonst weicht der Teig durch.

2 Fetten Sie eine Crêpe-Pfanne (oder eine beschichtete Pfanne) etwas ein und lassen Sie die Pfanne sehr heiß werden. Verteilen Sie gerade soviel Teig in der Pfanne, daß der Boden gleichmäßig bedeckt ist.

3 Backen Sie den Crêpe 1-2 Minuten, bis er fest und die Unterseite goldbraun ist, dann backen Sie die andere Seite. Lassen Sie den Crêpe auf Küchenpapier gleiten, dann backen Sie noch fünf weitere Crêpes auf die gleiche Weise.

4 Stellen Sie sechs feuerfeste Förmchen oder Schüsseln mit der Unterseite nach oben auf ein Backblech. Legen Sie die Crêpes darüber und backen Sie 10 Minuten, bis sie knusprig sind und in „Körbchenform" bleiben. Vorsichtig abnehmen.

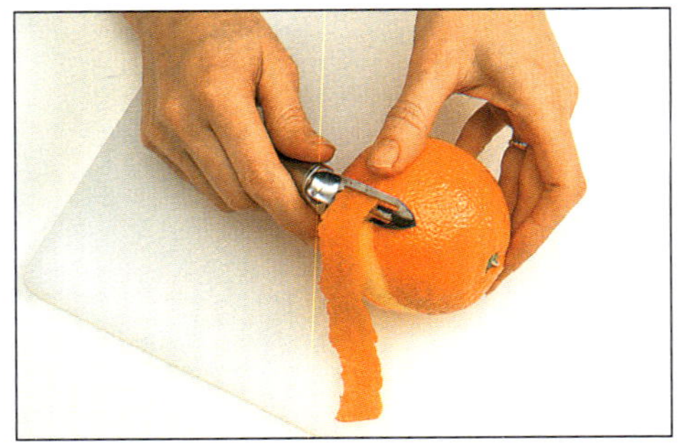

5 Schälen Sie ein dünnes Stück der Orangenschale ab. Schneiden Sie daraus feine Streifen. Blanchieren Sie diese 30 Sekunden in kochendem Wasser, die Sie dann in kaltes Wasser geben und abgießen.

6 Schälen Sie die Schale und das Weiße von allen Orangen ab. Filettieren Sie die Orangen, fangen Sie den Saft in einem Topf auf. Geben Sie Orangenfilets und Heidelbeeren hinein und erwärmen Sie die Früchte. Löffeln Sie das Obst in die Körbchen und streuen Sie die Streifen Orangenschale darüber. Servieren Sie heiß mit Joghurt, Crème fraîche oder

GEBACKENE PFIRSICHE MIT CORNFLAKES

Für dieses Familiendessert stammen die Zutaten aus Ihrem Vorratsschrank.

Vorbereitungszeit 2 Minuten
Kochzeit 20 Minuten

4 PORTIONEN

400g Pfirsichscheiben im Saft aus der Dose
30ml/2 El. Sultaninen
1 Zimtstange
ein Streifen frische Orangenschale
25g/2 El. Butter
50g/1½ Tassen Cornflakes
15ml/1 El. Sesamsamen

1 Heizen Sie den Ofen auf 200° C (Gas: Stufe 6) vor. Gießen Sie die Pfirsiche ab, fangen Sie den Saft auf. Legen Sie die Pfirsichscheiben in eine flache, feuerfeste Form.

2 Geben Sie Pfirsichsaft, Sultaninen, Zimtstange und Orangenschale in einen Topf. Lassen Sie die Mischung erst aufkochen, dann bei niedriger Hitze 3-4 Minuten köcheln und auf die Hälfte reduzieren. Nehmen Sie Zimt und Orange heraus. Löffeln Sie den Saft über die Pfirsiche.

3 Erhitzen Sie die Butter in einem kleinen Topf und rühren Sie Cornflakes und Sesamsamen hinein.

4 Verteilen Sie die Cornflake-Mischung über den Pfirsichen. Backen Sie das Dessert etwa 15 Minuten, bis der Belag knusprig goldbraun ist. Servieren Sie heiß.

TARTE MIT SOMMERBEEREN

Eine köstliche Tarte mit frischen Beeren der Saison. Servieren Sie die leichte Rührteigtarte am besten heiß aus dem Ofen mit Vanilleeis.

Vorbereitungszeit 10 Minuten
Kochzeit 15 Minuten

4–6 PORTIONEN
weiche Butter zum Einfetten
450g/4 Tassen gemischtes Beerenobst, z.B. Himbeeren, Brombeeren, Johannisbeeren, Erdbeeren oder Heidelbeeren
2 Eier (Zimmertemperatur)
etwa 50g/ 1/4 Tasse Streuzucker
15ml/1 El. Mehl
50g/ 1/2 Tasse gemahlene Mandeln oder Haselnüsse
Vanilleeis zum Servieren

1 Heizen Sie den Ofen auf 190° C (Gas: Stufe 5) vor. Fetten Sie eine Tarte-Backform von ungefähr 23cm Durchmesser mit Butter ein und legen Sie den Boden mit Backpapier aus. Verteilen Sie das Obst in der Form, eventuell mit etwas Zucker.

2 Verquirlen Sie Eier und Zucker 3-4 Minuten miteinander, bis der Schneebesen tiefe Spuren durch den Teig zieht. Mischen Sie Mehl und Mandeln, heben Sie diese Mischung mit einem Kuchenspatel sehr locker unter die geschlagenen Eier.

3 Verteilen Sie die Teigmischung locker über die Beeren. Backen Sie etwa 15 Minuten, bis der Teig fest wird. Heben Sie die Tarte aus der Backform auf eine Kuchenplatte. Servieren Sie heiß mit Vanilleeis.

TIP

Um Zeit zu sparen (oder wenn es keine frischen Beeren gibt), können Sie auch eingelegte Beeren verwenden. Diese sollten nur gut abgegossen werden. Sie können die Tarte vor dem Servieren mit gerösteten Mandelstückchen garnieren, das paßt zu den Mandeln im Teig.

FRUCHTIGE RICOTTA-CREME

Ricotta ist ein italienischer Frischkäse, der mild und leicht süßlich schmeckt. Mit kandierten Früchten und köstlicher Schokolade ist diese Creme absolut unwiderstehlich.

Vorbereitungszeit 25 Minuten
Kochzeit Keine

4 PORTIONEN
350g/1½ Tassen Ricotta
30–45ml/2–3 El. Cointreau oder anderer Orangenlikör
10ml/2 Tl. geriebene Zitronenschale
30ml/2 El. Puderzucker
150ml/⅔ Tasse Crème double
150g kandierte Fruchtschalen, z.B. Orangeat und Zitronat oder andere Zitrusfrüchte, feingehackt
50g Vollmilchschokolade, feingehackt
Garnitur: Schokoladenraspel
Amaretti-Kekse zum Servieren (nach Wunsch, gibt es in Feinkostläden)

1 Drücken Sie den Ricotta mit dem Rücken eines Holzlöffels durch ein feines Sieb in eine Schüssel.

2 Verquirlen Sie den Ricotta mit Likör, Zucker und Zitronenschale zu einer glatten Mischung.

3 Schlagen Sie die Crème double in einer zweiten Schüssel mit einem Schneebesen halbsteif.

4 Heben Sie die Crème vorsichtig mit den kandierten Schalen und der Schokolade unter den Ricotta.

5 Löffeln Sie die Mischung in vier Dessertschalen, die Sie bis zum Servieren kühl stellen. Garnieren Sie mit Schokoladenraspeln und servieren Sie nach Wunsch mit Amaretti.

HEISSE FRÜCHTE MIT AHORNSIRUP-BUTTER

Vorbereitungszeit 20 Minuten
Kochzeit 10 Minuten

4 PORTIONEN
1 große Papaya, halbiert
2 Bananen
115g/½ Tasse Butter, gewürfelt
60ml/4 El. Ahornsirup
1 große Mango, geschält, geschnitten
1 kleine Ananas, geschält, gewürfelt

1 Entkernen, schälen und schneiden Sie die Papaya.

2 Schälen und halbieren Sie die Bananen längs.

3 Pürieren Sie die Butter und den Ahornsirup glatt und cremig, am besten mit einem Pürierstab. In einer Küchenmaschine müssen Sie ein- oder zweimal die Ränder abkratzen, da die Mischung etwas klebrig ist. Füllen Sie die Sirupmischung in eine Schüssel und stellen sie beiseite.

4 Verteilen Sie Bananen und Papaya in einer Gratinform. Würfeln Sie die Papaya eventuell. Mischen Sie vorsichtig Mango und Ananas hinzu. Heizen Sie den Grill vor.

5 Grillen Sie die Früchte bei mittlerer Hitze 10 Minuten, bis sie weich sind. Rühren Sie öfter durch und streichen Sie gelegentich die Ahornsirup-Butter über das Obst.

6 Richten Sie das Obst auf einer Platte an und tupfen Sie die übrige Ahornsirup-Butter darauf. Streuen Sie evtl. etwas Zimt darüber. Servieren Sie die Früchte sehr heiß.

TIP
Verwenden Sie nur reinen, hochwertigen Ahornsirup, da es Billigprodukten oftmals an Aroma mangelt.

Crêpes Suzettes mit Cointreau und Cognac

Hauchdünne Crêpes mit Cointreau-Butter gefüllt und mit Cognac flambiert sind ein echter Klassiker, ein zeitloses, sehr beliebtes Dessert.

Vorbereitungszeit 8–10 Minuten
Kochzeit 14 Minuten

6 Portionen
115g/1 Tasse Mehl
2,5ml/ 1/2 Tl. Salz
2 verquirlte Eier
300ml/1 1/4 Tassen Milch
Öl zum Backen
Saft von 2 Orangen
45ml/3 El. Cognac
Puderzucker zum Bestäuben
Garnitur: dünne Streifen Orangenschale

Für die Orangenbutter
175g/ 3/4 Tasse Butter
50g/ 1/4 Tasse körniger Zucker
geriebene Schale von 2 Orangen
30ml/2 El.Cointreau

1 Für die Orangenbutter verrühren Sie Butter, Zucker, Orangenschale und Cointreau und stellen sie beiseite.

2 Sieben Sie Mehl und Salz in eine Schüssel. Drücken Sie eine Mulde in das Mehl und heben Sie die Eier unter. Rühren Sie langsam mit einem Schneebesen die Milch dazu, bis der Teig glatt ist. Gießen Sie ihn in einen Krug. Erhitzen Sie das Öl in einer Pfanne, gießen Sie sehr wenig Teig hinein und backen Sie insgesamt 6 Crêpes aus (siehe Seite 242).

3 Bestreichen Sie die Crêpes mit der Hälfte der Orangenbutter und falten Sie die Crêpes zu Vierteln.

4 Erhitzen Sie die übrige Orangenbutter mit dem Orangensaft in einer Pfanne, geben Sie die gefalteten Crêpes hinein und erhitzen Sie die Viertel vorsichtig unter Wenden. Schieben Sie die Crêpes an den Pfannenrand und gießen Sie den Cognac hinein. Lassen Sie ihn erst heiß werden, dann zünden Sie die Flüssigkeit vorsichtig an. Wenn die Flammen ausgehen, löffeln Sie den Pfannensaft über die Crêpes. Servieren Sie sofort mit Puderzucker bestäubt und mit Orangenschale garniert.

Tip

Es entspricht nicht dem Originalrezept, ist aber mindestens genauso köstlich, wenn Sie den Cointreau und Cognac durch Rum ersetzen sowie frische Ananasscheiben und geröstete Kokosflocken hinzugeben.

Schokoladensoufflés

Diese kleinen, einfachen Soufflés lassen sich gut vorbereiten. Die bereits gefüllten Förmchen kann man vor dem Backen bis zu einer Stunde stehenlassen. Verwenden Sie nur hochwertige Schokolade.

Vorbereitungszeit 10 Minuten
Kochzeit 18–20 Minuten

6 Portionen

175g Vollmilch- oder Zartbitterschokolade, gehackt
150g/ $^2/_3$ Tasse Butter, klein gestückelt
4 große Eier, getrennt
30ml/2 El. Orangenlikör (nach Wunsch)
1,5ml/ $^1/_4$ Tl. Weinstein (Treibmittel)
45ml/3 El. Streuzucker
Puderzucker zum Bestäuben

Für die weiße Schokoladensauce

90ml/6 El. Schlagsahne
75g weiße Schokolade, gehackt
15–30ml/1–2 El. Orangenlikör
geriebene Schale von $^1/_2$ Orange

1 Buttern Sie Ofenformen von 150ml Inhalt dick aus. Streuen Sie etwas Zucker hinein, schütteln Sie nicht haftende Zuckerkörner ab. Stellen Sie die Formen auf ein Backblech.

2 Schmelzen Sie Schokolade und Butter in einer Pfanne bei sehr geringer Hitze unter Rühren. Ziehen Sie die Pfanne vom Herd und kühlen Sie die Mischung etwas ab. Rühren Sie Eigelbe und Orangenlikör hinein. Beiseite stellen und öfter umrühren.

3 Heizen Sie den Ofen auf 220° C (Gas: Stufe 7) vor. Schlagen Sie die Eiweiße in einer sauberen Schüssel halbsteif. Geben Sie den Weinstein hinzu und schlagen Sie fester, bis die Eiweiße steif sind. Streuen Sie den Zucker eßlöffelweise hinein und schlagen Sie weiter, bis die Mischung sehr steif und glänzend ist.

4 Heben Sie ein Drittel der Eiweißmischung unter die Schokolade, dann gießen Sie die Schokoladenmischung zum restlichen Eiweiß. Heben Sie die Schokolade mit einem Spatel vorsichtig unter. Stören Sie sich nicht an weißen Streifen. Löffeln Sie die Mischung in die Förmchen und backen Sie die Soufflés 10-12 Minuten, bis sie aufgegangen sind.

5 In der Zwischenzeit geben Sie die weiße Schokolade mit Sahne in einen kleinen Topf. Erhitzen Sie die Mischung bei geringer Hitze, bis die Schokolade geschmolzen ist. Ziehen Sie den Topf vom Herd und rühren Sie Likör und Orangenschale dazu. Reichen Sie die Sauce in einer Saucière. Servieren Sie die Soufflés mit Puderzucker bestäubt sofort.

AMARETTOSOUFFLÉ

Vorbereitungs- und Kochzeit
30 Minuten

6 PORTIONEN
105ml/7 El. Streuzucker
6 Amaretti -Kekse, grob zerdrückt
90ml/6 El. Amaretto
4 getrennte Eier und 1 Eiweiß
30ml/2 El. Mehl
250ml/1 Tasse Milch
Prise Weinstein (wenn nötig)
Puderzucker zum Bestäuben

1 Heizen Sie den Ofen auf 200° C (Gas: Stufe 6) vor. Buttern Sie eine Souffléform von 1,5 Liter Inhalt dick aus und streuen Sie etwas Zucker hinein.

2 Geben Sie die Amarettistücke in eine Schüssel. Tröpfeln Sie 30ml/2 El Amaretto darüber und lassen Sie die Amaretti ziehen, während Sie den Souffléteig machen.

3 Vermischen Sie Eiweiße, Mehl und 30ml/2 El. Zucker.

4 Erhitzen Sie die Milch, bis sie nahezu kocht. Dann rühren Sie die Milch vorsichtig zu den Eiern.

5 Füllen Sie die Mischung wieder in den Topf. Köcheln Sie die Flüssigkeit bei niedriger Hitze unter Rühren 3-4 Minuten, bis sie eindickt. Ziehen Sie den Topf vom Herd und geben Sie den übrigen Amaretto unter ständigem Rühren dazu.

6 Schlagen Sie die 5 Eiweiße in einer sauberen Schüssel halbsteif. (Geben Sie nun evtl. etwas Weinstein hinzu, es sei denn, Sie verwenden eine Kupferschüssel.) Geben Sie den übrigen Zucker hinzu und schlagen Sie die Eiweiße steif.

7 Heben Sie etwa ein Viertel der Eiweiße mit einem Teigspatel unter die Likörmischung. Dann heben Sie auch das restliche Eiweiß vorsichtig unter.

8 Geben Sie die Hälfte der Soufflémischung in die Form. Es folgt eine Lage Amarettistücke, dann bedecken Sie diese mit der zweiten Hälfte Soufflémischung.

9 Backen Sie das Soufflé 20 Minuten, bis es aufgeht und leicht anbräunt. Stäuben Sie Puderzucker darüber. Servieren Sie sofort.

TIP

Man kann das Soufflé ausbacken oder in der Mitte noch weich lassen, das ist reine Geschmackssache. Als Probe stechen Sie einen dünnen Metallspieß in das Soufflé. Wenn Stückchen daran hängenbleiben, ist es in der Mitte noch weich, ansonsten ist es durchgebacken.

APRIKOSEN-ZIMT-SOUFFLÉ

Soufflés sind angeblich kompliziert und schwierig, aber dieses hier könnte nicht einfacher sein.

Vorbereitungszeit 15 Minuten
Kochzeit 12–15 Minuten

4 PORTIONEN

Mehl zum Bestäuben
3 Eier
115g/ 1/2 Tasse Aprikosenmarmelade
feingerieben Schale von 1/2 Zitrone
5ml/1 Tl. Zimtpulver, etwas mehr zum Dekorieren

1 Heizen Sie den Ofen auf 190° C (Gas: Stufe 5) vor. Fetten Sie vier Souffléförmchen dünn ein und stäuben Sie etwas Mehl hinein.

2 Trennen Sie die Eier in zwei Schüsseln. Geben Sie die Aprikosenmarmelade, geriebene Zitronenschale und das Zimtpulver zu den Eigelben.

3 Schlagen Sie die Eigelbe mit einem Rührgerät steif und hell. Schlagen Sie die Eiweiße mit sauberen Rührstäben steif. Heben Sie die Eiweiße mit einem Metall-Löffel oder -Spatel gleichmäßig unter die Eigelbe.

4 Löffeln Sie die Mischung in die Souffléförmchen. Backen Sie die Soufflés 12-15 Minuten, bis sie aufgehen und leicht anbräunen. Servieren Sie die Soufflés mit darübergestreutem Zimt sofort.

INDEX

G

H

I

J

K

L

M

N

O

P

R

S

T

Uwe [illegible]
Juli 99